总主编 安炳浩 张敏

标准韩国语
同步练习册·第二册
第7版

北京大学、复旦大学、对外经济贸易大学、
延边大学等25所大学《标准韩国语》教材编写组共同编写
杨磊 [韩] 李宥承 编

北京大学出版社
PEKING UNIVERSITY PRESS

图书在版编目（CIP）数据

标准韩国语第二册（第7版）同步练习册 / 杨磊，（韩）李宥承编. —北京：北京大学出版社，2023.5

（标准韩国语丛书）

ISBN 978-7-301-33738-7

Ⅰ.①标… Ⅱ.①杨…②李… Ⅲ.①朝鲜语–习题集 Ⅳ.①H55-44

中国国家版本馆CIP数据核字（2023）第025092号

书　　　名	标准韩国语第二册（第7版）同步练习册
	BIAOZHUN HANGUOYU DI-ER CE (DI-QI BAN) TONGBU LIANXICE
著作责任者	杨　磊　〔韩〕李宥承　编
责任编辑	刘　虹
标准书号	ISBN 978-7-301-33738-7
出版发行	北京大学出版社
地　　　址	北京市海淀区成府路205号　100871
网　　　址	http://www.pup.cn　新浪微博：@北京大学出版社
电子信箱	liuhong@pup.cn
电　　　话	邮购部 010-62752015　发行部 010-62750672　编辑部 010-62759634
印　刷　者	河北滦县鑫华书刊印刷厂
经　销　者	新华书店
	787毫米×1092毫米　16开本　21.25印张　375千字
	2023年5月第1版　2023年5月第1次印刷
定　　　价	79.00元

未经许可，不得以任何方式复制或抄袭本书之部分或全部内容。
版权所有，侵权必究
举报电话：010-62752024　电子信箱：fd@pup.pku.edu.cn
图书如有印装质量问题，请与出版部联系，电话：010-62756370
本书采用出版物版权追溯防伪凭证，读者可通过手机下载APP扫描封底二维码，或者登录互联网查询产品信息。

前 言

　　《标准韩国语》自出版以来，受到广大读者的欢迎。应读者的要求，我们组织编写了《标准韩国语同步练习册》（以下简称《同步练习册》），帮助韩国语学习者更好地掌握教材的内容，以达到事半功倍的效果。

　　《同步练习册》是《标准韩国语》的配套读物，共三册。内容包括学习要点提示、扩展练习和习题答案。

　　学习要点提示将每课的教学内容进行全面的梳理和总结，对难点进行必要的提示，使学习者能更全面系统地巩固和掌握所学内容，对教师组织课堂教学也会有切实的帮助。

　　扩展练习是本书的重点。语言学习离不开练习，尤其是基础语言学习阶段，练习更是必不可少的。尽管教材中提供了一定数量的习题，但主要是配合相关语言点教学而设，远不能满足"在语言中学习语言"，在语言练习中培养、建立语感的需要。为此，我们精心编写了足够分量的练习，内容包括教材讲授的知识并参照"韩国语水平考试"的相关要求有所深化，形式上采用与"韩国语能力考试"相同或接近的试题样式，从形式和内容两个方面向"韩国语水平考试"靠拢，以帮助学习者在将来的考试中取得理想的成绩。每个教学单元之后都附有一套"综合练习"，学习者可以以此检测自己本单元学习的效果。

　　为方便学习者，本书习题均附有答案（为方便教学，原附在教科书里的"参考答案"也移至《同步练习册》里），部分无标准答案的主观题尽可能提供参考答案或答题提示。

　　作为《标准韩国语》的配套辅助读物，《同步练习册》全面反映教材的教学内容，并在此基础上有所拓展和延伸，为学习者提高语言能力奠定坚实的基础。

目录 차례

第 1 课　紫禁城、颐和园和天坛　자금성과 이화원과 천단 ·················· 1

第 2 课　预订　예약하기 ·················· 12

第 3 课　将来计划　장래계획 ·················· 24

第 4 课　春节　설날 ·················· 34

综合练习1　종합연습 1 ·················· 43

第 5 课　万里长城和周口店　만리장성과 주구점 ·················· 47

第 6 课　道歉　사과하기 ·················· 61

第 7 课　制订计划　계획 세우기 ·················· 70

第 8 课　人物介绍　인물소개 ·················· 77

综合练习2　종합연습 2 ·················· 84

第 9 课　机场　공항 ·················· 88

第 10 课　饮食，味道　음식, 맛 ·················· 96

第 11 课　济州岛　제주도 ·················· 111

第 12 课　打电话2　전화하기 2 ·················· 120

综合练习3　종합연습 3 ·················· 131

第 13 课　买东西2　물건사기 2 ·················· 135

第 14 课　银行　은행 ·················· 150

第 15 课　美容院，理发店　미장원, 이발소 ·················· 157

第 16 课　金刚山　금강산 ·················· 165

综合练习4　종합연습 4 ·· 176

第17课　韩国的行政区域　한국의 행정구역 ······································ 180

第18课　韩国的庆典　한국의 축제 ·· 190

第19课　周岁宴与古稀宴　돌잔치와 칠순잔치 ·································· 199

第20课　暑假　여름방학 ·· 207

综合练习5　종합연습 5 ·· 215

单词表 ·· 219

练习册答案 ·· 254

教科书答案 ·· 291

第1课 紫禁城、颐和园和天坛
자금성과 이화원과 천단

> **〈핵심 사항〉**
> 중국의 자금성, 이화원, 천단의 역사를 살펴보고, 중국의 명승고적을 소개하는 표현 방법을 배운다.
> - -(으)ㄴ 적이 있다/없다
> - -아/어/여도
> - -는/(으)ㄴ/(으)ㄹ 것 같다.
> - -(으)ㄹ 만하다
> - -아/어/여야겠다

〈一、발음 point〉

1. 다음 용언의 활용형을 소리 나는 대로 읽어 보세요.

용언	품사	연결어미			종결어미		
		-고	-아/어/여서	-지만	과거	현재	미래
오르다	동	오르고	올라서	오르지만	올랐다	오른다	오르겠다
파내다	동	파내고	파내서	파내지만	파냈다	파낸다	파내겠다
붐비다	동	붐비고	붐벼서	붐비지만	붐볐다	붐빈다	붐비겠다
빌다	동	빌고	빌어서	빌지만	빌었다	빈다	빌겠다
쌓다	동	쌓고	쌓아서	쌓지만	쌓았다	쌓는다	쌓겠다
간직하다	동	간직하고	간직해서	간직하지만	간직했다	간직한다	간직하겠다
빼놓다	동	빼놓고	빼놓아서	빼놓지만	빼놓았다	빼놓는다	빼놓겠다

2. 다음 문장에서 밑줄 친 부분의 발음에 유의하면서 소리 나는 대로 읽고 써 보세요.

1) 이 곤명호가 이화원의 4분의 3을 차지하고 있어요.　　　　[　　　　　]

2) 근처에 지단과 일단, 월단이 있습니다.　　　　[　　　　　]

<二、어휘 check>

1. 다음 <보기> 중에서 적당한 단어를 골라서 괄호 안에 써 넣으세요.

<보기> 정원   음력   바닥   도자기   목조건물
      가까이 예술품 채   시대   여

1) (   )으로 생일이 며칠이니?
2) 여기서는 잘 안 보이니까 조금 더 (   ) 가서 봐야겠어요.
3) 집 앞 (   )의 꽃들이 참 예쁘네요.
4) 저 (   )는 깨지기 쉬우니까 특히 주의해서 옮겨 주세요.
5) 거실 (   )이 지저분해서 점심을 먹고 청소를 좀 해야겠어요.
6) 서울의 아파트 한 (   ) 값이 그렇게 비싸요?
7) 국립현대미술관에 가면 여러 종류의 (   )을 감상할 수 있어요.
8) 중국의 시성 두보는 어느 (   ) 사람입니까?
9) 3층 교실에서 10(   ) 명의 학생들이 늦게까지 자습하고 있습니다.
10) 우리 학교의 창고는 오래된 (   )입니다.

2. 다음 <보기>의 동사를 이용하여 문장을 완성하세요.

<보기> 동원하다   빼놓다   세워지다
      재건축하다   차지하다

1) 이 아파트 단지는 (   ) 확정된 곳입니다.
2) 이 고속도로는 오랜 기간 동안 수많은 인력을 (   ) 건설한 것이다.
3) 오전에 수업이 끝나고 나서 제 친구가 교실에 책 한 권을 (   ) 기숙사에 돌아갔대요.
4) 이 석탑은 어느 시대에 (   ) 것입니까?
5) 대학 생활에서 매우 중요한 비중을 (   ) 것은 올바른 인간관계를 맺는 능력을 키우는 거예요.

<三、문법 point>

1. 다음 도표를 참고하여 밑줄 친 동사의 활용형을 만드세요.

결합 가능 품사	결합 조건		결합 양상
동사	개음절	과거	-ㄴ 적이 있었다/-없었다.
		현재	-ㄴ 적이 있다/-없다.
	폐음절	과거	-은 적이 있었다/-없었다.
		현재	-은 적이 있다/-없다.
동사, 형용사	양성	과거	-았던 적이 있었다/-없었다.
		현재	-았던 적이 있다/-없다.
	음성	과거	-었던 적이 있었다/-없었다.
		현재	-었던 적이 있다/없다.
	하다 접미사	과거	-였던 적이 있었다/-없었다.
		현재	-였던 적이 있다/없다.

1) 작년 여름에 나는 부모님과 함께 유럽으로 가족여행을 <u>가다</u>
 (→   ).

2) 올여름 휴가 때 제주도에서 생선회를 한 번 <u>먹다</u>
 (→   ).

3) 나는 고등학교 2학년 겨울 방학 동안 소설책 열 권을 <u>읽다</u>
 (→   ).

4) 공항에 늦게 도착하는 바람에 비행기를 못 <u>타다</u>
 (→   ).

5) 친구의 부탁을 들어줄 수 없다고 말하기 미안해서 거절하지 <u>못하다</u>
 (→   ).

2. 다음 "-ㄴ(은)/는/ㄹ(을) 것 같다"의 활용형을 참고하여 물음에 답하세요.

결합 가능 품사	결합 조건		결합 양상		
	받침	시제	과거	현재	미래
동사	개음절	과거	-ㄴ 것 같았다	-는 것 같았다	-ㄹ 것 같았다
	폐음절		-은 것 같았다		-을 것 같았다
	개음절	현재	-ㄴ 것 같다	-는 것 같다	-ㄹ 것 같다
	폐음절		-은 것 같다		-을 것 같다

（续表）

결합 가능 품사	결합 조건		결합 양상		
	받침	시제	과거	현재	미래
형용사	개음절	미래	-ㄴ 것 같겠다	-는 것 같겠다	×
	폐음절		-은 것 같겠다		×

1) 다음 대화문에서 괄호 안에 넣을 활용형으로 적합하지 않은 것을 찾으세요.

  (1) 가: 어제 야구 경기 봤어?
   나: 응, 정말 흥미진진했어. 너도 봤지?
   가: 그럼. 너무 재미있어서 1회초부터 9회말까지 너무 빨리 지나가다
   (→).
   나: 우리 팀이 3:2로 이겨서 기분이 더 좋았어.
    (ㄱ) 지나가는 것 같았어   (ㄴ) 지나가는 것 같아
    (ㄷ) 지나간 것 같았어   (ㄹ) 지나간 것 같아

  (2) 가: 지난번 회사 노래경연대회에서 누가 노래를 제일 잘 불렀습니까?
   나: 총무부 김형석 씨가 제일 잘 불러서 1등상을 탔습니다.
   가: 그럼 악기는 누가 제일 잘 연주했습니까?
   나: 영업부 직원들이 제일 잘 연주하다 (→).
    (ㄱ) 연주하는 것 같았습니다 (ㄴ) 연주한 것 같습니다
    (ㄷ) 연주한 것 같았습니다 (ㄹ) 연주할 것 같았습니다

2) 다음 대화문에서 괄호 안에 넣을 활용형으로 적당한 것을 찾으세요.

  (1) 가: 비가 너무 많이 오네요. 언제 비가 그치다 (→)?
   나: 예, 오늘밤 늦게 그친대요.
   가: 다행이네요. 농작물 피해가 없어야 할 텐데요.
   나: 중부지방에도 집중호우 때문에 농작물 피해가 크게 났대요.
    (ㄱ) 그치는 것 같겠어요   (ㄴ) 그칠 것 같겠어요
    (ㄷ) 그치는 것 같아요   (ㄹ) 그칠 것 같아요

  (2) 가: 안색이 안 좋아 보이는데, 괜찮아?
   나: 입맛이 없어서 어제 저녁부터 아무것도 안 먹었더니 어지러워서 쓰러지다 (→).
   가: 내 책상 서랍에 초콜릿이 있는데 좀 먹을래?
   나: 아니야. 고맙지만 지금은 매운 음식을 먹고 싶어.

(ㄱ) 쓰러질 것 같아   (ㄴ) 쓰러지는 것 같아
(ㄷ) 쓰러질 것 같겠어   (ㄹ) 쓰러진 것 같아

3. 다음 <보기>의 용법을 참고하여 상황에 맞게 대답해 보세요.

> <보기> 1) '-아/어/여도 되다/괜찮다/좋다/상관없다'와 부정형 '안 -아/어/여도 되다/괜찮다/좋다'에서 용언 어간이 양성모음일 때는 '-아도'와 결합하고, 음성모음일 때는 '-어도', '하다'용언일 때는 '-여도'와 결합한다. '안'을 이용한 부정문을 만들려면 '안 -아/어/여도'의 형태로 쓸 수 있다.
> 2) '-아/어/여도 되다/괜찮다/좋다/상관없다'는 허락의 상황에서 쓸 수 있고, '-(으)면 안 되다'는 금지의 상황에서 쓸 수 있다.

1) 이 서류를 한 부 복사해도 괜찮을까요?
   (허락) 예, 복사하셔도 됩니다.
   (금지) _____

2) 이쪽 출입문 옆에 벽보를 붙여도 됩니까?
   (허락) _____
   (금지) 아니요, 여기에 벽보를 붙이면 안 됩니다.

3) 이 옷이 마음에 드는데 입어 봐도 될까요?
   (허락) 예, 입어 보셔도 괜찮습니다.
   (금지) _____

4) 지금 제가 회의 중이니까 한 시간 후에 연락 드려도 괜찮겠습니까?
   (허락) 예, 그때 연락하셔도 좋습니다.
   (금지) _____

5) 이 쓰레기통에 음식물 쓰레기를 버려도 되나요?
   (허락) 응, 버려도 상관없어.
   (금지) _____

4. 다음 "-(으)ㄹ 만하다"를 이용하여 다음 괄호 안의 동사 활용형을 만드세요.

1) 가: 오늘은 옷을 좀 얇게 입은 것 같은데, 춥지 않아요?
   나: (견디다) _____

2) 가: 이곳 음식이 좀 짜서 입에 잘 안 맞죠?
   나: (먹다) _____

3) 가: 도로가 많이 막혀서 짜증나죠?
   나: (운전하다) _____

4) 가: 생일 파티에 쓸 불고기를 10인분이나 준비해야 하는데, 일손이 부족하지 않을까요?
   나: (준비하다) _____

5) 가: 다음달에 회사에서 단체로 야유회를 가려고 하는데 갈 만한 곳이 있을까요?
   나: (가다) _____

5. 다음 "-아/어/여야겠다"의 용법을 참고하여 문장을 완성하세요.

결합 가능 품사	결합 조건		결합 양상
동사, 형용사	양성모음	격식체 높임	-아야겠습니다
		격식체 낮춤	-아야겠다
		비격식체 높임	-아야겠어요
		비격식체 낮춤	-아야겠어
	음성모음	격식체 높임	-어야겠습니다
		격식체 낮춤	-어야겠다
		비격식체 높임	-어야겠어요
		비격식체 낮춤	-어야겠어
	하다 접미사	격식체 높임	-여야겠습니다
		격식체 낮춤	-여야겠다
		비격식체 높임	-여야겠어요
		비격식체 낮춤	-여야겠어

1) 날씨가 더우니까 창문을 <u>열다</u> ( ).
2) 직접 현장에 가서 <u>조사해 보다</u> ( ).
3) 도서관 안에 있으니까 핸드폰을 무음으로 <u>바꾸다</u> ( ).
4) 친구에게 이메일로 편지를 <u>쓰다</u> ( ).
5) 친구가 입원을 했으니까 병문안을 <u>가다</u> ( ).

〈四、이해와 표현〉

1. 다음 문장을 중국어로 번역해 보세요.

1) 지난달 인천공항에서 만났던 김 과장님을 오늘 서울 본사에서 다시 만났어요.
   _____

2) 이 신형 텔레비전은 절전 효과가 매우 뛰어난 초절전형 가전제품입니다.
   _____

3) 이곳에 1,000년 전에 지은 목조건물이 아직도 남아 있다니 정말 대단하군요.
   _____

4) 이 유물은 송나라 시대 귀족이 사용하던 도자기입니다.
   _____

5) 이번 주 목요일 회의에서 중요한 결정을 해야 하니까 한 명도 빠짐없이 참석해 주세요.
   _____

6) 저희 회사 창립 30주년 기념식에 참석해 주신 여러분께 제가 이 회사의 대표로서 감사의 말씀을 드립니다.
   _____

7) 동생이 이사 가고 나서 한 달이 넘었는데, 요즘 잘 지내고 있는지 연락을 해 봐야겠어.
   _____

8) 서울 근교에 4인 가족이 살 수 있는 집 한 채를 지으려면 건축비가 얼마나 들까요?
   _____

9) 이곳은 3년 전에 재건축한 신도시라서 단지 안은 모두 금연구역입니다.
   _____

10) 서울역사박물관에서는 수도 서울의 역사를 알 수 있는 다양한 유물을 상설전시하고 있습니다.
    _____

2. 다음 <보기>에서 괄호 안에 들어갈 적당한 단어를 고른 후 한국어로 써 넣으세요.

<보기> 最多/最少　最高/最低　最强/最弱　最初/最後　最大/最小
　　　最長/最短　最新/最古　最善/最惡　最上/最下

1) 현재 인간의 기술력으로 (　　　　　　　　) 몇 미터 높이까지 건축물을 세울 수 있습니까?
2) 이 행사를 준비하려면 (　　　　　　　　) 5천만 원의 경비가 필요해요.
3) 어젯밤 (　　　　　　　　) 기온은 영하 15도였습니다.
4) 이 문제를 해결할 수 있는 (　　　　　　　　)의 방법은 두 사람이 화해하는 것밖에 없다.
5) 국가대표 선수단은 시합을 앞두고 모두 (　　　　　　　　)의 몸 상태를 유지하고 있다.

3. 다음 "-아/어/여도 되다/괜찮다"를 써서 적당한 활용형으로 바꿔 보세요.

1) 아파트 계단에서 뛰어다니다(　　　　　　　　) 괜찮습니까?
2) 엄마, 1시간만 밖에서 놀다(　　　　　　　　) 돼요?
3) 선생님, 시험 볼 때 스마트폰 앱을 사용하다(　　　　　　　　) 됩니까?
4) 이 한약을 복용하는 기간 동안 기름진 음식을 먹다(　　　　　　　　) 괜찮습니까?
5) 이 사진 자료를 무료로 다운로드받다(　　　　　　　　) 됩니까?

4. 다음 <보기>에서 적당한 동사구를 골라서 밑줄 친 부분을 완성하세요.

<보기> 노래하다　　큰 소리로 전화하다　싸우다
　　　뛰어다니다　바닥에 눕다　　　음식물을 먹다
　　　사진을 찍다　담배를 피우다　　술을 마시다

1) 지하철에서_____면 안 됩니다.
2) 음식점에서_____면 안 돼요.
3) 영화관에서_____면 안 됩니까?

第1课　紫禁城、颐和园和天坛

　　4) 사무실에서＿＿＿＿＿＿＿＿＿＿＿＿＿＿＿＿＿면 안 돼요?
　　5) 박물관에서＿＿＿＿＿＿＿＿＿＿＿＿＿＿＿＿＿면 안 돼.

5. 다음 <보기>처럼 "-품(品)"자로 끝나는 단어를 친구에게 물어보거나 사전, 인터넷에서 찾아보세요.

<보기> 예술품(艺术品)	신제품(新制品)	중고품(中古品)
작품(作品)	명품(名品)	진품(真品)
생활용품(生活用品)	애용품(爱用品)	미완성품(未完成品)
구제품(旧制品)	구제품(救济品)	인품(人品)
성품(性品)		

6. 다음 문장을 읽고 아래 질문에 대답해 보세요.

　　중국을 여행하는 가장 큰 즐거움은 보는 맛과 먹는 맛에 있다. 고대 중국 황하지역은 세계 4대 문명의 발상지 중 한 곳이었다. 유구한 역사 속에서 곳곳에 꽃핀 웅장한 명승고적을 감상하면서 온갖 산해진미를 맛보는 즐거움은 중국 여행의 백미라고 할 만하다. 이중에서 명청 시대 황궁이었던 북경의 자금성은 중국 문화의 정수를 한눈에 확인할 수 있는 귀중한 인류의 문화유산이다.

1) 여러분 고향에는 어떤 명승고적이 있는지 한 곳만 소개해 보세요.

2) 여러분 고향의 명승고적과 관련 있는 역사 인물을 소개해 보세요.

3) 북경 자금성과 관련 있는 이야기를 한 가지씩 소개해 보세요.

<五、속담>

1. 다음 대화문에서 "가까운 이웃이 먼 친척보다 낫다"라는 속담을 잘못 사용한 예를 찾아보세요.

(　　　)

　　1) 가: 지난 주말에 저희 경민이 돌잔치에 멀리까지 와 주셔서 정말 고마웠어요.

나: 뭘요, 참 재미있었어요. 나중에 아이를 데리고 저희 집에도 한번 놀러 오세요. 저희 아이는 이제 16개월 됐어요.

가: 그러세요? 저희는 친척 중에 어린아이가 있는 집이 없어서 경민이는 온종일 엄마랑 놀아요.

나: 저희도 그래요. 가까운 이웃이 먼 친척보다 낫다는데 아이들끼리 함께 놀면 좋겠네요.

2) 가: 애, 너무 집에만 있지 말고, 오늘은 밖에 나가서 운동하면서 햇볕도 좀 쬐자.

나: 형, 난 오늘 추워서 밖에 나가고 싶지 않아.

가: 가까운 이웃이 먼 친척보다 낫다는데 함께 나가자.

나: 난 집에 있을 테니까 형 혼자 갔다 와.

3) 가: 어제 옆집 아주머니와 동대문시장에 가서 옷을 좀 샀어요.

나: 요즘 두 분이 자주 같이 다니시네요.

가: 예, 정말 그래요. 함께 다니니까 얘기도 나눌 수 있어서 재미있고 덜 힘들어요.

나: 가까운 이웃이 먼 친척보다 낫다더니 친자매처럼 보여요.

〈보충단어〉

국기	（名）	国旗
귀족	（名）	贵族
귀중하다	（形）	贵重的
기술력	（名）	技术力
기온	（名）	气温
깨지다	（动）	打碎
다운로드받다	（动）	下载
두보	（名）	杜甫
무료	（名）	免费
백미	（名）	亮点，精华
벽보	（名）	墙报
빌려드리다	（动）	借给
산해진미	（名）	山珍海味
생선회	（名）	生鱼片

생활용품	（名）	生活用品
서울역사박물관	（名）	首尔历史博物馆
선수단	（名）	选手队
식기	（名）	碗碟
애용품	（名）	因喜欢而总用的物品
영하	（名）	零下
용기	（名）	勇气
유럽	（名）	欧洲
음식물 쓰레기	（名）	厨余垃圾
일화	（名）	奇闻；趣闻
절전 효과	（名）	节能效果
정수	（名）	精华
중고품	（名）	旧货
진품	（名）	正品
창고	（名）	仓库
초절전형 가전제품	（名）	超节能型家电用品
팀	（名）	团队
폐하	（名）	陛下
화해하다	（动）	和解
흥미진진하다	（形）	津津有味的

第2课 预订 예약하기

<핵심 사항>

예약할 때 필요한 필수 단어와 문형을 이용하여 한국어로 장소와 시간을 예약하는 표현 방법을 배운다.

- -때
- -(으)니까
- -(으)ㄹ 수 있다/없다
- -밖에 없다/안 (하다)/못 (하다)/모르다
- -거나

<一、발음 point>

1. 다음 용언의 활용형을 소리 나는 대로 읽어 보세요.

용언	품사	연결어미			종결어미		
		-고	-아/어/여서	-지만	과거	현재	미래
매진되다	동	매진되고	매진되어서	매진되지만	매진되었다	매진된다	매진되겠다
들르다	동	들르고	들러서	들르지만	들렀다	들른다	들르겠다
싸다	형	싸고	싸서	싸지만	쌌다	싸다	싸겠다
돌아오다	동	돌아오고	돌아와서	돌아오지만	돌아왔다	돌아온다	돌아오겠다
괜찮다	형	괜찮고	괜찮아서	괜찮지만	괜찮았다	괜찮다	괜찮겠다

2. 다음 문장에서 밑줄 친 부분의 발음에 유의하면서 소리 나는 대로 읽고 써 보세요.

1) 왕복으로 예매할게요. [   ]

2) 몇 분께서 숙박하실 예정이십니까? [   ]

<二、어휘 check>

1. 다음 <보기>의 단어를 골라서 문장을 완성하세요.

```
<보기> 5성 호텔    별도        별 수 없이    안내 책자    편도
       표         여행사      측          KTX        홈페이지
       이틀       항공사      왕복         서비스      다행히
       매우       가능하면    날
```

1) (   ) 두 분이 함께 오시면 좋겠어요.

2) (   )이 시설은 제일 좋지만 숙박비가 좀 비싸니까 다른 호텔을 이용하는 게 좋을 거 같아요.

3) 5일 동안 이렇게 여러 관광지를 들르려면 (   )힘들 덴데.

4) (   )표를 사고 싶었지만 성수기라서 지금은 (   )표만 구할 수 있었어요.

5) 비자를 신청하려고 하는데 이 근처에 (   )가 있으면 전화번호를 좀 가르쳐 주세요.

6) 외국인 관광객을 위하여 한국의 역사와 문화를 소개하는 작은 (   )를 만들어야 해요.

7) 서울에서 부산까지 초고속 (   ) 열차를 타면 세 시간도 안 걸려서 도착할 수 있어요.

8) 이번 한 주일 동안 날씨가 안 좋아서 (   )만 일하고 5일을 쉬었어요.

9) 그밖에 궁금하신 점이 있으면 저희 회사 (   )를 방문해 주시기 바랍니다.

10) 탑승일을 변경하시려면 저희 (   )에 전화로 상담원에게 신청하시기 바랍니다.

2. 다음<보기>의 단어를 적당한 환용형으로 만들어서 문장을 완성하세요.

<보기>	구하다	들르다	매진되다	문의하다
	번거롭다	예매하다	예약이 되다	예약하다
	취소하다	편리하다	포기하다	

1) 오늘 오후 6시 입장권은 이미 전석이 다 (　　　　　).
2) 제가 어제 저녁에 오늘 오후 4시 30분 탑승권 2장을 샀는데 갈 수 없습니다. (　　　　　)?
3) 고객님께서 직접 저희 회사 매장까지 오지 않으셔도 됩니다. 인터넷으로 (　　　　　) 물건을 주문하실 수 있습니다.
4) 오늘 수업 끝나면 잠깐 나랑 서점에 (　　　　　) 신간 서적 한 권만 사자.
5) 내일 뮤지컬 공연 입장권은 이미 다 팔려서 (　　　　　).
6) 손님, (　　　　　) 주민등록번호 앞자리를 말씀해 주시기 바랍니다.
7) (　　　　　) 번호는 없는 국번이니 다시 확인하시고 걸어주시기 바랍니다.
8) 전화로 물건을 주문하려고 했는데 계속 통화 중이어서 (　　　　　) 내일 직접 매장에 가서 살 거예요.
9) 30명의 단체 해외관광객을 안내하는 것은 매우 (　　　　　) 보람 있는 일이에요.
10) 인터넷으로 입장권을 (　　　　　) 어떻게 해야 합니까?

<三、문법 point>

1. 다음 "-ㄹ(을) 때"의 용법을 참고하여 아래 두 문장을 연결하세요.

결합 가능 품사	결합 조건		결합 양상
대명사, 명사, 대명사, 수자	개음절	동작 완료	였을 때
		동작 순간	일 때
	폐음절	동작 완료	이었을 때
		동작 순간	일 때

第2课　预订

（续表）

결합 가능 품사	결합 조건			결합 양상
동사, 형용사	양성모음	동작 완료		았을 때
		동작 순간	개음절	ㄹ 때
			폐음절	을 때
	음성모음	동작 완료		었을 때
		동작 순간	개음절	ㄹ 때
			폐음절	을 때
	하다	동작 완료		였을 때
		동작 순간		ㄹ 때

1) 나는 10살이다. 동생은 7살이었다.

2) 저녁에 집에 돌아간다. 이 책을 가지고 갈 것이다.

3) 내가 석간 신문의 1면을 다 읽었다. 아버지가 집에 돌아오셨다.

4) 뒷동산에 예쁜 꽃이 피었다. 봄비가 내리기 시작했다.

5) 용돈이 다 떨어졌다. 다른 아르바이트가 생겼다.

6) 12시부터 2시까지 음식점에 손님이 가장 많아요. 종업원들이 가장 바빠요.

7) 1년 중에서 낮과 밤의 길이가 가장 길다. 하지와 동지이다.

8) 아이가 생후 4개월이 되었다. 가장 예쁘고 귀엽다.

9) 하루 중에서 가장 덥다. 나는 냉수를 마시거나 샤워를 한다.

10) 2년 전에 4년제 대학을 졸업했다. 취직하기 어려웠다.

2. 다음 "-(으)니까"의 용법을 참고하여 밑줄 친 용언을 고치세요.

결합 가능 품사	결합 조건		결합 양상
명사, 대명사, 수사	개음절	과거	- 였으니까
	폐음절		- 이었으니까
	개음절	현재	- 니까
	폐음절		- 이니까
		미래	- 일 것이니까
동사, 형용사	양성모음	과거	- 았으니까
	음성모음		- 었으니까
	하다		- 였으니까
	개음절	현재	- 니까
	폐음절		- 으니까
	개음절	미래	- ㄹ 것이니까
	폐음절		- 을 것이니까

1) 머리를 <u>감다</u> (→   ) 다 마를 때까지 밖에 나가지 마라.
2) 목이 <u>마르다</u> (→   ) 우선 냉수부터 한 잔 마시겠어요.
3) 충치 치료를 할 때 별로 안 <u>아프다</u> (→   ) 너무 무서워하지 마.
4) 열심히 한국어능력시험을 <u>준비하다</u> (→   ) 좋은 성적을 받을 수 있을 거야.
5) 지금은 너무 <u>힘들다</u> (→   ) 조금 쉬고 다시 시작합시다.

3. 다음 "-ㄹ(을) 수 있다/없다"의 용법을 참고하여 질문에 답하세요.

결합 가능 품사	결합 조건		결합 양상
명사, 대명사, 수사	과거		- 일 수 있었다 / 없었다
	현재		- 일 수 있다 / 없다
	미래		- 일 수 있겠다 / 없겠다
동사, 형용사	개음절	과거	- ㄹ 수 있었다 / 없었다
	폐음절		- 을 수 있었다 / 없었다
	개음절	현재	- ㄹ 수 있다 / 없다
	폐음절		- 을 수 있다 / 없다
	개음절	미래	- ㄹ 수 있겠다 / 없겠다
	폐음절		- 을 수 있겠다 / 없겠다

1) 중국 전통 악기를 연주할 수 있습니까?
_____

2) 한 달 동안 유치원에 가서 다섯 살 미만의 어린아이를 하루 종일 돌보는 자원봉사 활동을 할 수 있겠습니까?
_____

3) 자전거를 타고 친구들과 함께 전국 일주 여행을 할 수 있겠습니까?
_____

4) 친구와 말다툼을 한 후에 먼저 사과할 수 있습니까?
_____

5) 매운 음식을 잘 먹을 수 있습니까?
_____

4. 관용구 "-밖에 없다"를 이용하여 아래 대화문을 완성하세요.

1) 가: 꽃가게에 장미꽃이 아직 많이 남았습니까?
   나: 아니요. _____
2) 가: 아주머니, 삼겹살 5인분만 더 주세요.
   나: 어떡하지? _____
3) 가: 여기 식품매장에 있는 것보다 더 큰 오렌지 있어요?
   나: _____
4) 가: 왼손잡이용 야구 글러브 있어요?
   나: 잠깐만요, _____
5) 가: 지금 지갑에 현금이 얼마 있어요?
   나: _____

5. 다음 "-거나"의 용법을 참고하여 문장을 완성하세요.

결합 가능 품사	결합 조건		결합 양상
대명사, 명사, 수사	개음절	과거	였거나
		현재	거나
	폐음절	과거	이었거나
		현재	이거나
동사, 형용사	양성모음	과거	았거나
	음성모음		었거나
	하다 용언		였거나
	현재		거나

1) 가: 이번 주말에 뭘 할 거예요?

   나: (테니스 치다, 바둑을 두다)_____

2) 가: 언제 미국 유학을 갈 거예요?

   나: (내년 2월 초에 가다, 내년 8월 말에 가다)_____

3) 가: 이렇게 운동을 많이 한 날에는 갈증이 나지 않아요?

   나: (과일을 먹다, 물을 마시다)_____

4) 가: 여기에서 집까지 어떻게 가야 해요?

   나: (버스를 타다, 지하철을 타다)_____

5) 가: 대학에서 어떤 분야를 전공하고 싶어요?

   나: (신문방송학을 전공하다, 역사학을 전공하다)_____

<四、이해와 표현>

1. 한국 전국 지도에서 도별로 "-주(州)"로 끝나는 지명을 찾아보고, 어떤 명소가 있는지 조사해 보세요.

도명	도시명	명소
경기도	廣州(광주), 驪州(여주), 坡州(파주), 楊州(양주), 南楊州(남양주)	
충청북도	淸州(청주), 忠州(충주)	
충청남도	公州(공주)	
강원도	原州(원주)	
경상북도	慶州(경주), 尙州(상주), 榮州(영주), 星州(성주)	
경상남도	晋州(진주)	
전라북도	全州(전주), 完州(완주), 升州(승주)	
전라남도	光州(광주), 羅州(나주)	
제주도	濟州(제주)	

2. 다음 문장을 중국어로 번역해 보세요.

1) 이따 수업 끝나고 서점에 잠깐 들렀다 집에 가자.

_____

2) 자전거 사고가 났지만 다행히 크게 다치지 않았다.
_____

3) 이렇게 좋은 날에 함께 축배를 들면 좋겠어요.
_____

4) 기상 정보는 국번 없이 131번에서 확인해 주세요.
_____

5) 이 갈빗집은 서비스가 참 좋은 편이에요.
_____

6) 지갑에 2,500원밖에 없어서 귤을 조금밖에 살 수 없다.
_____

7) 요즘 성수기니까 비행기 좌석을 미리 예매하는 게 좋겠어요.
_____

8) 예약 확인을 하시려면 저희 회사 홈페이지를 이용해 주십시오.
_____

9) 이번에 서울에 가면 강남에 있는 5성급 호텔에서 묵게 될 것입니다.
_____

10) 지하철 안내 센터에 가시면 서울 시내 관광 안내 책자를 무료로 받으실 수 있습니다.
_____

3. 아래 단어를 서로 연결하여 짧은 글을 지으세요.

KTX	표를 예매하다
지하철	차비를 내다
택시	승강장에서 기다리다
비행기	공항에 가다
관광버스	자리를 예약하다
서울 시티투어 버스	서울의 명소를 구경하다

_____
_____
_____
_____

4. 관련 있는 내용을 연결하여 문장을 만드세요.

1) 콩나물국이 뜨겁다 •   • 기다리다
2) 안개가 끼다 •   • 못 가다
3) 소나기가 오다 •   • 운전을 조심하다
4) 독감에 걸리다 •   • 예약을 취소하다
5) 지하철역 근처에 살다 •   • 교통이 편리하다

_____
_____
_____
_____

5. 다음 문장의 괄호 안에 적당한 단어를 써 넣으세요.

1) 왕복 표가 1,000원이면 (   ) 표는 반값입니까?
2) 오늘이 벌써 15일 금요일이니까 이번 주 일요일까지 (   ) 밖에 시간이 없다.
3) 입장권 가격에 놀이 기구 이용료는 포함되어 있지 않습니다. (   )로 구입해야 합니다.
4) 이번 달 말까지 비행기 티켓이 모두 (   )되었습니다.
5) 인터넷에서 비행기표를 어렵게 (   )했습니다.
6) (   )는 신라시대의 수도이며 중심 도시였다.
7) (   ) 내일 오전 10시까지 꼭 오세요.

6. 아래 괄호 안의 상황을 "-(으)ㄹ 때"를 이용하여 바꿔 보세요.

1) 내 동생은 중학교에 (다니다:) 공부보다 운동을 잘했어요.
2) 나는 대학교 3학년 (이었다:) 몸이 아파서 입원한 적이 있다.
3) 누구나 (힘들다:) 부모님이 보고 싶다.
4) 누나가 (결혼하다:) 어머님께서 섭섭해서 우셨어요.
5) 등산로에 꽃이 (피다:) 사진을 찍고 싶어요.

7. 아래 문장을 읽고 물음에 답하세요.

다음 주 토요일은 아버지 생신이다. 작년에는 집에서 어머니가 모든 음식을 준비했지만 올해는 집 근처 한식집에서 외식을 하기로 했다. 우리 가족 모두 찬성이었다. 지방에서 직장 생활을 하는 막내 동생도 이번 주말에는 서울에 올라와서 가족들과 함께 시간을 보내겠다고 했다. 토요일이라서 자리가 없을까 봐 내가 어제 오후에 다섯 식구 자리를 예약하려고 음식점에 전화를 했다. 내가 전화를 걸었을 때 여종업원이 전화를 받았는데 참 친절했다. 종업원은 토요일 저녁 6시 30분에 빈 방이 있다고 알려주었다. 그래서 그 시간으로 정하고 나는 종업원에게 전화번호를 알려주었다. 밖에서 외식을 하고 집에 돌아와 차를 마시면서 생일축하 케이크를 먹을 것이다.

1) 여러분은 가족들과 언제 외식을 합니까?

2) 여러분은 친구들과 언제 외식을 합니까?

3) 외식할 때 주로 어떤 음식을 먹습니까?

4) 예약을 안 하고 유명 음식점에 갔는데 자리가 없으면 어떻게 합니까?

5) 자리를 예약할 때 음식도 같이 주문해야 합니까?

〈五、속담〉

1. 다음 속담의 뜻을 설명해 보세요.

아니 땐 굴뚝에 연기 나랴?

_____
_____

2. 위 속담과 같은 상황에서 쓸 수 있는 속담을 찾아 보세요.

(   )

(1) 콩 심은 데 콩 나고, 팥 심은 데 팥 난다.

(2) 돌다리도 두드려보고 건너라.

(3) 열 손가락을 깨물어 안 아픈 손가락이 없다.

(4) 밑져야 본전.

<보충단어>

숙박비	（名）	住宿费
관광지	（名）	观光景点
성수기	（名）	旺季
비자	（名）	签证
상담원	（名）	顾问
전석	（名）	全部座席
고객님	（名）	顾客
신간서적	（名）	新书
뮤지컬 공연	（名）	歌剧演出
보람있다	（词组）	有意义的
석간신문	（名）	晚报
뒷동산	（名）	后山
용돈	（名）	零花钱
동지	（名）	冬至
생후	（名）	出生以来
샤워	（动）	淋浴
충치	（名）	龋齿，虫牙
한국어능력시험	（名）	韩国语能力考试
연주하다	（动）	演奏
유치원	（名）	幼儿园
미만	（名）	未满
자원봉사 활동	（名）	志愿者活动
전국 일주 여행	（名）	全国一周游
말다툼	（动）	吵架，拌嘴
꽃가게	（名）	花店
장미꽃	（名）	蔷薇花

第 2 课　预订

아주머니	（名）	大嫂，大妈
식품매장	（名）	食品卖场
왼손잡이용	（名）	左撇子专用，左手用
야구 글러브	（名）	棒球手套
지갑	（名）	钱包
현금	（名）	现金
바둑을 두다	（词组）	下围棋
갈증이 나다	（词组）	口渴
언론정보학	（名）	新闻传播学
분야	（名）	领域
역사학	（名）	历史学
승강장	（名）	车站
시티투어 버스	（名）	城市观光巴士
명소	（名）	名胜
콩나물국	（名）	豆芽汤
소나기	（名）	骤雨，阵雨
독감	（名）	流感
신라시대	（名）	新罗时代
입원하다	（动）	住院
섭섭하다	（形）	遗憾
등산로	（名）	山路
한식집	（名）	韩餐厅
외식	（名）	在外就餐
찬성	（名）	赞成
여종업원	（名）	女服务员
친절하다	（形）	亲切
빈방	（名）	空房，（空）包间
케이크	（名）	蛋糕

第3课 将来计划 장래계획

<핵심 사항>

나의 장래 계획을 표현하는 방법을 배운다.
- -가/이 되다
- -아/어/여지다
- -(으)면 좋겠다
- -(으)ㄹ까 (생각하다)
- -처럼
- -같이

<一、발음 point>

1. 다음 용언의 변화형을 소리 나는 대로 읽어 보세요.

용언	품사	연결어미			종결어미		
		-고	-아/어/여서	-지만	과거	현재	미래
바뀌다	동	바뀌고	바뀌어서	바뀌지만	바뀌었다	바뀐다	바뀌겠다
어울리다	동	어울리고	어울려서	어울리지만	어울렸다	어울린다	어울리겠다
어렵다	형	어렵고	어려워서	어렵지만	어려웠다	어렵다	어렵겠다

2. 다음 밑줄 친 부분의 발음에 유의하면서 소리 나는 대로 읽고 써 보세요.

1) <u>창조적인</u> 일이 제 <u>적성</u>에 제일 잘 <u>맞는</u> 것 <u>같아요</u>.　　　　[　　　　]

2) 이정우 씨 <u>집은</u> 경제적으로 그리 <u>넉넉하지 않습니다</u>.　　　　[　　　　]

<二、어휘 check>

1. 다음 <보기>에서 적당한 단어를 골라서 괄호 안에 써 넣으세요.

<보기>	과학자	경쟁률	희망	기자
	광고회사	드라마	적성	무역회사
	학기	컴퓨터	성격	

1) 우리 사무실의 김호준 씨는 (　　　　　　)이 참 좋아요.
2) 지난 (　　　　　　)에는 전공 수업이 많아서 수업을 듣느라고 바빴어요.
3) 저는 대학을 졸업하면 신문사 (　　　　　　)가 되고 싶어요.
4) 저는 제 (　　　　　　)에 따라 경영학과에 지원하겠어요.
5) 대기업 입사 시험의 (　　　　　　)이 저렇게 높은데 합격할 수 있을까요?

2. 다음 <보기>에서 적당한 연결형 어미를 골라서 괄호 안의 동사와 결합하여 문장을 완성하세요.

<보기>	-(으)려면	-아/어/여서	-지만	-고
	-면	-(으)려고	-니까	

1) 계절이 (바뀌다→　　　　　　) 아침 저녁으로 날씨가 쌀쌀해졌어요.
2) 은행에 (취직하다→　　　　　　) 어떤 공부를 해야 합니까?
3) 작년 12월에 (제대하다→　　　　　　) 올해 3월에 다시 복학했습니다.
4) 3학년까지 학업을 마치고 군대에 (가다→　　　　　　) 이미 신체검사를 받았어요.
5) 음식은 (넉넉하다→　　　　　　) 손님들이 앉을 자리가 부족해요.
6) 넌 (활동적이다→　　　　　　) 영업직 업무에 종사하는 게 좋겠어.

3. 다음 동사 "맞다"의 용법 중에서 "어울리다"의 뜻으로 쓰인 예문을 고르세요.

(   )

(1) 이 문제의 정답이 3번 맞습니까?
(2) 맞아, 나도 그렇게 생각해.
(3) 이 생선매운탕이 난 너무 매운데 네 입맛에는 맞아?
(4) 그 회색 양복이 당신에게 잘 맞아요.

4. 다음 <보기>에서 접미사 자(者), 가(家), 인(人), 원(員), 사(師), 사(士), 사(事), 장(長), 관(官)을 결합해서 만든 자격, 직무, 직책과 관련 있는 단어를 참고하여 인터넷으로 더 찾아 보세요.

관련 접미사	관련 어휘	내가 찾은 직업 관련 어휘
자 (者)	교육자 , 연구자 , 학자 , 과학자 , 연주자	
가 (家)	예술가 , 미술가 , 비평가 , 소설가 , 작가	
인 (人)	시인 , 예술인 , 출판인 , 손해사정인 , 관리인	
원 (員)	연구원 , 판매원 , 종업원 , 점원 , 환경미화원	
사 (師)	의사 , 간호사 , 약사 , 교사 , 요리사	
사 (士)	정비사 , 영양사 , 회계사 , 변호사 , 변리사	
사 (事)	도지사 , 이사 , 판사 , 검사 , 주사	
장 (長)	원장 , 소장 , 교장 , 학장 , 총장	
관 (官)	서기관 , 참사관 , 사무관 , 비서관 , 경찰관	

5. 다음 용례와 같이 한자어 명사에 접미사 "-적(的)"을 결합해서 단어를 만들어 보세요.

결합 양상	결합 용례	내가 찾은 용례
받침 없음	기계적, 종교적, 지리적	
ㄱ + 적 [쩍]	소극적, 적극적, 도덕적	
ㄴ + 적	자연적, 인간적, 발전적	
ㄹ + 적 [쩍]	도발적, 저돌적, 기술적	
ㅁ + 적	양심적, 심적	
ㅂ + 적 [쩍]	종합적, 합법적, 법적	
ㅇ + 적	교양적, 추상적, 환상적	

〈三、문법 point〉

1. 아래 형용사를 "아/어/여지다"와 결합하여 조건에 맞게 변화형을 만들어 보세요.

용언 기본형	격식체 현재		비 격식체 과거	
	높임	낮춤	높임	낮춤
예쁘다	예뻐집니다	1)	예뻐졌어요	2)
가깝다	3)	가까워진다	4)	가까워졌어
좋다	좋아집니다	5)	6)	좋아졌어
길다	길어집니다	7)	길어졌어요	8)
귀찮다	귀찮아집니다	귀찮아진다	9)	10)
느리다	11)	느려진다	느려졌어요	12)

2. 아래 관용구 "-아/어/여지다"의 용법을 참고하여 괄호 안의 용언을 바꿔 보세요.

결합 가능 용언	결합 조건		결합 양상
형용사	양성모음	과거	-아졌다
		현재	-아진다
		미래	-아지겠다
	음성모음	과거	-어졌다
		현재	-어진다
		미래	-어지겠다

(续表)

결합 가능 용언	결합 조건		결합 양상
	하다	과거	- 여졌다
		현재	- 여진다
		미래	- 여지겠다

1) 가: 영화를 보고 마음이 편해졌어요?
   나: 아니요, 오히려 마음이 (우울하다→   )
2) 가: 지금도 배가 아프면 병원에 가 보세요.
   나: 소화제를 먹어서 속이 (괜찮다→   )
3) 가: 요즘 그곳은 날씨가 어때요?
   나: 어젯밤에 비가 오고 오늘 아침부터 날씨가 갑자기 (춥다→   )
4) 가: 왜 그렇게 얼굴이 홍당무처럼 빨개요?
   나: 너무 부끄러워서 얼굴이 (빨갛다→   )
5) 가: 지난 번에 만났을 때보다 더 건강해 보이네요.
   나: 요새 뱃살을 많이 빼서 몸이 훨씬 (가볍다→   )

〈四、이해와 표현〉

1. 다음 문장을 중국어로 번역해 보세요.

1) 난 이번 한국어 읽기 기말시험에서 두 문제 틀렸어. 너는 다 맞았니?

2) 제가 만든 이 해산물 요리가 입에 맞아요?

3) 인기 연예인이 차에서 내리니까 사람들이 구름처럼 모여들었다.

4) 조만간 병무청에서 입영통지서가 올 겁니다.

5) 꿈이 없는 젊은이는 희망이 없는 사람이에요.

6) 이번 방학 동안 많이 먹고 운동을 안 해서 몸은 뚱뚱해지고 옷은 작아졌어요.

7) 김포공항에 가려면 여기서 버스를 타거나 지하철을 타면 돼요.
   _____

8) 복사용지가 필요해서 오후에 집 근처 문구점에 사러 갈까 해요.
   _____

9) 내 방은 왜 오전 내내 청소를 했어도 깨끗해지지 않을까요?
   _____

10) 나도 너처럼 운동을 잘했으면 좋겠다.
    _____

2. "-(으)ㄹ까 하다"를 활용하여 괄호 안의 단어를 써서 다음 질문에 대답해 보세요.

1) 가: 언제 고향에 돌아가려고 합니까?
   나: (겨울 방학) _____
2) 가: 점심을 언제 먹을 거예요?
   나: (1시간 후) _____
3) 가: 언제 방을 청소하려고 합니까?
   나: (숙제를 끝낸 후) _____
4) 가: 언제 결혼할 예정입니까?
   나: (3년 후쯤) _____
5) 가: 언제 운전을 배울 거야?
   나: (대학을 졸업하기 전) _____

3. 다음 문장을 "-(으)면 좋겠다"를 써서 바꿔 보세요.

1) 이번 여름 방학에 학교 근처로 이사 가다.
   _____

2) 다음 학기부터 영어를 배우다.
   _____

3) 장사를 해서 돈을 많이 벌다.
   _____

4) 기말 시험에서 1등을 하다.
   _____

5) 시원한 아이스크림을 먹다.
   _____

4. 다음 문장을 읽고 질문에 답하세요.

> 오늘은 제가 대학을 졸업하는 날입니다. 오전에 부모님을 모시고 졸업식에 참석했습니다. 지난 4년 동안 저는 미래를 위해 여러 분야를 열심히 공부했습니다. 저는 장래에 회사를 운영하는 최고경영자가 되고 싶은 꿈이 있기 때문에 그 동안 경제학, 경영학 책을 많이 봤습니다. 앞으로 저는 무역회사에 입사해서 열심히 일을 배우겠습니다. 그리고 세계적으로 유명한 기업의 경영자들처럼 전문경영인이 되겠습니다. 그래서 저는 열심히 미래를 위해 노력하겠다고 결심했습니다. 제 꿈이 꼭 이루어졌으면 좋겠습니다.

1) 여러분은 앞으로 어떤 일을 하고 싶습니까?
   _____

2) 여러분은 그 일을 하기 위해 지금 무엇을 준비하고 있습니까?
   _____

3) 여러분은 외국어, 경제 지식, 체력, 대인 관계 등 모든 방면에서 미래를 체계적으로 준비하고 있습니까?
   _____

4) 왜 그 일을 하고 싶은지 이유를 설명해 보세요.
   _____

〈五、속담〉

1. 다음 속담의 뜻과 비슷한 속담을 골라 보세요.

> 서울에서 김서방 찾기
>
> (   )

(1) 이왕이면 다홍치마   (2) 등잔 밑이 어둡다
(3) 모래 속에서 바늘 찾기   (4) 장삼이사

2. 위 속담으로 대화문을 만들어 보세요.

가: _____

나: _____

가:_____
나:_____
가:_____
나:_____

〈보충단어〉

사무실	（名）	办公室
경영학과	（名）	经管系
지원하다	（动）	支援
대기업	（名）	大企业
쌀쌀해지다	（动）	变凉
복학하다	（动）	复学
신체검사	（名）	体检
영업직	（名）	营业部门
종사하다	（动）	从事
회색	（名）	灰色
교육자	（名）	教育工作者
연구자	（名）	科研工作者
학자	（名）	学者
과학자	（名）	科学家
연주자	（名）	演奏家
예술가	（名）	艺术家
미술가	（名）	美术家
비평가	（名）	批评家，评论家
소설가	（名）	小说家
작가	（名）	作家
시인	（名）	诗人
예술인	（名）	文艺工作者
출판인	（名）	出版人
손해사정인	（名）	定损员
관리인	（名）	管理员

연구원	（名）	研究员
판매원	（名）	售货员
종업원	（名）	职工，员工
점원	（名）	店员
환경미화원	（名）	清洁工
의사	（名）	医生
간호사	（名）	护士
약사	（名）	药剂师
교사	（名）	教师
요리사	（名）	厨师
정비사	（名）	机器修理工
영양사	（名）	营养师
회계사	（名）	会计师
변호사	（名）	律师
변리사	（名）	专利代理人，专利律师
도지사	（名）	道知事（相当于中国的省长）
이사	（名）	理事
판사	（名）	审判员
검사	（名）	检察官
주사	（名）	主事，老爷
원장	（名）	院长
소장	（名）	所长
교장	（名）	校长
서기관	（名）	秘书
참사관	（名）	参赞
사무관	（名）	事务长
비서관	（名）	秘书
경찰관	（名）	警官
기계적	（名、冠）	机械化
종교적	（名、冠）	宗教化
지리적	（名、冠）	地理性
소극적	（名、冠）	消极
도덕적	（名、冠）	道德化

자연적	(名、冠)	自然
도발적	(名、冠)	挑动（性）
소화제	(名)	消化剂
홍당무	(名)	胡萝卜
뱃살	(名)	肚皮

第4课 春节 설날

<핵심 사항>
전통 명절의 풍속과 표현법을 배운다.
- -(으)면서
- -을/를 위해서/-기 위해서
- -아/어/여야(만)
- -때문에/-기 때문에
- -에서/-중에서

<一、발음 point>

1. 아래 용언의 변화형을 소리 나는 대로 읽어 보세요.

용언	품사	연결어미			종결어미		
		-고	-아/어/여서	-지만	과거	현재	미래
맞추다	동	맞추고	맞춰서	맞추지만	맞췄다	맞춘다	맞추겠다
같다	형	같고	같아서	같지만	같았다	같다	같겠다
모이다	동	모이고	모여서	모이지만	모였다	모인다	모이겠다
끝나다	동	끝나고	끝나서	끝나지만	끝났다	끝난다	끝나겠다
보내다	동	보내고	보내서	보내지만	보냈다	보낸다	보내겠다

2. 아래 문장에서 밑줄 친 부분의 발음에 유의하면서 소리 나는 대로 읽고 써 넣으세요.

1) 떡국 많이 드셨어요?　　　　　　　　　　　　　[　　　　　]

2) 윷놀이는 어렵지 않기 때문에 쉽게 배울 수 있어요.　　[　　　　　]

<二、어휘 check>

1. 다음 관련 있는 단어끼리 연결하세요.

설 • • 설빔
생일 • • 선물
추석 • • 씨름
단오 • • 송편

2. 다음 <보기>에서 적당한 단어를 골라서 괄호 안에 써넣으세요.

| <보기> 간 | 명절 | 복 | 세배 | 차례 |
| 세뱃돈 | 떡국 | 널뛰기 | 윷놀이 | 집안어른 |

1) 새해 (　　　　　　　) 많이 받으세요.
2) 설날과 추석 아침에는 가족들이 모여서 조상님께 (　　　　　)를 지냅니다.
3) 이번 설날에는 아이들에게 5,000원씩 (　　　　　　　)을 줄 거예요.
4) (　　　　　　　)을 먹으면 나이가 한 살 더 든다고 해요.
5) (　　　　　　　)이 너무 싱거워서 간장을 더 넣어야 해요.
6) (　　　　　　　)이라서 가족들이 모두 한자리에 모였어요.
7) 예쁜 한복을 입고 부모님께 (　　　　　　　)를 올릴 거예요.
8) 마당에서 (　　　　　　)를 하면서 하루를 즐겁게 보냅니다.
9) 방 안에서 가족들이 함께 맛있는 음식을 먹으면서 (　　　　　)를 합니다.
10) 올해는 (　　　　　　　)들께서 좋은 회사에 취직하라고 덕담을 해주셨습니다.

<三、문법 point>

1. 다음 문장을 완성하세요.

1) 놀이터에서 아이와 함께 놀면서＿＿＿＿＿＿＿＿＿＿＿＿＿＿＿＿
2) 사무실에서 서류를 정리하면서＿＿＿＿＿＿＿＿＿＿＿＿＿＿＿＿
3) 집에서 푹 쉬면서＿＿＿＿＿＿＿＿＿＿＿＿＿＿＿＿＿＿＿＿＿＿
4) 부엌에서 떡국을 끓이면서＿＿＿＿＿＿＿＿＿＿＿＿＿＿＿＿＿＿
5) 물걸레로 거실 유리창을 닦으면서＿＿＿＿＿＿＿＿＿＿＿＿＿＿
6) 옷에 단추를 달면서＿＿＿＿＿＿＿＿＿＿＿＿＿＿＿＿＿＿＿＿
7) 유럽에서 배낭여행을 하면서＿＿＿＿＿＿＿＿＿＿＿＿＿＿＿＿
8) 유적지에서 사진을 찍으면서＿＿＿＿＿＿＿＿＿＿＿＿＿＿＿＿
9) 설날에 차례상을 차리면서＿＿＿＿＿＿＿＿＿＿＿＿＿＿＿＿＿
10) 소파에서 소설책을 읽으면서＿＿＿＿＿＿＿＿＿＿＿＿＿＿＿＿

2. "-을/를 위해서", "-기 위해서" 문형으로 문장을 만드세요.

1) 돈을 벌기 위해서＿＿＿＿＿＿＿＿＿＿＿＿＿＿＿＿＿＿＿＿＿＿
2) 부모는 자식을 위해서＿＿＿＿＿＿＿＿＿＿＿＿＿＿＿＿＿＿＿＿
3) 노래를 잘 부르기 위해서＿＿＿＿＿＿＿＿＿＿＿＿＿＿＿＿＿＿
4) 가정 형편이 어려운 친구를 돕기 위해서＿＿＿＿＿＿＿＿＿＿＿
5) 체력을 유지하기 위해서＿＿＿＿＿＿＿＿＿＿＿＿＿＿＿＿＿＿
6) 나의 미래를 위해서＿＿＿＿＿＿＿＿＿＿＿＿＿＿＿＿＿＿＿＿
7) 연세가 많으신 부모님을 위해서＿＿＿＿＿＿＿＿＿＿＿＿＿＿＿
8) 수업 시간에 졸지 않기 위해서＿＿＿＿＿＿＿＿＿＿＿＿＿＿＿
9) 용돈을 절약하기 위해서＿＿＿＿＿＿＿＿＿＿＿＿＿＿＿＿＿＿
10) 비행기 출발 시간에 늦지 않기 위해서＿＿＿＿＿＿＿＿＿＿＿

3. 다음 괄호 안의 용언과 "아/어/여야(만)"을 결합하여 문장을 완성하세요.

1) 제가 이 서류에 도장을 (찍다→　　　　　　　　) 일이 해결됩니까?
2) 환자의 증세가 너무 심해서 (입원하다→　　　　　　　　) 합니다.
3) 그 분을 꼭 이번 주 금요일에 (만나다→　　　　　　　　) 할 이유가 있습니까?

4) 날마다 40분 이상 운동장 네 바퀴 정도를 (뛰다→   )
   체력을 회복할 수 있습니다.

5) 저 앞 사거리에서 좌회전을 (하다→   ) 목적지까지
   늦지 않게 갈 수 있습니다.

〈四、이해와 표현〉

1. "-기 위해서"를 이용하여 다음 두 문장을 연결해 보세요.

1) 돈을 저금하다, 은행에 가다
   _____

2) 식료품을 사다, 슈퍼마켓에 가다
   _____

3) 건강검진을 받다, 병원에 가다
   _____

4) 자료를 찾다, 도서관에 가다
   _____

5) 컴퓨터를 배우다, 학원에 다니다
   _____

2. 다음 문장을 중국어로 번역해 보세요.

1) 뛰면서 이야기하니까 너무 힘들어요.
   _____

2) 화분에 물을 주면서 노래를 부르고 있다.
   _____

3) 인터넷을 하면서 전화를 받고 있었다.
   _____

4) 저는 성격이 너무 내성적이기 때문에 주위에 친구가 별로 없어요.
   _____

5) 속으로는 좋으면서 겉으로는 싫다고 말한다.
   _____

6) 이 현관문 잠금장치는 카드키와 열쇠를 모두 사용해야만 문이 열리는 2중 안전구조로 설계되었습니다.
   _____

7) 저희 집은 아들 셋 중에서 큰애가 제일 공부를 잘해요.
   _____

8) 건물 안에서는 담배를 피우면 안 되기 때문에 사원들이 밖에 나가서 담배를 피우고 있습니다.
   _____

9) 아침마다 일찍 일어나기 위해서 자명종시계도 한 개 사야 하고, 밤 11시 전에 잠을 자야 해요.
   _____

10) 너는 집에 있었으면서 동생이 밖에 나가는 것도 몰랐어?
    _____

3. 다음 문장을 완성하세요.

1) 우리 반 친구들 중에서 내가 제일_____
2) 친구들 앞에서 자랑하기 위해서_____
3) 아침 다섯 시에 일어나야만 늦지 않게_____
4) 방 안이 너무 시끄럽기 때문에_____
5) 신간서적을 사기 위해서_____

4. 동사 "먹다"의 용법에 맞게 중국어로 번역해 보세요.

1) 나이를 먹으니까 점점 체력이 약해져요.
   _____

2) 한국 사람들은 설날에 떡국을 한 그릇 먹어야만 나이를 한 살 더 먹는다고 생각해요.
   _____

3) 사회 생활을 할 때는 남들의 욕을 먹지 않도록 말과 행동을 조심해야 합니다.
   _____

4) 이번 일을 시작하기 전에 여러분 모두 마음을 굳게 먹어야 합니다.
   _____

5) 연일 기온이 35도가 넘어서 더위를 먹었어요.
_____

6) 우리 나라 축구 팀이 후반전에 한 골 더 먹고 2:1로 졌습니다.
_____

7) 물을 먹어서 이 종이를 쓸 수 없게 되었어요.
_____

8) 벌레 먹은 채소가 더 건강에 좋아요.
_____

5. 여러분이 본 영화 중에서 인상 깊었던 작품을 아래 순서에 따라 소개해 보세요.
   (200자 원고지 1장 분량)

   영화 제목: 저는 얼마 전 (   )(이)라는 (   ) 영화를 봤습니다.
   감   독: 이 영화는 유명한 (   )감독이 만들었습니다.
   주연 배우: 이 영화에 출연한 남자 주연 배우는 (   )이고, 여자 주연 배우는 (   )입니다.
   줄 거 리: 이 작품은 (   )에 관한 영화입니다.
   제작 년도: 이 영화는 (   )년에 찍은 것입니다.

6. 다음 문장을 읽고 물음에 답하세요.

   한국 사람들은 해마다 양력 1월 1일이 되면 종로의 보신각 종소리를 들으면서 한 해를 시작합니다. 새해 첫 날 12시가 지나면 서른세 번 보신각 종을 치는데 종로 거리에 이 종소리를 듣기 위해 모여 있던 수만 명의 군중들은 환호성을 지르며 힘차게 한 해를 시작합니다. 또 1월 1일 새해 첫날 동해 바다에서 떠오르는 태양을 보기 위해 동해안까지 가서 해맞이를 하는 사람들도 있습니다. 떠오르는 태양을 보면서 새해의 소망을 두 손 모아 기원합니다. 또 음력 설날 아침에는 조상님께 차례를 지냅니다. 한국에는 설날 아침 떡국을 먹어야만 나이를 한 살 더 먹는다는 풍속이 있어서 집집마다 떡국을 끓여 먹습니다. 친척 어른들께 세배도 하고 맛있는 음식도 먹고 재미있는 민속 놀이도 하면서 설날 연휴를 보냅니다.

1) 중국의 춘절 기간 동안 어떤 음식을 먹는지 소개해 보세요.

2) 춘절은 언제부터 중국의 국경일이 되었습니까?

3) 춘절 기간 동안 주변 친지들에게 어떻게 새해 문안 인사를 합니까?

〈五、속담〉

1. 다음 속담의 뜻을 설명해 보세요.

윗물이 맑아야 아랫물이 맑다.

2. 위의 속담으로 대화문을 만들어 보세요.

가:＿＿＿＿＿＿＿＿＿＿＿＿＿＿＿＿＿＿＿＿＿＿＿＿＿＿＿＿
나:＿＿＿＿＿＿＿＿＿＿＿＿＿＿＿＿＿＿＿＿＿＿＿＿＿＿＿＿
가:＿＿＿＿＿＿＿＿＿＿＿＿＿＿＿＿＿＿＿＿＿＿＿＿＿＿＿＿
나:＿＿＿＿＿＿＿＿＿＿＿＿＿＿＿＿＿＿＿＿＿＿＿＿＿＿＿＿

〈보충단어〉

씨름	（名）	摔跤
단오	（名）	端午
송편	（名）	松糕
조상님	（名）	祖先
싱겁다	（形）	（味）淡
한자리	（名）	（欢聚）一堂，同一个地方
마당	（名）	院子
놀이터	（名）	游乐场
물걸레	（名）	湿抹布

단추를 달다	(词组)	缝纽扣
배낭여행	(名)	背包旅行
차례상	(名)	供桌
소파	(名)	沙发
형편	(名)	情况，情形
유지하다	(动)	维持
졸다	(动)	打瞌睡
절약하다	(动)	节约
환자	(名)	患者
증세	(名)	症状
바퀴	(名)	圈
회복하다	(动)	恢复
좌회전	(名)	左转
목적지	(名)	目的地
식료품	(名)	食材
건강 검진	(名)	健康体检
학원	(名)	学院，补习班
자랑하다	(动)	自豪
시끄럽다	(形)	嘈杂
감독	(名)	监督，指导
출연하다	(动)	出演
주연 배우	(名)	主演
보신각	(名)	普信阁
종소리	(名)	钟声
군중	(名)	群众
환호성	(名)	欢呼声
힘차게	(副)	猛力
동해	(名)	东海
해맞이	(名)	迎接新年第一缕阳光
소망	(名)	愿望

민속놀이	（名）	民俗游戏
연휴	（名）	连休
국경일	（名）	国庆节
친지	（名）	亲友

综合练习1 종합연습 1

문항번호	1		2		3	4	5	6	7	총점
	1	2	1	2						
배점	5	5	5	5	10	10	15	20	25	100
점수										

1. (듣기) 다음 문장을 잘 듣고 질문에 답하세요.(5점×2문항 = 10점)

  1) 영민이는 언제 자금성에 가봤습니까?

  2) 경철이는 영민이에게 어떤 부탁을 했습니까?

2. (듣기) 다음 문장을 잘 듣고 질문에 답하세요.(5점×2문항 = 10점)

  1) 영희 엄마가 기분이 좋은 이유는 무엇입니까?

  2) 순영이는 왜 운동을 열심히 하고 있습니까?

3. 다음 대화문을 읽고 대화 내용과 다른 것을 고르세요. (2점×5문항 = 10점)

> 상준: 재민 씨, 이번 설날에 고향에 내려가시죠?
> 재민: 예, 설날이니까 고향에 내려가서 가족들과 함께 보내야죠. 상준 씨는요?
> 상준: 저는 설날 전날 내려갔다가 설 쇠고 길이 막히기 전에 바로 올라와야 해요. 고향집이 좀 멀어서요.
> 재민: 우리 사무실 직원 중에서 상준 씨가 고향이 제일 먼 것 같아요.
> 상준: 예, 그래서 내년부터는 표를 미리 구해서 기차로 가거나 비행기로 갔으면 좋겠어요.
> 재민: 저희 고향에는 지금 부모님밖에 안 계시니까 평소에도 저는 자주 고향에 내려가요.

상준 : 고향이 어디예요?
재민 : 저는 고향이 경기도라서 명절에 집에 갈 때 그렇게 오래 운전해 본 적이 없어요. 아마 저는 그렇게 오래 운전을 할 수 없을 거예요.

(　　　)

(1) 상준 씨는 명절날 직접 차를 몰고 고향에 내려가기 싫어한다.
(2) 재민 씨는 명절에 집에 갈 때 직접 차를 운전해서 가본 적이 없다.
(3) 상준 씨 고향은 기차나 비행기로 갈 수 없는 곳이다.
(4) 재민 씨 고향은 경기도이다.
(5) 재민 씨는 운전면허증이 없어서 운전을 할 수 없다.

4. 다음 문장의 잘못된 곳을 찾아 바르게 고치세요.(1점×10문항 = 10점)

1) 이 곳은 내가 어렸을 때 친구들과 함께 놀으던 놀이터다.　(　　　)
2) 바닷가에서 오래 일광욕을 했더니 얼굴이 까맣졌어요.　(　　　)
3) 아침밥을 꼭 먹었어야만 일을 잘 할 수 있어요.　(　　　)
4) 김영주 씨는 손글씨를 예쁘게 잘 쓰기 때문에 사무실 직원들이 부러워해요.
(　　　)
5) 이렇게 노란 은행잎이 떨어져 있는 길 위를 혼자 걸었으면 좋겠어요.
(　　　)
6) 내일까지 이 일을 다 끝내어도 괜찮겠습니까?　(　　　)
7) 최 대리님은 사무실에서 일밖에 모르겠는 분으로 유명하다.　(　　　)
8) 번개가 치고 바람이 심하게 불 때는 우산을 펴지 마세요.　(　　　)
9) 1번과 3번 중에서 어떤 것이 맞을 답입니까?　(　　　)
10) 이 자리는 연세가 드시는 분들을 위해서 준비해 놓은 것입니다.
(　　　)

**5. 다음 <상황>에 맞게 <보기>의 단어를 이용하여 대화문을 만들어 보세요.
(15점)**

<상황> 새해 첫날이 되었습니다. 아이들은 부모님을 따라서 웃어른께 세배를 하러 다닙니다. 웃어른께 세배를 하러 갔을 때 어떻게 인사를 하는 게 좋을까요?

<보기> 새해 복 많이 받으세요, 덕담, 복주머니, 떡국을 먹다, 세뱃돈을 받다, 절을 하다, 무릎을 꿇다, 단정하게 앉다, 안부 인사를 하다,

_____
_____
_____
_____
_____

6. 다음 <보기>의 체언과 용언을 이용하여 "(으)니까"의 활용형을 만들어 보세요. (20점)

<보기> 너   당신   부모   만나다   아름답다   쉬다   싸다
       잡다 높다   기다   길다   공부하다   깨끗하다

결합 가능 품사	결합 조건		결합 양상
대명사, 명사, 수사	개음절	과거	(1)
	폐음절		(2)
	개음절	현재	(3)
	폐음절		(4)
	미래		(5)
동사, 형용사	양성모음	과거	(6)
	음성모음		(7)
	하다		(8)
	개음절	현재	(9)
	폐음절		(10)
	개음절	미래	(11)
	폐음절		(12)

7. 다음 주제문으로 짧은 글을 쓰세요. (25점)

주제: 10년 후의 나의 모습
조건: 250자 분량 (띄어쓰기 포함)
　　　문어체 해라체 종결어미 사용.
　　　한글맞춤법 적용.

第5课 万里长城和周口店
만리장성과 주구점

> **〈핵심 사항〉**
>
> 세계문화유산으로 선정된 만리장성과 주구점의 역사를 통해서 역사유적지의 가치를 소개하는 표현법을 배운다.
> - -아/어 있다
> - -(으)로
> - -군요, -구나-
> - -(으)ㄴ 지
> - -기(가) 쉽다/어렵다/좋다/싫다

〈一、발음 point〉

1. 다음 용언의 활용형을 소리 나는 대로 읽어 보세요.

용언	품사	연결어미			종결어미		
		-고	-아/어/여서	-지만	과거	현재	미래
지어지다	동	지어지고	지어져서	지어지지만	지어졌다	지어진다	지어지겠다
엄청나다	형	엄청나고	엄청나서	엄청나지만	엄청났다	엄청나다	엄청나겠다
남다	동	남고	남아서	남지만	남았다	남는다	남겠다
크다	형	크고	커서	크지만	컸다	크다	크겠다
걸리다	동	걸리고	걸려서	걸리지만	걸렸다	걸린다	걸리겠다
놀라다	동	놀라고	놀라서	놀라지만	놀랐다	놀란다	놀라겠다
개발되다	동	개발되고	개발돼서	개발되지만	개발되었다	개발된다	개발되겠다
바라보다	동	바라보고	바라봐서	바라보지만	바라봤다	바라본다	바라보겠다
타다	동	타고	타서	타지만	탔다	탄다	타겠다
불리다	동	불리고	불려서	불리지만	불렸다	불린다	불리겠다

2. 다음 밑줄 친 부분의 발음에 유의하면서 소리 나는 대로 읽고 써 보세요.

1) 북경 근처에 주구점이라는 북경원인 유적지가 남아 있습니다.

[   ]

2) 만리장성은 중국 사람들의 큰 자랑거리입니다.   [   ]

<二、어휘 check>

1. 다음 <보기>중에서 적당한 단어를 골라 괄호 안에 써 넣으세요.

<보기> 무척   화석   바로   주변   치아   워낙
       석기   장관   과학기술   자랑

1) 그림을 배운 지 얼마 되지 않았는데 벌써 그림 솜씨를 (   ) 하는 거야?

2) (   )의 발달로 인간은 화성에 무인탐사선을 보낼 수 있게 되었다.

3) 바닷가에서 바라보는 일출과 일몰은 정말 (   ) 이에요.

4) 집 (   )에 소나무들이 즐비하군요.

5) 김부장님은 (   ) 저희 집 위층에 살고 계세요.

6) 인류 문명은 역사상 (   ) 시대에서 청동기 시대로 발전했다.

7) 중국 북경자연박물관에 가면 공룡 (   )을 볼 수 있어요.

8) 부모는 아이들이 어렸을 때부터 스스로 (   )를 잘 관리하도록 가르쳐야 합니다.

9) 그 섬 근처는 평소에도 파도가 (   ) 높은 곳이라서 항상 조심해야 해요.

10) 어젯밤 일 때문에 잠을 못 잤더니 아침부터 (   ) 피곤하다.

2. 다음 <보기>에서 괄호 안에 들어갈 적당한 용언의 활용형을 만들어서 문장을 완성하세요.

<보기>	굉장하다	개발되다	귀중하다	-(이)라고도 불리다
	발굴하다	바라보다	거대하다	이용되다
	채취하다	대단하다		

1) 고고학은 인류의 유물과 유적을 (　　　　　　) 분석하는 학문이다.
2) 한반도의 동쪽에는 (　　　　　　　　) 산맥이 자리잡고 있다.
3) 모래는 유리를 만드는 재료로 (　　　　　　　　).
4) 그분의 신작 소설은 출간되자마자 독자와 평론가들에게 (　　　　) 작품으로 인정받았다.
5) 산과 들에서 (　　　　　　) 식용식물을 나물이라고 한다.
6) 조상들이 남긴 (　　　　　) 문화유산을 잘 보호해야 합니다.
7) 금강산은 계절에 따라 봉래, 풍악, 개골(　　　　　　) 명산이다.
8) 스포츠카 한 대가 (　　　　　) 소음을 내면서 도로를 질주하고 있었다.
9) 새롭게 (　　　　　) 오염수 정화장치는 제조업계에서 좋은 평가를 받고 있다.
10) 지금 창밖으로 아름다운 노을을 (　　　　　　) 친구와 통화를 하고 있다.

<三、문법 point>

1. 다음 "-아/어/여 있다"의 용법을 참고하여 밑줄 친 동사를 고쳐서 문장을 완성하세요.

결합 가능 품사	결합 조건			결합 양상
동사	양성	과거	격식체	높임	- 아 있었습니다
				낮춤	- 아 있었다

（续表）

결합 가능 품사	결합 조건			결합 양상
동사	양성	과거	비격식체	높임	- 아 있었어요
				낮춤	- 아 있었어
		현재	격식체	높임	- 아 있습니다
				낮춤	- 아 있다
			비격식체	높임	- 아 있어요
				낮춤	- 아 있어
		미래	격식체	높임	- 아 있겠습니다
				낮춤	- 아 있겠다
			비격식체	높임	- 아 있겠어요
				낮춤	- 아 있겠어
	음성	과거	격식체	높임	- 어 있었습니다
				낮춤	- 어 있었다
			비격식체	높임	- 어 있었어요
				낮춤	- 어 있었어
		현재	격식체	높임	- 어 있습니다
				낮춤	- 어 있다
			비격식체	높임	- 어 있어요
				낮춤	- 어 있어
		미래	격식체	높임	- 어 있겠습니다
				낮춤	- 어 있겠다
			비격식체	높임	- 어 있겠어요
				낮춤	- 어 있겠어
	하다 접미사	과거	격식체	높임	- 여 있었습니다
				낮춤	- 여 있었다
			비격식체	높임	- 여 있었어요
				낮춤	- 여 있었어
		현재	격식체	높임	- 어 있습니다
				낮춤	- 어 있다
			비격식체	높임	- 어 있어요
				낮춤	- 어 있어
		미래	격식체	높임	- 여 있겠습니다
				낮춤	- 여 있겠다
			비격식체	높임	- 여 있겠어요
				낮춤	- 여 있겠어

1) 동생은 오전에는 소파에 계속 앉다(과거시제) (→   ).
2) 무대 위에서 배우들이 대본 연습을 하면서 서다(현재시제) (→   ).
3) 그 신인배우에게는 예술적 창의성이 잠재하다(현재시제) (→   ).
4) 며칠 전에 친구와 말다툼을 한 것 때문에 형은 아직도 많이 화가 나다(현재시제)
   (→   ).
5) 어제는 내 책상 위에 동생 책이 놓이다(과거시제) (→   ).

2. 다음 <보기>에서 적당한 단어를 골라서 괄호 안에 써 넣으세요.

<보기> 종이   얼음   옷감   치즈   흙

1) 물이 얼면 (   )으로 변합니다.
2) 우유를 (   )로 만들려면 발효시켜야 합니다.
3) (   )으로 도자기를 만들려면 유약을 발라서 불
   에 구워야 합니다.
4) (   )로 비행기나 배를 접을 수 있습니까?
5) (   )으로 옷을 만들려면 재단해서 바느질을 해
   야 합니다.

3. 다음 "-(으)ㄴ 지"를 써서 문장을 완성해 보세요.

1) 한국어를 배우다, 3년이 되었다, 말하기를 잘할 수 있다.
   _____

2) 운동을 시작하다, 한 달이 지났다, 체력이 좋아졌다.
   _____

3) 동아리 활동을 하다, 한 학기가 되었다, 성격이 활발해졌다.
   _____

4) 점심을 먹다, 두 시간이 지났다, 벌써 배가 고프다.
   _____

5) 친구가 고향으로 돌아가다, 한 달이 지났다, 친구가 보고 싶다.
   _____

4. 다음 "-기(가) 쉽다/어렵다/좋다/싫다"를 결합하여 문장을 완성하세요.

1) 평소에 중요한 내용을 꾸준히 기록하다, 잊다.
   _____

2) 부지런히 연습하다, 이번 시험을 통과하다.
   _____

3) 그렇게 산뜻하게 입다, 보다.
   _____

4) 오늘은 너무 피곤하다, 친구를 만나다.
   _____

5. 다음 "-군요", "-구나"의 용법을 참고하여 괄호 안에 들어갈 활용형을 써 넣으세요.

결합 가능 품사	결합 조건			결합 양상
명사, 대명사, 수사	개음절	낮춤	과거	-였구나
			현재	-구나
			미래	-겠구나
		높임	과거	-였군요
			현재	-군요
			미래	-겠군요
	폐음절	낮춤	과거	-이었구나
			현재	-이구나
			미래	-이겠구나
		높임	과거	-이었군요
			현재	-이군요
			미래	-이겠군요
형용사	양성	낮춤	과거	-았구나
	음성			-었구나
	하다 접미사			-였구나
	X		현재	-구나
			미래	-겠구나
	양성	높임	과거	-았군요
	음성			-었군요
	하다 접미사			-였군요

（续表）

결합 가능 품사	결합 조건			결합 양상
형용사	X	높임	현재	-군요
			미래	-겠군요
동사	양성	낮춤	과거	-았구나
	음성			-었구나
	하다 접미사			-였구나
	X		현재	-는구나
			미래	-겠구나
	양성	높임	과거	-았군요
	음성			-었군요
	하다 접미사			-였군요
	X		현재	-는군요
			미래	-겠군요

1) 가: 날씨가 (춥다→   ).
   나: 옷을 더 겹쳐 입어야겠어요.

2) 가: 이 양문형 냉장고는 가격이 너무 (비싸다→   ).
   나: 그럼 다른 것도 볼까?

3) 가: 시간이 (늦다→   ).
   나: 배고픈데 저녁 먹으러 갑시다.

4) 가: 물이 (뜨겁다→   ).
   나: 조금 식혔다가 드세요.

5) 가: 이 사진을 보니까 어렸을 때부터 쌍꺼풀이 (있다→   ).
   나: 응. 쌍꺼풀이 있으니까 더 귀여워 보이지?

＜四、이해와 표현＞

1. 다음 문장을 중국어로 번역해 보세요.

1) 지난 주말에 교외에서 꽃구경을 해서 참 좋았겠네요.

2) 내일 오전에는 집 근처에 있는 초등학교로 봉사 활동을 하러 가야 해요.

3) 제 동생은 서울에 있는 무역회사에 입사한 지 3년이 되었어요.
   _____

4) 이 수학 문제를 풀기가 너무 어려워요.
   _____

5) 문밖에 나갔는데 비가 막 오기 시작해서 다시 들어왔어요.
   _____

6) 이번에 김 부장님께서 맡으신 일은 해결하기가 정말 쉽지 않겠어요.
   _____

7) 이곳은 무릉도원이라고 불릴 만큼 자연환경이 잘 보존된 곳이에요.
   _____

8) 이 산길을 따라 다섯 시간 정도 올라가면 산꼭대기에 도착할 수 있어요.
   _____

9) 입맛이 없어서 음식을 한 술도 떠먹기 어려워요.
   _____

10) 머리가 너무 길어서 조금 자르고 싶네요.
    _____

2. **다음 "-기 쉽다/어렵다"에 맞게 밑줄 친 동사를 적당한 활용형으로 바꿔 보세요.**

1) 물건을 잘 <u>보관하다</u> (→   ) 잃어버리기 쉬워요.

2) 지역구에서 부지런히 <u>활동하다</u> (→   ) 선거에서 당선되기 어려워요.

3) 외국어를 열심히 <u>공부하다</u> (→   ) 외국으로 유학을 가기 어려워요.

4) 그 요리책을 <u>보다</u> (→   ) 요리하기 쉬울까요?

5) 요즘에는 별로 힘든 일이 <u>없다</u> (→   ) 아침에 일찍 일어나기 쉬워요.

3. **"올라오다/올라가다, 내려오다/내려가다, 들어오다/들어가다, 나가다/나오다" 를 써서 다음 대화를 완성하세요.**

1) 영석 씨는 3층 사무실에 있고, 샤오캉 씨는 1층 사무실에 있습니다.
   영석: 샤오캉 씨, 저희 사무실로 (   )?
   샤오캉: 알겠습니다. 곧 (   ).

2) 준서 씨와 민석 씨는 5층 엘리베이터 앞에 서 있습니다.
   준서: 민석 씨, 사무실에 중요한 서류를 두고 왔어요. 먼저 (   ).
   민석: 지하 2층 주차장 입구에서 기다리겠어요. 천천히 (   ).

3) 철민 씨는 사무실 밖에 있고, 영희 씨는 안에 있습니다.
   철민: 영희 씨, (   )도 됩니까?
   영희: 예, (   ).

4) 민수 씨는 무대 뒤에 있고, 연서 씨는 무대 위에 있습니다.
   민수: 연서 씨, 지금 무대로 (   ) 되겠습니까?
   연서: 네, 민수 씨. 준비가 다 되셨으면 지금 무대로 (   ) 됩니다.

4. 다음 질문에 대답하세요.

1) 직장 생활을 시작한 지 몇 년째입니까?

2) 대학에 입학한 지 몇 년 지났습니까?

3) 고향에 다녀온 지 몇 개월 되었습니까?

4) 회의를 시작한 지 얼마나 되었습니까?

5) 인턴 생활을 시작한 지 얼마나 되었습니까?

5. 다음 문장을 읽고, 물음에 답하세요.

1) 세계 여러 나라에는 큰 돌을 깎거나 쌓아서 만든 거석문화 유적들이 있다. 영국에는 스톤헨지가 있고, 이집트에는 피라미드가 있으며, 한국에는 세계적으로 유명한 고대 사회의 장례풍속과 관련 있는 고인돌이 전국에 널리 퍼져 있다. 중국에는 세계에서 가장 유명한 석성인 만리장성이 있다. 그 길이가 만 리나 되고, 창공에서도 만리장성의 흔적이 보인다고 한다. 중국을 찾는 외국인 관광객들은 만리장성에 올라 경이로운 건축물을 보고 감탄한다. 인류의 소중한 문화유산을 잘 보호하는 것은 질서를 지키고, 환경을 깨끗하게 유지하려는 우리 마음 속의 작은 정성에서부터 비롯된다.

(1) 만리장성에 올라가 본 적이 있습니까?

(2) 만리장성에 올랐을 때 기분이 어떻습니까?

(3) 만리장성은 사계절 중에서 어떤 계절의 경치가 가장 아름답습니까?

2) 인류의 4대 문명은 황하, 인더스강, 나일강, 티그리스.유프라테스강 유역에서 발달하기 시작했다. 울창한 숲과 비옥한 토지가 있어서 경작에 유리하고, 마실 물도 풍부하여 대규모 인구가 이곳에 모여 살면서 농경 생활을 하게 되었다. 강 근처에서 농경생활을 하면서 정착생활에 성공한 인류는 안정적인 자연환경 속에서 화려한 문명을 꽃피우게 되었다. 세계 4대 문명은 공통적으로 큰 강 유역에서 발전하였기 때문에 홍수 피해를 입기도 했으나 점차 치수 사업에 성공하면서 인구도 크게 늘어나 풍부한 경제 생활을 누릴 수 있었다.

(1) 중국 문명사상 치수 사업에 큰 업적을 남긴 황제는 누구입니까?

(2) 중국 고대 문명의 흔적을 알 수 있는 유적지를 인터넷에서 찾아서 소개해 보세요.

● 〈五、속담〉

1. "고생 끝에 낙이 온다" 라는 속담으로 대화문을 만들어 보세요.

가: _____
나: _____
가: _____
나: _____

第5课　万里长城和周口店

● <보충단어>

솜씨	（名）	手艺，技巧
화성	（名）	火星
무인탐사선	（名）	无人宇宙探测船
일출	（名）	日出
일몰	（名）	日落
소나무	（名）	松树
위층	（名）	楼上，上层
북경자연박물관	（名）	北京自然博物馆
공룡	（名）	恐龙
관리하다	（动）	管理，经管
섬	（名）	岛，岛屿
파도	（名）	波涛，波浪
고고학	（名）	考古学
분석하다	（动）	分析
한반도	（名）	朝鲜半岛
산맥	（名）	山脉
자리잡다	（动）	坐落，位于
모래	（名）	沙子
유리	（名）	玻璃，琉璃
신작 소설	（名）	新创作的小说
출간되다	（动）	出刊，出版
독자	（名）	读者
평론가	（名）	评论家
인정받다	（动）	得到认可，获得认可
들	（名）	平原
식용식물	（名）	可食用植物
나물	（名）	素菜，野菜
새롭게	（副）	新地，从新
오염수 정화장치	（名）	污水净化装置
제조업계	（名）	制造业

노을	（名）	彩霞，霞
소파	（名）	沙发
무대	（名）	舞台
배우	（名）	演员
대본 연습	（名）	剧本练习
신인배우	（名）	新人演员
창의성	（名）	创意性
잠재하다	（动）	潜在
말다툼하다	（动）	吵架，斗嘴
화가 나다	（动）	发火
얼다	（动）	冻，结冰
발효시키다	（动）	使……发酵
접다	（动）	折叠
재단하다	（动）	裁决
바느질하다	（动）	做针线活，缝制
동아리 활동	（名）	社团活动
활발해지다	（动）	升温，转活
꾸준히	（副）	坚持不懈地，勤奋地
부지런히	（副）	勤快，勤奋地
산뜻하게	（副）	清爽，轻松地
겹쳐 입다	（动）	叠穿
양문형 냉장고	（名）	双门冰箱
식히다	（动）	冷却，使凉快
쌍꺼풀	（名）	双眼皮
꽃구경	（名）	赏花
봉사 활동	（名）	志愿活动
무역회사	（名）	贸易公司
입사하다	（动）	进公司，入职
문밖	（名）	门外
무릉도원	（名）	武陵桃源，世外桃源
산꼭대기	（名）	山顶，山峰
한 술	（名）	一口，一勺
떠먹다	（动）	舀起来吃

요리책	（名）	食谱，烹饪手册
엘리베이터	（名）	电梯
주차장	（名）	停车场
무대	（名）	舞台
활짝	（副）	大敞大开地，光亮地，喜庆地
일손	（名）	人手
가위 바위 보	（名）	石头剪刀布
인턴 생활	（名）	实习工作
스톤헨지	（名）	史前巨石柱群
이집트	（名）	埃及
피라미드	（名）	金字塔
장례풍속	（名）	丧葬风俗
고인돌	（名）	巨石墓，石棚，巨石坟
석성	（名）	石城
창공	（名）	苍穹，天空
흔적	（名）	痕迹，形迹
경이롭다	（形）	令人惊奇，神奇的
감탄하다	（动）	感叹，赞叹
정성	（名）	真诚，精诚
인더스강	（名）	印度河
나일강	（名）	尼罗河
티그리스강	（名）	底格里斯河
유프라테스강	（名）	幼发拉底河
유역	（名）	流域
울창하다	（形）	郁郁葱葱，青郁的
숲	（名）	树林
비옥하다	（形）	肥沃
경작	（名）	耕作
유리하다	（形）	有利的
농경생활	（名）	农耕生活
정착생활	（名）	定居
화려하다	（形）	华美的，华丽的
꽃피우다	（词组）	开花

홍수	（名）	洪水
치수사업	（名）	水利工程
누리다	（动）	享受，享用
업적	（名）	业绩
화합하다	（动）	化合

第6课 道歉 사과하기

> **<핵심 사항>**
>
> 실수를 하거나 잘못을 했을 때 사과를 하는 표현법을 배운다.
> - -동안
> - -는 동안
> - -마다
> - -(으)ㄹ 때마다
> - -(이)나
> - -ㄴ데/는데/은데

<一、발음 point>

1. 다음 용언의 활용형을 소리나는 대로 읽어 보세요.

용언	품사	연결어미			종결어미		
		-고	-아/어/여서	-지만	과거	현재	미래
기다리다	동	기다리고	기다려서	기다리지만	기다렸다	기다린다	기다리겠다
막히다	동	막히고	막혀서	막히지만	막혔다	막힌다	막히겠다
울리다	동	울리고	울려서	울리지만	울렸다	울린다	울리겠다
밝다	형	밝고	밝아서	밝지만	밝았다	밝다	밝겠다
당황스럽다	형	당황스럽고	당황스러워서	당황스럽지만	당황스러웠다	당황스럽다	당황스럽겠다

2. 다음 밑줄 친 부분의 발음에 유의하면서 소리나는 대로 읽고 써 보세요.

1) 30<u>분이나 늦었네요</u>.   [   ]

2) 그 외에도 할 <u>말이 많지만</u> 이만 줄이겠습니다.   [   ]

<二、어휘 check>

1. 다음 괄호 안에 적당한 부사어를 써넣으세요.

<보기> 그래도   도저히   오히려   너무나도   자꾸   어디선가

1) 일이 아직 안 끝나서 (   ) 시간을 지킬 수 없을 것 같아요.
2) 평소보다 훨씬 더 많이 먹었는데 (   ) 더 살은 빠졌다.
3) 새로 개봉하는 영화가 (   ) 보고 싶어서 개봉 첫날 첫 회 입장권을 사서 관람했다.
4) 도로가 얼어서 걸어가다가 (   ) 미끄러졌다.
5) 요즘 바빠서 힘들겠지만 (   ) 당신이 이번 일을 맡는 게 좋겠어요.
6) 이 노래는 (   ) 한 번 들어본 적이 있어요.

2. 다음 <보기>에서 알맞은 단어를 골라서 괄호 안에 써넣으세요.

<보기> 볼거리   사실   상황   으뜸   진동

1) 이곳은 전국에서 가장 깨끗하고 살기 좋은 (   ) 명품 도시입니다.
2) 현재 우리 선수들이 1:0으로 앞서 있는 (   )입니다.
3) 지난번 회의 때 저도 (   ) 반대하고 싶었습니다.
4) 한국의 수도 서울은 (   )가 풍부한 국제도시입니다.
5) 자동차 운전대의 (   )이 너무 심해서 수리센터에 가야 합니다.

3. 다음 용언을 시제에 맞게 환용형으로 바꿔 빈칸에 써넣으세요.

기본형	적식체 낮춤		
	과거	현재	미래
내다	냈다	낸다	내겠다
물들다	물들었다	1)	물들이겠다
울리다	2)	3)	울리겠다

第6课　道歉

(续表)

기본형	적식체 낮춤		
	과거	현재	미래
줄이다	줄였다	줄인다	줄이겠다
당황스럽다	4)	5)	당황스럽겠다
아쉽다	6)	7)	아쉽겠다

4. 다음 <보기>의 적당한 관형사형 어미와 결합하여 바꿔 써넣으세요.

<보기> -ㄴ　　-은　　-는　　-ㄹ　　-을

1) 숙제를 이미 (제출하다→　　　　　) 학생들은 먼저 교실 밖으로 나가도 좋습니다.

2) 오늘 아침 출근길에 지하철 안에서 (당황스럽다→　　　　　) 사건을 겪었다.

3) 주홍빛으로 곱게 (물들다→　　　　　) 바다가 참 아름다웠다.

4) 겨울 방학이 다 끝나서 부모님과 (아쉽다→　　　　　) 마음으로 헤어졌다.

5) 어제 시내 백화점에서 영화배우들이 (연기하다→　　　　　) 모습을 보았다.

6) 수업 시작 종소리가 (울리다→　　　　　) 지 오래되었다.

7) 내 동생이 신인가수 오디션에 합격한 것은 조금도 (이상하다→　　　　　) 일이 아니다.

8) 요즘 내가 입고 다니는 바지는 허리를 일 인치 (줄이다→　　　　　) 것이다.

9) (지루하다→　　　　　) 일상생활을 벗어나서 여행을 좀 가고 싶다.

10) 학교 선배들이 (가르쳐주다→　　　　　) 방법으로 공부를 해서 좋은 성적을 받았다.

<三、문법 point>

1. 다음 <보기>의 문형을 이용하여 질문에 대답해 보세요.

| - 동안 | - 는 동안 | - 마다 | -(으)ㄹ |
| 때마다 | -(이)나 | -ㄴ데/는데/은데 | |

1) 갈증이 나다

   가) 하루에 얼마나 자주 물을 마십니까?

   나) (-ㄹ 때마다)_____

2) 3개월

   가) 부모님을 못 뵌 지 몇 개월이 되었습니까?

   나) (-이나)_____

3) 1년

   가) 운전을 한 지 얼마나 되었습니까?

   나) (-동안)_____

4) 고등학교에 다니다

   가) 고등학교 때 봉사활동을 해본 적이 있습니까?

   나) (-는 동안)_____

5) 회의를 하다

   가) 어제 낮에 왜 전화를 안 받으셨어요?

   나) (-는데))_____

2. 다음 동사구를 <보기>의 문형 중 한 개와 결합하여 문장을 완성하세요.

<보기> - 는 동안   -(으)ㄹ 때마다   -ㄴ데/는데/은데

> 사진을 찍다 - 사진을 찍는 동안, 사진을 찍을 때마다,
> 사진을 찍는데
> 사진을 찍는 동안 움직이지 말고 가만히 계세요.
> 사진을 찍을 때마다 얼굴 표정을 바꿔 보세요.
> 사진을 찍는데 전화가 왔어요.

第6课　道歉

1) 지하철을 타다＿＿＿＿＿＿＿＿＿＿＿＿＿＿＿＿＿＿＿＿＿＿＿＿＿＿
2) 떡을 빚다＿＿＿＿＿＿＿＿＿＿＿＿＿＿＿＿＿＿＿＿＿＿＿＿＿＿＿＿
3) 수학 방정식 문제를 풀다＿＿＿＿＿＿＿＿＿＿＿＿＿＿＿＿＿＿＿＿
4) 그림을 그리다＿＿＿＿＿＿＿＿＿＿＿＿＿＿＿＿＿＿＿＿＿＿＿＿＿
5) 자동차를 운전하다＿＿＿＿＿＿＿＿＿＿＿＿＿＿＿＿＿＿＿＿＿＿＿

3. 다음 문장을 중국어로 번역하세요.

1) 어제 책가방을 사려고 할인점에 갔는데 마음에 드는 게 없어서 그냥 왔어요.

2) 남자 친구에게 세 번이나 문자 메시지를 보냈지만 아직 회신이 없어요.

3) 기다리시게 해서 죄송합니다.

4) 여행을 갔다가 풋과일을 먹고 배탈이 나서 아주 혼났어요.

5) 집에 연락도 안 하고 밤늦게까지 친구들과 술을 마시고 집에 들어갔더니 부모님이 화를 많이 내셨어요.

6) 체중을 잴 때마다 살이 쪘을까 봐 겁이 나요.

7) 신랑이 예식장에서 기다리고 있는데 신부님은 아직 안 오셨어요?

8) 식당에 갔는데 자리가 없어서 30분이나 기다렸어요.

9) 여기서부터 2m마다 하나씩 화분을 놓아 주세요.

10) 옷가게에서 이 옷을 입어봤을 때는 예뻐보였는데 집에서 다시 입어 보니까 왜 마음에 안 들죠?

<四、이해와 표현>

1. (듣기) 다음 대화문을 듣고 물음에 답하세요.

(가)

1) 김 부장님은 누구와 약속을 했습니까?

2) 최인영 씨는 약속 시간을 몇 시로 바꾸려고 합니까?

(나)

1) 최인영 씨는 윤 과장님에게 무슨 말을 했습니까?

2) 윤 과장님은 약속 시간이 바뀐 소식을 듣고 어떻게 대답했습니까?

2. (쓰기) 다음 주제 중에서 한 가지를 골라서 짧은 글을 써 보세요. (50자 분량)

1) 가장 행복했을 때
2) 가장 화가 날 때
3) 가장 힘들었을 때

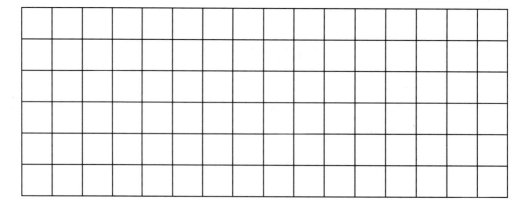

第6课 道歉

3. 다음 글을 읽고 질문에 대답하세요.

> 민준이는 대학교 3학년 학생입니다. 오늘은 중요한 전공 수업이 있는 날입니다. 그런데 어젯밤 늦게까지 발표준비를 하다가 피곤해서 아침에 조금 늦게 일어났습니다. 수업 시간에 늦을까 봐 급하게 전철을 타러 뛰어가다가 길에서 어떤 중년남자와 어깨를 부딪쳤습니다. 그런데 그분의 손에 들고 있던 가방이 땅에 떨어졌습니다. 민준이는 가방을 주워서 그분께 드리면서 죄송하다고 정중하게 사과했습니다. 그분은 괜찮다고 하시면서 가방을 받아 들고 버스정류장 쪽으로 걸어갔습니다.

1) 여러분은 하루에 몇 시간이나 잠을 잡니까?

2) 상대방에게 실례를 했을 때 가장 좋은 방법은 무엇인지 소개해 보세요.

3) 다른 사람이 나에게 실례를 했을 때 여러분은 어떻게 합니까?

4. 부모님께 가장 죄송했던 때가 언제였습니까? 반성문 형식으로 짧은 글을 써 보세요.

_____
_____
_____
_____

〈五、속담〉

1. 다음 대화 중에서 "찬물도 위아래가 있다"는 속담과 잘 맞는 상황을 찾아보세요.

(   )

1) 가: 길이 막혀서 약속 시간에 늦겠어요.
   나: 너무 걱정하지 말고 전화부터 하세요.

2) 가: 배가 너무 고파서 제가 먼저 먹을게요.
   나: 아버지 곧 나오실 테니까 조금만 기다려.

3) 가: 나는 그렇게 말하지 않았는데 누가 너에게 알려줬어?
   나: 오늘 오전에 다른 친구에게 들었어.

4) 가: 뭐든지 자신 있다고 하더니 큰 실수를 했구나.
   나: 저도 제가 실수할 줄 몰랐어요.

〈보충단어〉

개봉하다	(动)	首映
관람하다	(动)	参观
미끄러지다	(动)	滑，滑倒
전국	(名)	全国
명품	(名)	名品，名牌
반대하다	(动)	反对
풍부하다	(形)	丰富
국제도시	(名)	国际都市
운전대	(名)	方向盘
수리센터	(名)	修理中心
제출하다	(动)	提交
출근길	(名)	上班的路
겪다	(动)	经受，经历
주홍빛	(名)	朱红色的光
영화배우	(名)	电影演员
신인가수	(名)	新人歌手
오디션	(名)	面试
인치	(名)	英寸
빚다	(名)	制作（面食）
기획실	(名)	企划室，策划室
급하게	(副)	急切地

중년 남자	（名）	中年男子
어깨	（名）	肩膀
부딪치다	（动）	撞，碰撞
정중하게	（副）	郑重地
반성문	（名）	检讨书

第7课 制定计划 계획 세우기

> **〈핵심 사항〉**
> 계획을 세울 때 필요한 관련 표현법을 배운다.
> 不定阶词尾-아/어/여, -았/었/였어, -(으)ㄹ까, -(으)ㄹ래, -지
> -니?
> -이야
> -아/어(라)
> -자
> -아/야
> -는데

〈一、발음 point〉

1. 다음 용언의 활용형을 소리 나는 대로 읽어 보세요.

용언	품사	연결어미			종결어미		
		-고	-아/어/여서	-지만	과거	현재	미래
넘다	동	넘고	넘어서	넘지만	넘었다	넘는다	넘겠다
불다	동	불고	불어서	불지만	불었다	분다	불겠다
피다	동	피고	피어서	필지만	피었다	핀다	피겠다
손꼽다	동	손꼽고	손꼽아서	손꼽지만	손꼽았다	손꼽는다	손꼽겠다
줄이다	동	줄이고	줄여서	줄이지만	줄였다	줄인다	줄이겠다

2. 다음 밑줄 친 부분의 발음에 유의하면서 소리 나는 대로 읽고 써 보세요.

1) 토요일 밤 10시쯤 출발하면 일요일 새벽 4시쯤 설악산 밑에 도착할 수 있을 거야.　　　　　　　　　　　　　　　　　　　[　　　　　　]

2) 정신없이 바쁠 거 같아.　　　　　　　　　　　[　　　　　　]

<二、어휘 check>

1. 다음 <보기>에서 적당한 용언을 찾아서 활용형을 만들어 괄호 안에 써넣으세요.

<보기> 내려오다 넘다 도착하다 복습하다 빡빡하다
       연장하다 예습하다 출발하다 특별하다

1) 국기를 다 달았으면 사다리를 타고 (   )세요.
2) 현관문 열쇠를 잃어버렸기 때문에 담을 (   )서
   문을 열었다.
3) 집에 (   )면 연락주세요.
4) 오늘 배운 내용이 너무 많아서 아직 다 (   )지
   못했어요.
5) 종이에 너무 (   )게 쓰지 마세요.
6) 저희 상점은 밤 9시에 문을 닫고, 주말에도 영업 시간을 (   )
   지 않습니다.
7) 내일 배울 내용을 미리 (   )는 게 좋겠습니다.
8) 이 기차는 몇 시에 (   )니까?
9) 손님들을 위해서 (   )게 준비한 음식이 있습니까?

<三、문법 point>

1. 아래 빈 칸에 용언과 종결어미의 결합형을 써넣으세요.

용언	종결어미							
	-아/어/여	-았/었/였어	-(으)ㄹ까?	-(으)ㄹ래	-지	-(으)니?	-아/어/여라	-자
만나다	만나	1)	만날까?	2)	만나지	만나니?	만나라	만나자
살다	3)	살았어	4)	살래	살지	5)	살아라	살자
주다	6)	줬어	줄까?	줄래	7)	주니?	8)	주자
받다	받아	9)	받을까?	10)	받지	받니?	받아라	받자
떠나다	11)	떠났어	떠날까?	떠날래	12)	떠나니?	떠나라	떠나자
가다	가	13)	갈까?	14)	가지	가니?	가라	가자

(续表)

용언	종결어미							
	-아/어/여	-았/었/였어	-(으)ㄹ까?	-(으)ㄹ래	-지	-(으)니?	-아/어/여라	-자
오다	15)	왔어	16)	올래	오지	오니?	17)	오자
뛰다	뛰어	뛰었어	18)	19)	뛰지	뛰니?	뛰어라	뛰자
사다	20)	샀어	살까?	21)	사지	사니?	사라	사자
쓰다	써	22)	23)	쓸래	쓰지	쓰니?	24)	쓰자
발표하다	발표해	25)	발표할까?	26)	발표하지	발표하니?	27)	발표하자
뽑다	뽑아	뽑았어	뽑을까?	28)	뽑지	29)	뽑아라	뽑자
찍다	찍어	30)	찍을까?	찍을래	찍지	찍니?	찍어라	31)
예쁘다	예뻐	32)	예쁠까?	×	33)	예쁘니?	×	×
길다	길어	길었어	길까?	×	34)	35)	×	×
높다	높아	36)	높을까?	×	37)	높으니?	×	×
짧다	38)	짧았어	39)	×	짧지	짧으니?	×	×
좋다	좋아	좋았어	40)	×	좋지	41)	×	×
기쁘다	42)	43)	기쁠까	×	기쁘지	기쁘니?	×	×
행복하다	44)	45)	행복할까?	×	행복하지	행복하니?	×	×

2. 다음 빈 칸에 서술어의 변화형을 써 넣으세요.

		격식체 현재형		비 격식체 현재형	
		높임	낮춤	높음	낮춤
이다	개음절	ㅂ니다	다	1)	야
	폐음절	2)	이다	이에요	이야
아니다		아닙니다	아니다	3)	아니야
있다		있습니다	있다	있어요	4)
없다		5)	없다	없어요	없어

3. 다음 대화문의 빈 칸에 알맞은 활용형을 써 넣으세요.

1) 가: 밥 먹었니?

　　나: 응. (　　　　　　　　　　　).

2) 가: 네 사촌동생이니?

　　나: 아니, 내 사촌형(　　　　　　　　　　　).

3) 가: 나 먼저 갈까?

　　나: 그래, 너 먼저 (　　　　　　　　　　　).

4) 가: 내일 만날까?
　　나: 아니야, 오늘 (　　　　　　　　　　).
5) 가: 이 옷 멋있지?
　　나: 응, (　　　　　　　　　　　　).
6) 가: 네가 먼저 말할래?
　　나: 아니야, 네가 먼저 (　　　　　　　　　).
7) 가: 이 사과 살 거야?
　　나: 아니, 안 (　　　　　　　　　　).
8) 가: 내일 오후 두 시에 만날래?.
　　나; 아니 네 시에 (　　　　　　　　　　).
9) 가: 지금 텔레비전 보니?
　　나: 아니야, 음악 (　　　　　　　　　　).
10) 가: 사진 같이 찍을래?
　　나: 그래, 같이 (　　　　　　　　　　).

4. 다음 "-아", "-야" 를 써서 호칭어를 만들어 보세요.

1) 가: 민수(　　　　　　　　). 나랑 같이 가자.
　　나: 그래, 알았어.
2) 가: 철민(　　　　　　　　), 너 혼자 왔어?
　　나: 응, 나 혼자 왔어.

5. 연결어미 "-는데", "-은데" 를 써서 문장을 완성하세요.

1) 가: 내가 다 할 테니 넌 좀 쉬어.
　　나: 이렇게 (많다→　　　　　　　　　　) 괜찮겠어?
2) 가: 새들이 저렇게 빨리 (날다→　　　　　　　　　　　) 어떻게
　　사진을 찍지?
　　나: 기다려. 내가 찍어볼게.
3) 가: 그 털모자 참 예쁘다.
　　나: 시장에서 (사다→　　　　　　　　　　) 괜찮지?
4) 가: 오늘 오후에 학교에서 축구 시합이 있어요.
　　나: 밤새 비가 많이 (오다→　　　　　　　　　　) 할 수 있을까?

5) 가: 약속 시간을 미뤄야겠어.

　　나: 이미 시간을 (정하다→ _____) 바꿀 수 있을까?

〈四、이해와 표현〉

1. (쓰기) 오늘은 12월 6일입니다. 학기말 시험이 2주 남았습니다. 시험을 어떻게 준비할 계획인지 아래 달력을 보고 〈시험 준비 계획서〉를 작성해 보세요.

월	화	수	목	금	토	일
12/5	12/6 학기말 시험 준비 계획	12/7	12/8	12/9	12/10	12/11
12/12	12/13	12/14	12/15	12/16	12/17	12/18
12/19	12/20 초급 한국어 학기말 시험	12/21	12/22	12/23	12/24	12/25

_____
_____
_____
_____
_____

2. 다음 문장을 중국어로 번역해 보세요.

1) 이번 휴가 때는 친구들과 설악산국립공원에 가기로 했어.
　　_____.

2) 너는 나무 그늘에 앉아서 가만히 음악을 듣고 있어라.
　　_____.

3) 주5일근무제를 시행하는 회사가 점점 늘어나고 있어.
　　_____.

4) 이 책 좀 빌려줄래?
　　_____.

5) 단풍 구경을 하려면 날짜를 잘 맞춰서 가야 해.
   _____.

6) 너 담배 피우니?
   _____.

7) 우리 집 아이가 요즘 말을 너무 안 들어서 걱정이야.
   _____.

8) 햅쌀로 밥을 지으니까 밥맛이 참 좋네요.
   _____.

9) 너도 내가 이번 시험에 붙길 바라지?
   _____.

10) 자전거 체인이 빠졌는데 좀 도와줄래요?
    _____.

3. (듣기) 다음 문장을 잘 듣고 물음에 답하세요.

1) 지금까지 새해 첫 날을 어떻게 보냈는지 소개해 보세요.

2) 지금까지 여러분은 연초에 세웠던 계획을 얼마나 잘 지켰습니까?

〈五、속담〉

1. 아래 대화문을 참고하여 "가재는 게 편이다"는 속담으로 짧은 대화문을 만들어 보세요.

어머니: 영철아, 형 아직도 자고 있지? 어제 몇 시에 들어왔니?
영　철: 글쎄요, 아마 밤 11시쯤 들어온 거 같은데요.
어머니: 가재는 게 편이라더니, 네 형이라서 감싸주는 거야? 거짓말하지 마.
영　철: 아니에요. 엄마. 분명히 11시 조금 넘어서 들어왔어요.
어머니: 내가 12시까지 거실에 있었는데, 자꾸 거짓말할래?
영　철: 그럼 저희 방 시계가 느린가 봐요.

가:_____
나:_____
가:_____
나:_____

<보충단어>

국기	（名）	国旗
사다리	（名）	梯子
현관문	（名）	家门
열쇠	（名）	钥匙
댐	（名）	大坝
사촌동생	（名）	堂弟，堂妹
털모자	（名）	毛帽子
밤새	（名）	一整夜
미루다	（动）	推迟
달력	（名）	挂历
설악산 국립공원	（名）	雪岳山国立公园
그늘	（名）	阴凉处
주5일제 근무	（名）	五天工作制
햅쌀	（名）	新米
시험에 붙다	（名）	考上
체인	（名）	链子，链条
연초	（名）	年初
감싸주다	（名）	包，包围
분명히	（副）	分明，明显地
느리다	（形）	慢的

第8课 人物介绍 인물소개

> **<핵심 사항>**
> 주변 사람을 소개할 때 필요한 표현법을 배운다.
> - -ㄴ/는다, -다
> - -았/었다
> - -겠다
> - -지 알다/모르다
> - -같은

<一、발음 point>

1. 다음 용언의 활용형을 소리 나는 대로 읽어 보세요.

용언	품사	연결어미			종결어미		
		-고	-아/어/여서	-지만	과거	현재	미래
어렵다	형	어렵고	어려워서	어렵지만	어려웠다	어렵다	어렵겠다
다르다	형	다르고	달라서	다르지만	달랐다	다르다	달랐겠다
만들다	동	만들고	만들어서	만들지만	만들었다	만든다	만들겠다
자랑스럽다	형	자랑스럽고	자랑스러워서	자랑스럽지만	자랑스러웠다	자랑스럽다	자랑스럽겠다
쓰다	동	쓰고	써서	쓰지만	썼다	쓴다	스겠다
읽다	동	읽고	읽어서	읽지만	읽었다	읽는다	읽겠다
바르다	형	바르고	발라서	바르지만	발랐다	바르다	바르겠다

2. 다음 밑줄 친 부분의 발음에 유의하면서 소리 나는 대로 읽고 써 보세요.

1) <u>혹시</u> 누가 <u>한글을</u> <u>만들었는지</u> 아세요?　　　　[　　　　]

2) 세종은 한국 <u>역사상</u> 가장 훌륭한 <u>임금이었다</u>.　　　[　　　　]

<二、어휘 check>

1. 다음 <보기>에서 단어를 골라서 괄호 안에 써넣으세요.

<보기> 튼튼히   과학적   정치   문자   역사상   인재

1) 한글은 (   )인 원리를 바탕으로 만들어진 문자다.
2) 한국 (   ) 위대한 인물을 소개해 주세요.
3) 조선 제4대 세종대왕 시대의 수많은 (   )가 노력해서 훈민정음을 만들었다.
4) 한국인은 15세기 초까지 말은 있었지만 공식적인 (   )가 없었다.
5) 이 건물은 진도 6의 진동을 견디는 내진설계를 해서 (   ) 만들었습니다.
6) 요즘 젊은이들은 (   ) 문제에 관심이 별로 없는 것 같아요.

2. 다음 <보기>에서 적당한 용언을 찾아서 활용형으로 만들어 괄호 안에 써넣으세요.

<보기> 물리치다   안정시키다   자랑스럽다
       지키다   여기다

1) 더위를 (   ) 여름을 건강하게 보냅시다.
2) 환자가 불안하게 생각하지 않도록 (   ).
3) 좋은 성적으로 대학을 졸업하게 되어 여러분이 (   ).
4) 부모님이 안 계신 동안 집을 잘 (   ).
5) 학교 선배를 친형으로 (   ) 잘 따랐다.

〈三、문법 point〉

1. 다음 빈칸에 적당한 변화형을 써 넣으세요.

	구어체 낮춤		
	과거	현재	미래
어렵다	어려웠어	어려워	어렵겠어
멀다	(1)	멀어	멀겠어
태어나다	태어났어	(2)	태어나겠어
좋다	(3)	좋아	좋겠어
잡다	잡았어	잡아	(4)
지키다	(5)	지켜	지키겠어
옳다	옳았어	(6)	옳겠어
밝다	(7)	밝아	밝겠어
훌륭하다	훌륭했어	훌륭해	(8)
운동하다	운동했어	(9)	운동하겠어

2. 다음 문장을 "-겠다"와 결합하여 바꿔 보세요.

1) 내일 연락이 올 거야.

2) 이번 가을에는 사과나무에서 사과를 수확할 수 있을 겁니다.

3) 여름까지 이 일을 다 끝낼 거예요.

4) 그 친구에게 이 사실을 알려 줄 거예요.

5) 올해부터 일기를 쓸 겁니다.

3. 괄호 안의 용언을 "-지 알다", "-지 모르다"와 결합하여 문장을 만드세요.

1) 천안문 광장까지 몇 번 버스를 타고 가야 (하다→   ) 아세요?

2) 제일 처음 누가 그 말을 (했다→   ) 저도 알고 싶어요.

3) 요즘 날씨가 왜 이렇게 (건조하다→   ) 모르겠어요.

4) 음식을 많이 먹지도 않는데 왜 이렇게 살이 (찌다→   ) 모르겠어요.

5) 영화를 한 편 보고 싶은데 어떤 영화가 (재미있다→   ) 모르겠어요.

4. "-같은"을 이용하여 물음에 대답하세요.

1) 어떤 사람과 함께 일하고 싶습니까?
(   ) 같은 사람과 일하고 싶습니다.

2) 어떤 곳에 휴가를 가고 싶습니까?
(   ) 같은 곳으로 휴가를 가고 싶습니다.

3) 어떤 옷을 사고 싶습니까?
(   ) 같은 옷을 사고 싶습니다.

4) 어떤 종류의 차를 사고 싶습니까?
(   ) 같은 차를 사고 싶습니다.

5) 어떤 집에 살고 싶습니까?
(   ) 같은 집에 살고 싶습니다.

5. 다음 밑줄 친 용언을 "-았/었/였다"와 결합하여 고치세요.

1) 지리산은 꽤 높은 편이었어요.

2) 공원에 사람이 별로 없어서 조용했습니다.

3) 햇볕이 너무 따가워서 커튼을 쳤어.

4) 솔직하게 말하지 않다니, 남자답지 못했어요.

5) 모처럼 유원지에 놀러 가서 배를 탔습니다.

<四、이해와 표현>

1. 다음 문장을 중국어로 번역하세요.

1) 이렇게 천천히 준비하다가 기차 시간에 늦겠어요. 빨리 서둘러요.
   _____

2) 네가 그렇게 입으니까 정말 멋있다.
   _____

3) 음식이 너무 싱거워서 소금을 좀 쳐서 먹어야겠다.
   _____

4) 이곳에서 사진을 찍어도 되는지 모르겠어요.
   _____

5) 서류를 다 복사하고 집에 가겠다.
   _____

6) 부모님은 3일 전에 여행을 가셨다가 내일 집으로 돌아오신다.
   _____

7) 대학에 입학했는데 아직도 부모님은 나를 왜 어린애처럼 여기시는지 모르겠다.
   _____

8) 물시계나 해시계, 측우기를 본 적이 있어요?
   _____

9) 훈민정음은 '백성을 가르치는 바른 소리'라는 뜻이다.
   _____

10) 쉬지도 않고 저렇게 일만 하다니 정말 힘들겠다.
    _____

2. (듣기) 다음 문장을 잘 듣고 물음에 답하세요.

1) 중국의 유명한 박물관 중에서 한 곳을 아는 대로 소개해 보세요.

2) 박물관 전시품 중에서 관심을 갖고 있는 유물이 있으면 소개해 보세요.

3. 여러분이 박물관에서 일하고 있는 직원이라고 가정하고, 전시 중인 유물 중에서 한 가지를 아래 순서에 따라 관람객들에게 설명해 보세요.

1) 유물의 이름과 종류

2) 유물의 유래와 역사

3) 유물의 가치

4) 유물 보존 방법

<五、속담>

1. 다음 속담과 비슷한 뜻의 속담을 고르세요.

가는 말이 고와야 오는 말이 곱다.

(   )

1) 가는 방망이 오는 홍두깨.
2) 우물 안 개구리.
3) 낮 말은 새가 듣고 밤 말은 쥐가 듣는다.
4) 발 없는 말이 천 리 간다.

<보충단어>

원리	(名)	原理
바탕	(名)	基础
공식적	(名, 冠)	公式的, 正式的, 官方的
진도	(名)	震度
내진설계	(名)	抗震设计
친형	(动)	亲哥哥
수확하다	(动)	收获

第8课　人物介绍

일기	（名）	日记
지리산	（名）	智异山
햇볕	（名）	阳光
따갑다	（形）	火辣辣
커튼	（名）	帘子
솔직하게	（副）	率直地，坦率地
남자답다	（形）	男子汉般
모처럼	（副）	特地，好不容易
유원지	（名）	游乐园
소금을 치다	（词组）	撒盐
복사하다	（动）	复印
어린애	（名）	小孩
여기다	（动）	以为，当做
물시계	（名）	滴漏
해시계	（名）	日晷
측우기	（名）	测雨器
백성	（名）	老百姓
용산	（名）	龙山
국립중앙박물관	（名）	国立中央博物馆
국보급 문화재	（名）	国宝级文化遗产
구석기 시대	（名）	旧石器时代
지하 수장고	（名）	地下收藏库
일반인	（名）	一般人
특별 전시회	（名）	特别展示会
복식	（名）	服饰
서예	（名）	书法
회화	（名）	绘画
눈여겨 보다	（词组）	瞩目，凝望
영상·음성안내기	（名）	移动智能电子解说器
전시 해설 서비스	（名）	展览讲解服务
제공하다	（动）	提供

综合练习2 종합연습 2

문항번호	1		2		3	4	5	6	7	총점
	1	2	1	2						
배점	5	5	5	5	10	10	15	20	25	100
점수										

1. (듣기) 다음 문장을 잘 듣고 질문에 답하세요.(5점×2문항 = 10점)

1) 슬기는 누구와 함께 중국 여행을 가려고 합니까?

2) 동현이는 방학 때 무엇을 하려고 합니까?

2. (듣기) 다음 문장을 잘 듣고 질문에 답하세요.(5점×2문항 = 10점)

1) 누가 먼저 사과를 했습니까?

2) 이 세 사람은 어떤 사이입니까?

3. 다음 대화문을 읽고 대화 내용과 다른 것을 고르세요. (10점)

> 은형 : 서연아, 은주는 아직도 남자친구와 사이가 안 좋아?
> 서연 : 아니야, 은형아. 얼마 전에 둘이 화해했어.
> 은형 : 도대체 왜 싸웠는데?
> 서연 : 남자친구가 좀 이기적이잖아. 은주와 상의하지 않고 결정할 때가 많은 가 봐.
> 은형 : 1년 동안 벌써 몇 번째 싸우고 화해하는 거야?
> 서연 : 그러다가 진짜 헤어지는 건 아니겠지?

( )

(1) 은주는 남자친구와 자주 싸운다.

(2) 은주는 남자친구와 헤어지려고 한다.
(3) 은주와 남자친구는 이미 화해했다.
(4) 은주의 남자친구는 성격이 이기적이다.
(5) 은형은 은주와 남자친구가 싸운 이유를 알고 있었다.

4. 다음 문장의 잘못된 곳을 찾아 바르게 고치세요.(1점×10문항 = 10점)

1) 사장님의 행복하실 표정은 처음 봤어요.　　　　　　(　　　)
2) 이번 기말고사 중에서 3번, 6번 문제를 풀었기가 너무 어려웠다.
　　　　　　　　　　　　　　　　　　　　　　　　(　　　)
3) 이곳은 너무 조용하는데 혼자 지내기 무섭지 않겠어요? (　　　)
4) 텔레비전을 본 동안 저녁식사를 준비할게.　　　　　(　　　)
5) 이렇게 매일 아침 일찍 일어나서 운동을 하구나.　　(　　　)
6) 수영을 시작하는 지 벌써 10개월이 지났다.　　　　(　　　)
7) 기회가 있은 때마다 여행을 다녔어요.　　　　　　　(　　　)
8) 어제는 집에서 온종일 뭘 하셨니?　　　　　　　　(　　　)
9) 영화 결말이 너무 비극적으로 끝나서 나도 마음이 아퍼. (　　　)
10) 사과를 같이 나눠 먹으자.　　　　　　　　　　　　(　　　)

5. 다음 <보기>의 단어를 이용하여 다음 <상황>에 맞게 대화문을 만들어 보세요. (15점)

<상황> 만약 여러분이 친구들과 함께 만리장성에서 떠오르는 해를 보면서 새해 첫 날을 맞이하게 되었다면 여러분은 친구들과 어떤 대화를 나누시겠습니까?

<보기> 장엄하다, 태양, 떠오르다, 약속하다, 건강하다, 멋있다, 용기, 의욕, 춥다, 소원을 빌다, 기념사진을 찍다, 부모님과 친구들에게 전화를 하다, 하산하다, 사람들이 많다, 내년에 또 오다, 약속하다, 계획하다

6. 다음 <보기>의 용언을 이용하여 연결어미 "-ㄴ, -은, -는, -ㄹ, -을"의 활용형을 만들어 보세요.(20점)

<보기> 갈다   마시다   보다   쉽다   예쁘다
        가늘다   수영하다   조용하다

결합 조건		동사				형용사			
		갈다	마시다	보다	수영하다	쉽다	예쁘다	가늘다	중요하다
개음절	과거								
	현재								
	미래								
폐음절	과거								
	현재								
	미래								

7. 다음 주제문으로 짧은 글을 쓰세요.(25점)

주제 : 중국 주구점 북경원인의 발굴 장소
조건 : 100자 분량(띄어쓰기 포함)
      문어체 해라체 종결어미 사용
      한글 맞춤법 적용

综合练习2

第 9 课 机场 공항

> **〈핵심 사항〉**
> 공항 내에서 출입국 수속을 할 때 필요한 표현법을 배운다.
> - -뿐이다, -(으)ㄹ 뿐이다
> - -말고
> - -자마자
> - -기 시작하다
> - -덕분에, -는/(으)ㄴ 덕분에

〈一、발음 point〉

1. 다음 용언의 활용형을 소리 나는 대로 읽어 보세요.

용언	품사	연결어미			종결어미		
보이다	동	보이고	보여서	보이지만	보였다	보인다	보이겠다
괜찮다	형	괜찮고	괜찮아서	괜찮지만	괜찮았다	괜찮다	괜찮겠다
찾다	동	찾고	찾아서	찾지만	찾았다	찾는다	찾겠다
마치다	동	마치고	마쳐서	마치지만	마쳤다	마친다	마치겠다
늦다	형	낮고	늦어서	늦지만	늦었다	늦다	늦겠다
즐겁다	형	즐겁고	즐거워서	즐겁지만	즐거웠다	즐겁다	즐겁겠다
사다	동	사고	사서	사지만	샀다	산다	사겠다

2. 다음 밑줄 친 부분의 발음에 유의하면서 소리 나는 대로 읽고 써 보세요.

1) <u>늦겠어요</u>. 벌써 <u>사람들이</u> <u>탑승하기</u> <u>시작했어요</u>.   [   ]

2) <u>뭘요</u>. 저도 왕룽 씨 <u>덕분에</u> 매우 <u>즐거웠답니다</u>.   [   ]

第9课 机场

<二、어휘 check>

1. 다음 <보기>처럼 입출국 수속과 관련 있는 단어를 중국어로 번역하세요.

<보기> 기내   여권   탑승 수속   탑승하다
        면세점   국제공항   환전   환승
        왕복   편도   발권   발권하다
        분실   분실하다   체류   체류하다
        공항 청사   티켓   입국 심사대   활주로 보안검색대
        국제선   국내선 결항   착륙하다   이륙하다
        결항하다   노선   연착륙   연착하다
        마일리지

1) 기내(   ), 기내식(   ), 기내 서비스
   (   ), 기내 방송(   ), 기내 면세품(   )
2) 여권(   ), 여권 발급(   ), 여권 신청
   (   ), 여권 갱신(   ), 전자 여권(   ),
   여권 분실(   ), 여권 만기(   ), 여권 기간 연장
   (   ), 여권 재발급(   )
3) 탑승(   ), 탑승하다(   ), 탑승객(   ),
   탑승 수속(   ), 탑승권(   ), 탑승구
   (   ), 게이트(   ), 탑승동(   )
4) 면세점(   ), 면세품(   )
5) 국제공항(   ), 국제선(   ), 국내선
   (   ), 국제노선(   ), 국내노선(   )
6) 환전(   ), 환전하다(   ), 환율(   ),
   원화(   ), 위안화(   ), 달러화(   ), 엔화
   (   ), 유로화(   )
7) 환승(   ), 환승하다(   ), 환승구(   )
8) 비자(   ), 사증(   ), 비자 신청(   ),
   비자 발급(   )
9) 전자 티켓(   ), 항공권(   ), 카운터

(　　　　　), 발권(　　　　　), 발권하다(　　　　　), 좌석
(　　　　　)

10) 수하물(　　　　　), 수하물 수취대(　　　　　), 휴대품
(　　　　　), 중량초과(　　　　　)

2. 다음 <보기>에서 적당한 단어를 골라 변화형을 만들어 괄호 안에 넣으세요.

<보기> 지내다   끝내다   둘러보다   작성하다   깔끔하다

1) 이 일을 빨리 (　　　　　) 집에 가야 해요.
2) 어떤 작품들이 전시되어 있는지 (　　　　　) 싶어요.
3) 방 안을 (　　　　　) 정리했어요.
4) 저는 학교 기숙사에서 친구들과 잘 (　　　　　) 있습니다.
5) 오늘 퇴근 전까지 이 문서를 (　　　　　) 제 책상 위에 놔 두세요.

<三、문법 point>

1. 다음 문장에서 잘못된 부분을 찾아서 고치세요.

1) 봄비가 내린 후 꽃잎이 피었기 시작한다. → (　　　　　)
2) 내가 살고 있는 아파트 단지는 살기 편한데 교통이 좀 불편한 뿐이다.
　 → (　　　　　)
3) 빨래를 다 끝냈자마자 외출 준비를 했어요. → (　　　　　)
4) 학생증을 가져오는 덕분에 영화관 할인 혜택을 받을 수 있었어요.
　 → (　　　　　)
5) 이 사과가 말고 배를 주세요. → (　　　　　)

2. 알맞은 단어를 괄호 안에 넣으세요.

1) 나는 뜨거운 음료수를 싫어하니까 (　　　　　) 말고 오렌지 주스를 마실 거예요.

2) 나는 편한 옷을 좋아해서 (   ) 말고 평상복만 입어요.

3) 나는 허리가 아파서 (   ) 말고 가벼운 물건을 들고 갈게요.

4) 이 MP3 플레이어를 (   ) 말고 신용카드로 계산해도 되죠?

5) 후식으로는 (   ) 말고 배를 먹는 게 더 좋겠어요.

3. "-덕분에"를 이용하여 문장을 완성하세요.

1) 아버지 덕분에 (운동을 시작하다, 건강해지다)

2) 형이 깨워준 덕분에 (일찍 일어나다, 학교에 늦지 않다)

3) 좋은 성적 덕분에 (원하는 직장에 취직하다, 자랑스럽다)

4) 막차 덕분에 (집에 돌아가다, 가족들이 안심하다)

5) 꾸준히 연습을 한 덕분에 (우수한 성적을 거두다, 흡족하다)

4. "-뿐이다"를 이용하여 문장을 고쳐 쓰세요.

1) 지갑 안에 돈이 50원 있어요.

2) 중학교 때 친구들과 찍은 사진이 세 장 있습니다.

3) 컵에 물이 반이 있습니다.

4) 그곳에 자동차를 직접 몰고 한 번 가봤습니다.

5) 황금연휴가 오늘 하루 남았습니다.

5. 다음 연결어미 "-자마자"의 용법을 참고하여 두 문장을 연결하세요.

결합 가능 품사	결합 조건	결합 양상
동사	동사 기본형의 어간	-자마자

1) 저녁 6시가 되다. 가로등이 켜지다

2) 유명 가수의 새 음반이 나오다. 판매량 1위가 되다

3) 자동차 회사에서 신차를 출시하다. 신문, 방송에서 연일 보도하다

4) 풍선이 터지다. 아기가 놀라서 울기 시작하다

5) 창문을 열다. 밖에서 날벌레가 들어오다

〈四、이해와 표현〉

1. 다음 문장을 중국어로 번역하세요.

1) 지금 쓰고 있는 털모자를 누가 떠주었어요?

2) 여권을 잃어버리지 않도록 주의하세요.

3) 영화가 끝나자마자 관객들은 자리에서 하나둘씩 일어나기 시작했다.

4) 대학 졸업 후에 서로 연락도 없이 지내다가 시내 거리에서 그 친구를 우연히 만났다.

5) 중량이 15kg가 초과되었으니 추가운임을 내셔야 합니다.

6) 12월 초인데 벌써 스키 타러 가요?

第9课　机场

7) 빈 자리가 있는지 제가 안쪽을 한번 둘러보고 올게요.
　　_____

8) 이 트렁크는 기내에 가지고 들어가셔도 됩니다.
　　_____

9) 환전을 하려고 하는데 환전소가 어디에 있습니까?
　　_____

10) 실내 청소가 덜 끝나서 지금은 들어가실 수 없습니다.
　　_____

2. 다음 문장을 듣고 질문에 답하세요.

1) 중국과 한국의 항공 운송 상황을 설명해 보세요.

2) 베이징과 인천을 왕복하는 항공사를 조사해 보세요.

3) 베이징과 인천을 왕복하는 일일 이용객 수는 얼마나 되는지 인터넷에서 찾아 보세요.

4) 베이징수도국제공항이나 인천국제공항, 그밖의 공항에 가본 적이 있습니까? 입국 수속과 출국 수속 방법을 순서대로 설명해 보세요.

5) 공공질서를 유지하기 위해서 공항 내에서 어떤 행동을 하면 안 되는지 친구들과 토론해 보세요.

〈五、속담〉

　　한국 속담 중에 "벼는 익을수록 고개를 숙인다"는 말이 있습니다. 학식이 풍부하여 사람 됨됨이가 훌륭해질수록 겸손해야 한다는 충고의 말입니다. 여러분도 세상을 살면서 자신감 있게 행동해야 할 때가 있습니다. 그러나 자신감이 지나치면 때때로 다른 사람의 의견을 듣지 않게 되고 오만해 보일 때도 있습니다. 벼가 익을수록 고개를 숙이는 것처럼 일상 생활에서 겸손해야 할 때와 자신감 있게 행동해야 할 때가 언제인지 이야기를 나눠 봅시다.

<보충단어>

기내	(名)	机舱内
여권	(名)	护照
탑승 수속	(名)	登机手续
탑승하다	(动)	登机
면세점	(名)	免税店
국제공항	(名)	国际机场
환전	(名)	换钱，换汇
환승	(名)	换乘
왕복	(名)	往返
편도	(名)	单程
발권	(名)	出票
발권하다	(动)	出票
분실	(名)	遗失
분실하다	(动)	遗失
체류	(名)	滞留
체류하다	(动)	滞留
공항	(名)	机场
청사	(名)	办公大楼
티켓	(名)	票
입국 심사대	(名)	入境检查台
활주로	(名)	机场跑道
보안 검색대	(名)	安检口
국제선	(名)	国际航班
국내선	(名)	国内航班
결항	(名)	停飞，航班取消
착륙	(名)	着陆
이륙	(名)	起飞
노선	(名)	路线
연착륙	(名)	软着陆
연착	(名)	晚点
기내 서비스	(名)	机舱服务
기내 방송	(名)	机舱广播

기내 면세품	（名）	机舱免税商品
여권 발급	（词组）	发护照
여권 신청	（词组）	申请护照
여권 갱신	（词组）	更新护照
전자 여권	（词组）	电子护照
여권 분실	（词组）	遗失护照
여권 만기	（词组）	护照到期
여권 기간 연장	（词组）	护照延期
여권 재발급	（词组）	重发护照
탑승객	（名）	乘客
탑승권	（名）	登机牌
탑승구	（名）	登机口
게이트	（名）	登机口
탑승동	（名）	航站楼
면세품	（名）	免税商品
국제노선	（名）	国际航线
국내노선	（名）	国内航线
환전하다	（动）	换钱
환율	（名）	汇率
원화	（名）	韩币
위안화	（名）	人民币
달러화	（名）	美元
엔화	（名）	日币
유로화	（名）	欧元
환승하다	（动）	换乘
환승구	（名）	换乘口
사증	（名）	签证
비자 신청	（名）	申请签证
비자 발급	（名）	发签证
전자 티켓	（名）	电子票
수하물	（名）	托运行李
수하물 수취대	（名）	行李提取处
휴대품	（名）	手提行李
중량초과	（名）	超重

第10课 饮食，味道 음식, 맛

> <핵심 사항>
>
> 음식의 맛이나 조리법과 관련 있는 단어와 표현을 배운다.
> 대중적인 사랑을 받고 있는 한국 음식을 소개한다.
>
> - 얼마나…지
> - -(으)니까
> - -게 되다
> - -는/(으)ㄴ 편이다
> - -에 비하다

<一、발음 point>

1. 다음 용언의 활용형을 소리 나는 대로 읽어 보세요.

용언	품사	연결어미			종결어미		
볶다	동	볶고	볶아서	볶지만	볶았다	볶는다	볶겠다
드시다	동	드시고	드셔서	드시지만	드셨다	드신다	드시겠다
춥다	형	춥고	추워서	춥지만	추웠다	춥다	춥겠다
튀기다	동	튀기고	튀겨서	튀기지만	튀겼다	튀긴다	튀기겠다
맞다	형	맞고	맞아서	맞지만	맞았다	맞다	맞겠다
나다	동	나고	나서	나지만	났다	난다	나겠다

2. 다음 밑줄 친 부분의 발음에 유의하면서 소리 나는 대로 읽고 써 보세요.

1) 처음 <u>한국에 왔을</u> 때는 김치가 얼마나 매운지 <u>못 먹었어요</u>. [   ]

2) 나는 <u>기름기가 많고 단</u> 음식을 좋아하는데 한국 음식들은 너무 <u>맵고 짰다</u>.
 [   ]

第10课　饮食，味道

<二、어휘 check>

1. 왼쪽 음식의 조리법과 관련 있는 동사와 오른쪽의 요리 이름을 연결해서 짧은 글을 지어 보세요.

조리법	요리명
볶다, 찌다, 튀기다, 지지다, 부치다, 삶다, 끓이다, 고다, 데치다, 비비다, 졸이다, 굽다, 무치다, 말다, 절이다, 우리다,	샤브샤브, 콩나물무침, 파무침, 조개젓무침, 마늘종무침, 콩나물비빔밥, 산채비빔밥, 오징어덮밥, 설렁탕, 소고기 수육, 돼지고기 수육, 두부전골, 계란부침, 부침개, 해물파전, 감자부침, 깻잎절임, 고추절임, 겉절이, 김치볶음, 제육볶음, 참치볶음밥, 김치볶음밥, 닭갈비, 미역줄기볶음, 오징어볶음, 오징어튀김, 생선튀김, 고구마튀김, 감자튀김, 갈비구이, 생선구이, 김구이, 뱅어포구이, 더덕구이, 조개구이, 곰탕, 사골국, 갈비찜, 생선찜, 찜닭, 멸치국물, 찻잎, 감자조림, 갈치조림, 콩자반조림, 계란조림, 멸치 조림, 김밥, 계란말이

2. 오른쪽에 제시한 양념과 향신료를 왼쪽의 맛과 선으로 연결하세요.

1) 간장, 소금　　　　　　　•　　　　•　매콤하다, 맵다

2) 고추, 고추장, 겨자, 양파　•　　　　•　달콤하다, 달다

3) 된장　　　　　　　　　　•　　　　•　새콤하다, 시다

4) 산초　　　　　　　　　　•　　　　•　고소하다, 구수하다

5) 식초　　　　　　　　　　•　　　　•　아리다

6) 설탕　　　　　　　　　　•　　　　•　짭짤하다, 짜다

<三、문법 point>

1. 다음 "-ㄴ/은지, -는지"의 용법을 참고하여 괄호 안의 용언을 변화형으로 바꿔 써 넣으세요.

결합 가능 품사	결합 조건		결합 양상
형용사	양성모음	과거	-았는지
	음성모음		-었는지
	하다		-였는지
	개음절	현재	-ㄴ지
	폐음절		-은지
	개음절	미래	-ㄹ지
	폐음절		-을지
동사	양성모음	과거	-았는지
	음성모음		-었는지
	하다		-였는지
		현재	-는지
	개음절	미래	-ㄹ지
	폐음절		-을지

(1) 가: 이번 설날에 집에 다녀왔어요?

　　나: 아니요, 기차표를 사는 게 얼마나 (힘들다→　　　　　　)
　　　　결국 못 갔어요.

(2) 가: 김 대리가 오늘 퇴근 전까지 그 일을 다 마칠 수 있을까요?

　　나: 그럼요, 김 대리는 책임감이 얼마나 (강하다→　　　　　　)
　　　　한번 맡은 일은 시간 내에 꼭 끝내는 사람이에요.

(3) 가: 여행 잘 다녀오셨어요?

　　나: 예, 여행지에서 얼마나 재미있게 (놀다→　　　　　　) 또
　　　　가고 싶어요.

(4) 가: 저기 팔짱을 끼고 서 계신 분이 누구세요?

　　나: 국가대표 야구 감독인데 얼마나 (유명하다→　　　　　　)
　　　　모르는 사람이 없어요.

(5) 가: 제주도가 그렇게 좋아요?

　　나: 그럼요, 얼마나 경치가 아름답고 공기가 (맑다→　　　　　　)
　　　　저도 거기 가서 살고 싶어요.

(6) 가: 지금 아이들이 한창 귀여울 때겠네요. 저도 한번 보고 싶어요.

나: 우리 집 애들은 요즘 얼마나 말을 안 (듣다→ _____)
때려주고 싶을 때도 있어요.

2. 괄호 안의 문장을 연결하여 "-(으)니까"를 사용한 문장을 완성하세요.

1) 날씨가 좋으니까 (산에 가다, 바람을 쐬다) _____.

2) 바람이 부니까 (연을 날리다, 친구와 함께 놀다) _____.

3) 비가 오니까 (밖에 안 나가다, 책을 읽다) _____.

4) 폭설이 내려서 길이 미끄러우니까 (교통방송을 듣다, 운전을 조심하다)
_____.

5) 미세먼지 농도가 높으니까 (밖에 나갈 때 마스크를 쓰다, 물을 많이 마시다)
_____.

3. "-게 되다"를 써서 다음 상황에 맞게 두 사람의 대화문을 만들어 보세요.

1) 소영 씨는 대학을 졸업하자마자 서울 강남에 있는 무역회사에 취직했다. 다음 달 3일부터 출근할 예정이다.

준수: _____
소영: _____

2) 나는 어렸을 때 체력이 약했다. 태권도를 배우기 시작하면서 몸이 튼튼해지고 정신력도 강해졌다.

친구: _____
나: _____

3) 영희 씨는 날씨가 너무 더워서 땀이 많이 났다. 그래서 긴 머리를 짧게 잘랐다.

연수: _____
영희: _____

4) 지수 씨는 곧 작은 회사를 개업할 예정이다. 주변 친지들을 개업식에 초대하고 싶다.

지수: _____
친구: _____

5) 동민 씨는 여자친구와 사귄 지 3년 되었다. 올해 10월 10일 결혼할 것이다.

동민: _____
친구: _____

4. 다음 <보기>에서 성격이나 태도를 나타내는 형용사를 골라서 문장을 완성하세요.

> <보기> 활발하다   소심하다   솔직하다   적극적이다
> 소극적이다 내성적이다 용감하다   겁이 많다
> 친절하다   불친절하다 상냥하다   참을성이 강하다
> 참을성이 약하다   끈기가 있다 끈기가 없다
> 급하다   느긋하다   얌전하다   차분하다
> 착하다   열정적이다

1) 가: 본인의 성격을 소개해 보세요.
   나: 제 성격은_____편입니다.
2) 가: 여러분 성격의 장점을 소개해 보세요.
   나: 저는_____편이에요.
3) 가: 여러분 성격의 단점을 소개해 보세요.
   나: 저는_____편이에요.
4) 가: 친한 친구의 성격을 소개해 보세요.
   나: _____(이)는 _____ 편이에요.
5) 가: 어떤 성격이 좋은 성격인지 소개해 보세요.
   나: _____

5. 관용구 "-에 비하다"를 이용하여 만든 문장을 완성하세요.

> <보기> 좋다   나쁘다   적다   많다   살이 많이 빠지다
> 북반구 남반구   시각적이다

1) 지금까지 투자한 액수에 비해 성과가_____
2) 업무량에 비해서 월급이 너무_____
3) 10년 전에 비해서 지금 나는_____
4) _____지방에 비해
   _____지방이 겨울에 더 추워요.
5) 라디오에 비해서 텔레비전이_____

<四、이해와 표현>

1. 다음 <보기>의 음식을 먹는 동작과 관련 있는 동사로 문장을 완성하세요.

<보기> 맛보다   씹다   핥다   깨물다   뜯다   빨다
바르다   벗기다   긁다   쪼개다   자르다   싸다
썰다

1) 먹기 좋게 생선 가시를 (   ) 아이에게 줘야 해요.
2) 이렇게 껍질이 단단한 호도를 어떻게 이빨로 (   ) 깨뜨릴 수 있겠어?
3) 식사를 하시기 전에 먼저 이 전채요리를 (   ).
4) 깍두기를 담그려면 무를 네모나게 (   ) 해요.
5) 빨대를 꽂아서 우유를 (   )아 드세요.
6) 영화 한 편을 보는 동안 막대기 사탕을 조금씩 (   ) 먹었다.
7) 옥수수 껍질을 (   )서 솥에 찌면 더 맛있을까요?
8) 돼지고기 수육을 새우젓에 찍어서 마늘을 얹어서 상추에 (   ) 먹으면 정말 맛있어요.
9) 밥솥 바닥에 붙은 누룽지를 숟가락으로 (   ) 먹었다.
10) 음식을 급하게 먹지 말고 천천히 30번씩 (   ) 드세요.
11) 갈비를 여섯 대나 (   ) 먹어서 배가 불러요.
12) 손으로 사과를 (   ) 반반씩 친구와 나눠 먹었어요.
13) 생일 케이크를 다섯 조각으로 (   ) 가족들에게 나눠 주었어요.

2. 다음 문장을 중국어로 번역하세요.

1) 준결승전에서 우리나라 선수가 상대 선수를 3:2로 이기고 결승전에 진출하게 되었어요.

2) 이번 대학수학능력시험 언어영역 문제는 좀 어려운 편이었어요.

3) 어제 경식이 생일파티 때 친구들이 다 모여서 얼마나 재미있게 놀았는지 몰라요.

4) 12번 문제는 어렵지 않으니까 설명하지 않겠어요.
_____

5) 제품 가격에 비해서 품질이 정말 좋군요.
_____

6) 방을 다 치웠으니까 이제 씻고 밥을 먹을 거예요.
_____

7) 이 된장찌개는 어떤 재료를 넣고 끓였어요? 참 구수해요.
_____

8) 삼계탕을 먹었는데 밥까지 한 그릇 말아 먹으면 살이 많이 찔 거예요.
_____

9) 국이 너무 싱거우면 간장을 넣어 드세요.
_____

10) 너무 오래 볶아서 참깨가 까맣게 다 탔는데 먹을 수 있을까요?
_____

3. 다음 대화 내용 중 (나)의 대답으로 적합한 내용을 <보기>에서 골라 괄호 안에 넣어서 대화연습을 해 보세요.

| <보기> 국물이 많다 | 음식 재료가 많다 | 맵다 | 싱겁다 |
| 얼큰하다 | 건강에 좋지 않다 | 맵게 되다 | |

가: 고춧가루와 고추장을 많이 넣었는데 생선매운탕 맛이 왜 이렇게 안 매울까요? 맛 좀 봐주세요.

나: _____

(1) 양념에 비해서 너무 (　　　　)니까 그렇죠. 고추장을 더 넣어야 해요.
(2) 맞아요, 제 입맛에도 좀 (　　　　)운 편이에요. 고추장을 더 넣고 한 참 끓이세요.
(3) 이 정도면 괜찮은데요. 너무 맵게 먹으면 (　　　　　　).
(4) 저는 국물이 아주 (　　　　)해서 좋은데요.
(5) 내 입맛에는 너무 (　　　　). 물을 더 넣으세요.

4. 다음 문장을 읽고 질문에 답하세요.

> 한국 사람들은 자극적인 맛을 좋아하는 편이다. 특히 매운 맛을 좋아하는 사람들이 많다. 외식을 할 때 음식에 고춧가루나 고추장, 후추, 간장, 겨자, 식초, 소금 등 자극성이 강한 양념을 식성껏 듬뿍 넣어서 먹는다. 이런 양념들은 적당량을 섭취하면 건강에 도움이 되지만, 너무 많이 섭취하면 건강이 나빠질 수도 있다. 그렇지만 최근 건강을 염려해서 음식을 싱겁고 담백하게 먹는 사람들이 점점 늘고 있다. 음식 재료의 원래 맛을 즐기면서 건강도 지키려면 적게 먹고, 싱겁게 먹어야 한다는 건강 정보가 널리 알려지면서 한국 사람들은 소금이나 고추처럼 위장을 자극하는 양념을 점점 적게 섭취하려고 한다.

1) 여러분은 어떤 맛을 좋아하는지 식성을 소개해 보세요.

2) 여러분 고향의 대표적인 음식을 한 가지만 소개하고, 만드는 방법을 설명해 보세요.

3) 여러분이 만들 수 있는 음식은 무엇입니까? 어떻게 만드는지 순서대로 소개해 보세요.

〈五、속담〉

1. 다음 〈보기〉의 상황을 잘 읽고 "소 귀에 경읽기"라는 속담을 이용하여 아래 상황에 맞는 대화문을 완성해 보세요.

> 〈보기〉 영식이는 대학교 2학년 남학생입니다. 컴퓨터 게임을 너무 좋아해서 일주일에 며칠씩 밤 늦게까지 게임을 하기도 합니다. 어떤 날에는 아침에 어머니가 아무리 깨워도 제시간에 일어나지 못해서 아침도 먹지 않고 나가기도 합니다. 너무 늦은 시간까지 게임을 하면 되겠느냐고 부모님이 여러 번 야단을 쳤지만 영식이는 이제 성인이니까 알아서 하겠다고 하면서도 계속 나쁜 습관을 버리지 못하고 있습니다.

영식이는 오늘도 9시에 시작하는 오전 수업에 늦지 않으려면 8시에 집에서 출발해야 하는데 늦게 일어나서 아침도 안 먹고 8시 20분에 뛰어나갔습니다. 영식이가 또 늦게 일어나서 밥도 안 먹고 나가서 어머니는 화가 많이 나셨습니다. 그리고 영식이 몸이 약해질까 봐 걱정이 되기도 하셨습니다. 그래서 저녁에 아버지가 퇴근하신 후에 영식이를 어떻게 하면 좋을지 상의하려고 하십니다.

어머니: _____
영식: _____
아버지: _____
영식: _____
아버지: 정말 소 귀에 경읽기구나. 안 되겠다. _____
영식: _____

<보충단어>

샤브샤브	(动)	火锅
찌다	(动)	蒸；发胖
콩나물무침	(名)	凉拌黄豆芽
파무침	(名)	凉拌小葱
조개젓무침	(名)	凉拌腌贝
마늘종무침	(名)	凉拌蒜苗
튀기다	(动)	炸，煎；弹，弹开；溅
콩나물비빔밥	(名)	黄豆芽拌饭
산채비빔밥	(名)	野菜拌饭
오징어덮밥	(名)	鱿鱼盖(浇)饭
지지다	(动)	煎，摊
부치다	(动)	煎，摊；邮寄
설렁탕	(名)	牛杂碎汤
소고기 수육	(名)	白煮牛肉

돼지고기 수육	（名）	白煮猪肉
두부전골	（名）	砂锅牛肉炖豆腐
삶다	（动）	煮，炖
끓이다	（动）	煮，熬，炖
계란부침	（名）	煎鸡蛋
부침개	（名）	煎饼
해물파전	（名）	海鲜葱饼
감자부침	（名）	土豆饼
고다	（动）	煨，熬
깻잎절임	（名）	腌芝麻叶
고추절임	（名）	腌辣椒
겉절이	（名）	腌咸菜
데치다	（动）	焯
김치볶음	（名）	炒泡菜
제육볶음	（名）	炒五花肉
참치볶음밥	（名）	金枪鱼炒饭
김치볶음밥	（名）	泡菜炒饭
닭갈비	（名）	鸡排
미역줄기볶음	（名）	炒裙带菜
오징어볶음	（名）	炒鱿鱼
비비다	（动）	拌，搅拌
오징어튀김	（名）	炸鱿鱼
생선튀김	（名）	炸鱼
고구마튀김	（名）	炸薯片
감자튀김	（名）	炸土豆片
조리다	（动）	酱，熬
갈비구이	（名）	烤猪排
생선구이	（名）	烤鱼
김구이	（名）	烤紫菜
뱅어포구이	（名）	烤鱼片
더덕구이	（名）	烤沙参
조개구이	（名）	烤贝，烤蛤蚌
굽다	（动）	烤，烧

곰탕	（名）	牛肉汤
사골국	（名）	牛骨汤
무치다	（动）	凉拌
갈비찜	（名）	蒸排骨
생선찜	（名）	蒸鱼
찜닭	（名）	蒸鸡
말다	（动）	泡，卷
멸치국물	（名）	鳀鱼汤
찻잎	（名）	茶叶
절이다	（动）	腌，腌渍
감자조림	（名）	烧土豆
갈치조림	（名）	烧带鱼
콩자반조림	（名）	酱油煎豆
계란조림	（名）	酱油腌蛋
멸치조림	（名）	炒鳀鱼
우리다	（动）	泡，沤，腌
김밥	（名）	紫菜包饭
계란말이	（名）	鸡蛋卷
간장	（名）	酱油，豉油
소금	（名）	盐
매콤하다	（形）	辛辣，刺鼻
맵다	（形）	辣，辛辣
고추	（名）	辣椒
고추장	（名）	辣椒酱
겨자	（名）	芥末
양파	（名）	洋葱
달콤하다	（形）	甜蜜，甜美，甘甜
달다	（形）	甜的
된장	（名）	大酱
새콤하다	（形）	酸溜溜的
시다	（形）	酸的
산초	（名）	花椒
고소하다	（形）	可口的

第10课　饮食，味道

구수하다	（形）	美味的（程度超过고소하다）
식초	（名）	醋
아리다	（形）	麻，火辣辣的
설탕	（名）	白砂糖
짭짤하다	（形）	咸滋滋的
짜다	（形）	咸的
책임감	（名）	责任感
맡다	（动）	承担，担任
여행지	（名）	旅行地
팔짱을 끼다	（词组）	抄手
국가대표	（名）	国家代表
야구 감독	（名）	棒球教练
공기	（名）	空气；施工期间；碗
한창	（名、副）	正当年，正，正好
바람을 쐬다	（词组）	兜风
연을 날리다	（词组）	放风筝
폭설	（名）	大雪，暴雪
교통방송	（名）	交通广播
미세먼지	（名）	细颗粒物，微尘
농도	（名）	浓度
마스크	（名）	面具，假面，口罩
서울 강남	（名）	首尔江南地区
태권도	（名）	跆拳道
정신력	（名）	意志力
긴 머리	（名）	长发
개업하다	（动）	开业
개업식	（名）	开业典礼
초대하다	（动）	邀请，招待
사귀다	（动）	交往
활발하다	（形）	活泼，活跃
소심하다	（形）	小心谨慎，缩手缩脚
솔직하다	（形）	坦率，坦白，率直，率真
적극적이다	（名）	积极

소극적이다	(名)	消极，被动
내성적이다	(名)	内向的
용감하다	(形)	勇敢
겁이 많다	(词组)	胆小
친절하다	(形)	亲切的
불친절하다	(形)	不亲切的
상냥하다	(形)	和蔼的
참을성이 강하다	(词组)	有耐心
참을성이 약하다	(词组)	没有耐心
끈기가 있다	(词组)	有耐性
끈기가 없다	(词组)	缺乏耐性
급하다	(形)	急切
느긋하다	(形)	休闲的
얌전하다	(形)	斯文的
차분하다	(形)	文静的
착하다	(形)	善良的
열정적이다	(名)	热情的
장점	(名)	优点
단점	(名)	缺点
친하다	(形)	亲密的
북반구	(名)	北半球
남반구	(名)	南半球
라디오	(名)	收音机
맛보다	(动)	品尝
씹다	(动)	嚼
핥다	(动)	舔
깨물다	(动)	咬
뜯다	(动)	撕，扯，啃
빨다	(动)	吸吮
바르다	(动)	涂，抹
벗기다	(动)	剥，脱
긁다	(动)	搔，刮
쪼개다	(动)	剖开，劈开

第10课　饮食，味道

자르다	（动）	剪，切，砍
싸다	（动）	包，围
썰다	（动）	切，剁
가시	（名）	刺（儿）
껍질	（名）	皮，壳
이빨	（名）	牙齿
깨뜨리다	（动）	打破，打碎
전채 요리	（名）	（饭前）开胃菜
깍두기	（名）	萝卜块泡菜
네모	（名）	四角，四方
빨대	（名）	吸管
꽂다	（动）	插
막대 사탕	（名）	棒棒糖
솥	（名）	铁锅
새우젓	（名）	虾酱
얹다	（动）	放，搁
상추	（名）	生菜
밥솥	（名）	饭锅
바닥	（名）	地面，地板
누룽지	（名）	锅巴
반반씩	（词组）	一半一半
다섯 조각	（名）	五片
자극적이다	（名）	刺激
식성껏	（副）	合自己胃口
듬뿍	（副）	满满地
적당량	（名）	适量
섭취하다	（动）	吸收
염려하다	（动）	担心，挂念
담백하다	（动）	清淡的
점점	（副）	渐渐
원래	（名）	原来
건강 정보	（名）	健康资讯
위장	（名）	胃

자극하다	（动）	刺激
식성	（名）	口味
남학생	（名）	男生
게임	（名）	游戏
깨우다	（动）	唤醒
제시간	（名）	按时
야단을 치다	（词组）	责骂
습관	（名）	习惯
출발하다	（动）	出发
약해지다	（动）	变弱
상의하다	（动）	商量

第11课 济州岛 제주도

> **〈핵심 사항〉**
> 제주도의 자연 경관을 소개하는 방법을 배운다.
> - -(으)로 유명하다/-기로 유명하다
> - -겸, -ㄹ 겸
> - -(으)ㄹ 걸 (그랬다)
> - -(으)ㄹ까요?

〈一、발음 point〉

1. 다음 용언의 활용형을 소리 나는 대로 읽어 보세요.

용언	품사	연결어미			종결어미		
싶다	형	싶고	싶어서	싶지만	싶었다	싶다	싶겠다
멋있다	형	멋있고	멋있어서	멋있지만	멋있었다	멋있다	멋있겠다
잡다	동	잡고	잡아서	잡지만	잡았다	잡는다	잡겠다
피다	동	피고	피어서	피지만	피었다	핀다	피겠다
쉽다	형	쉽고	쉬워서	쉽지만	쉬웠다	쉽다	쉽겠다
달리다	동	달리고	달려서	달리지만	달렸다	달린다	달리겠다

2. 다음 밑줄 친 부분의 발음에 유의하면서 소리 나는 대로 읽고 써 보세요.

1) 여행을 가고 <u>싶은데</u> 어디가 <u>좋을까요</u>?   [   ]

2) <u>유채꽃도</u> <u>볼 겸</u> 언제 <u>같이</u> 가요.   [   ]

<二、어휘 check>

1. 다음 <보기>에서 상황에 알맞은 단어를 골라 괄호 안에 써넣으세요.

> <보기> 산촌, 어촌, 농촌, 농어촌, 도시, 대도시, 중소도시, 지방, 지방도시, 근교, 외곽, 수도, 민가, 주택가, 상업지구, 고장, 고을, 동네, 마을, 지역, 구역, 단지, 시내, 시외, 중심, 도심, 주변, 변두리

　　제가 태어난 곳은 (　　　　　)입니다. (　　　　　)에서 아주 가깝습니다. 그곳은 아주 아름다운 곳이었습니다. (　　　　　)에는 번화가가 있고, (　　　　　)에는 명승고적이 많이 있습니다. 저는 어렸을 때 그곳에서 자랐습니다. 그리고 (　　　　　)에 있는 대학에 입학하여 그곳으로 이사했습니다. 제가 입학한 대학 (　　　　　)에도 가볼 만한 관광 명소가 있습니다. 지난 여름 방학 때 친구들과 함께 가서 사진도 찍고 재미있게 놀았습니다. 앞으로 기회가 있으면 여러 (　　　　　)을 다니면서 구경하고 싶습니다.

2. 다음 <보기>에서 적당한 단어를 찾아서 괄호 안에 써넣으세요.

> <보기> 길, 산길, 큰 길, 골목길, 오솔길, 육로, 해로, 항로, 바닷길, 뱃길, 하늘길, 도로, 대로, 해안도로, 차도, 인도, 고속도로, 국도, 지방도, 산책로, 자동차 전용도로, 자전거 전용도로, 보행로, 일방통행로, 버스 전용차로

　　(　　　　　)는 사람이 걸어다니는 길을 말합니다. (　　　　　)라고도 합니다. 비행기가 운항하는 길은 (　　　　　) 또는 (　　　　　)이라고 합니다. 시속 100킬로미터 이상으로 차가 달릴 수 있는 도로는 (　　　　　)라고 합니다. 자동차가 한쪽 방향으로만 지나갈 수 있는 길을 (　　　　　)라고 합니다. 건물과 건물 사이의 좁은 길은 (　　　　　)이라고 합니다. 선박이 다니는 길은 해로, 또는 (　　　　　), (　　　　　)이라고도 합니다.

<三、문법 point>

1. "-(으)로 유명하다"를 이용하여 다음 질문에 답하세요.

1) 중국과 한국에서 차의 산지로 가장 유명한 곳은 어디입니까?

2) 중국과 한국에서 사과의 산지로 가장 유명한 곳은 어디입니까?

3) 중국과 한국에서 신혼여행지로 유명한 곳은 어디입니까?

2. "-기로 유명하다"를 이용하여 다음 질문에 답하세요.

1) 여러분 주변에서 옷을 잘 입기로 유명한 친구는 누구입니까?

2) 여러분 주변에서 운동을 잘하기로 유명한 친구는 누구입니까?

3) 여러분 주변에서 재미있기로 유명한 친구는 누구입니까?

4) 여러분 주변에서 노래를 잘하기로 유명한 친구는 누구입니까?

5) 여러분 주변에서 컴퓨터를 잘 하기로 유명한 친구는 누구입니까?

3. "-ㄹ 겸"을 이용하여 괄호 안의 단어를 이용하여 문장을 만드세요.

1) (맛있는 음식을 먹다 사진을 찍다 지리산에 가다)
　_____

2) (과월호 잡지를 열람하다 친구를 만나다 도서관에 가다)
　_____

3) (머리를 식히다 여행을 하다 경주에 가다)
　_____

4) (돈을 벌다 사회 경험을 쌓다 아르바이트를 하다)
   _____

5) (체력을 연마하다 살을 빼다 헬스클럽에서 운동을 시작하다)
   _____

4. 관용구 "-(으)ㄹ 걸 (그랬다)"를 이용하여 대화문을 완성하세요.

1) 가: 아버지, 해외출장지에서 제 선물은 안 사오셨어요?
   나: _____

2) 가: 왜 이렇게 요즘 살이 많이 빠졌어요?
   나: _____

3) 가: 오늘처럼 추운 날 왜 이렇게 옷을 얇게 입었어요?
   나: _____

4) 가: 회의는 벌써 시작했는데 왜 이렇게 늦게 오셨어요?
   나: _____

5) 가: 이렇게 늦은 시간까지 사무실에 남아서 일을 하세요?
   나: _____

5. 의문형 종결어미 "-(으)ㄹ까요?"를 이용한 질문에 답하세요.

1) 가: 내일 저녁까지 페인트 칠이 다 마를까요?
   나: _____

2) 가: 내일 새벽에는 일출을 볼 수 있을까요?
   나: _____

3) 가: 어떡하죠? 지하철 선반에 가방을 두고 내렸는데 다시 찾을 수 있을까요?
   나: _____

4) 가: 점심에 샌드위치 반 쪽만 먹었는데 저녁때까지 배가 고프지 않을까요?
   나: _____

5) 가: 제가 머리를 길게 기르고 염색을 하면 더 멋있어 보일까요?
   나: _____

<四、이해와 표현>

1. 다음 문장을 중국어로 번역하세요.

1) 이 고장은 전복죽으로 유명하니까 구경도 할 겸 밥도 먹을 겸 수산시장에 가 봅시다.
   _____

2) 산꼭대기까지 올라가는 길이 너무 험해서 네 시간이나 걸렸다.
   _____

3) 바닷가에 앉아서 친구들과 저녁노을을 보면서 노래를 불렀어요.
   _____

4) 지금 막 동생에게 대학 입학 시험에 합격했다고 연락이 왔어요.
   _____

5) 이 사진 좀 보세요. 노랗게 활짝 핀 유채꽃 앞에서 사진을 찍으니까 얼굴이 아주 예쁘게 나오죠?
   _____

6) 그 회사는 전자제품을 생산하는 회사보다 사회에 많은 돈을 기부하는 회사로 더 유명해요.
   _____

7) 그 가수는 노래보다 연기로 더 유명해요.
   _____

8) 이렇게 헤어지기 전에 그 사람에게 더 잘해줄 걸 그랬어요.
   _____

9) 양복 상의에 검은색 얼룩이 묻었는데 세탁소에 맡기면 얼룩을 뺄 수 있을까요?
   _____

10) 이번 크리스마스에는 눈이 올까요?
    _____

2. 다음 문장을 듣고 물음에 답하세요.

1) 한국에서 자연 경관이 잘 보존되어 있는 곳을 인터넷에서 찾아 소개해 보세요.

2) 중국 정부에서 적극적으로 보호에 힘쓰고 있는 자연 경관은 어디인지 소개해 보세요.

〈五、속담〉

1. 다음 여러 상황에서 "간에 기별도 안 간다"라는 속담을 사용할 수 있는 대화문을 찾아 보세요.

(　　　)

1) 가: 제 여자 친구 생일 선물로 이 옷을 사주면 좋아할까요?
   나: 장미꽃과 카드까지 함께 주면 더 좋아할 거예요.

2) 가: 내일이 체육대회 날인데 비가 오면 어떡하죠?
   나: 일기예보에서 안 온다고 했으니까 걱정 마세요.

3) 가: 엄마, 팝콘 더 먹고 싶어요.
   나: 그렇게 많이 먹었는데 또 먹고 싶어?

4) 가: 김 과장님이 어제 회식 자리에서 과음을 하셨다면서요?
   나: 어떻게 아셨어요?

〈보충단어〉

산촌	（名）	山村
어촌	（名）	渔村
농촌	（名）	农村
농어촌	（名）	农渔村
도시	（名）	城市
대도시	（名）	大城市
중소도시	（名）	中小城市
지방	（名）	地方

第11课 济州岛

지방도시	(名)	地方城市
근교	(名)	近郊
외곽	(名)	外城
수도	(名)	首都
민가	(名)	民宅
주택가	(名)	住宅区
고장	(名)	地方, 故乡
고을	(名)	县城
동네	(名)	村子, 邻里
마을	(名)	村庄
지역	(名)	地域, 地区
구역	(名)	区域
단지	(名)	园区, 小区
시내	(名)	市内
시외	(名)	郊区, 市外
중심	(名)	中心
도심	(名)	城市中心
주변	(名)	周边, 周围
변두리	(名)	周边, 外围
상업지구	(名)	商业区
번화가	(名)	闹市区
명승고적	(名)	名胜古迹
이사하다	(动)	搬家
명소	(名)	名胜
길	(名)	路
산길	(名)	山路
큰 길	(名)	大路, 大道
골목길	(名)	胡同, 巷子
오솔길	(名)	小路, 小道
육로	(名)	陆路
해로	(名)	海路
항로	(名)	航路
바닷길	(名)	海路

뱃길	（名）	水道，水路
하늘길	（名）	航路
도로	（名）	道路，公路
대로	（名）	大路，大街
해안도로	（名）	环海公路
차도	（名）	车道
인도	（名）	人行道
보행로	（名）	人行道，步行道
고속도로	（名）	高速公路
국도	（名）	国道
지방도	（名）	地方道路
산책로	（名）	用于散步的路
자동차 전용도로	（名）	汽车专用车道
자전거 전용도로	（名）	自行车专用道
일방통행로	（名）	单行道
버스 전용차로	（词组）	公共汽车专用车道
선박	（名）	船舶，船只
산지	（名）	产地
과월호	（名）	（杂志）往期
연마하다	（动）	研磨，磨练
헬스클럽	（名）	健身俱乐部
해외 출장지	（名）	海外出差地
회의	（名）	会议
페인트 칠	（词组）	油漆
마르다	（形、动）	干，瘦，枯竭
지하철 선반	（词组）	地铁搁物架
샌드위치	（名）	三明治
염색	（名）	染色
반면	（名）	反面
손길이 닿다	（词组）	伸出援手
청정지역	（名）	清净的地方
상반되다	（动）	相反
대기	（名）	大气

토양	（名）	土壤，泥土
수질	（名）	水质
남극	（名）	南极
빙하	（名）	冰河，冰川
환경보호론자	（名）	环保人士
원시림	（名）	原始森林
훼손하다	（动）	损坏
파괴하다	（动）	破坏
욕심	（名）	欲望
몸살을 앓다	（词组）	浑身酸痛
공존하다	（动）	共存
해답	（名）	答案，解答
체육대회	（名）	运动会
팝콘	（名）	爆米花
회식	（名）	会餐
과음하다	（动）	饮酒过量

第12课 打电话2 전화하기2

> <핵심 사항>
>
> 전화와 관련 있는 단어와 표현법을 배우고, 전화 예절을 연습한다.
> - -다고 하다
> - -냐고 묻다 (하다)
> - -(으) 라고 하다
> - -자고 하다

<一、발음 point>

1. 다음 용언의 활용형을 소리 나는 대로 읽어 보세요.

용언	품사	연결어미			종결어미		
없다	형	없고	없어서	없지만	없었다	없다	없겠다
묻다	동	묻고	물어서	묻지만	물었다	묻는다	묻겠다
끝내다	동	끝내고	끝내서	끝내지만	끝냈다	끝낸다	끝내겠다
뵙다	동	뵙고	뵈어서	뵙지만	뵈었다	뵙는다	뵙겠다
아프다	형	아프고	아파서	아프지만	아팠다	아프다	아프겠다
시키다	동	시키고	시켜서	시키지만	시켰다	시킨다	시키겠다
떠나다	동	떠나고	떠나서	떠나지만	떠났다	떠난다	떠나겠다
듣다	동	듣고	들어서	듣지만	들었다	듣는다	듣겠다
반갑다	형	반갑고	반가워서	반갑지만	반가웠다	반갑다	반갑겠다
끊다	동	끊고	끊어서	끊지만	끊었다	끊는다	끊겠다

2. 다음 밑줄 친 부분의 발음에 유의하면서 소리 나는 대로 읽고 써 보세요.

1) 미리 연락드리지 못해 죄송합니다.   [   ]

2) 감사합니다. 나중에 회사에서 뵙겠습니다.   [   ]

<二、어휘 check>

1. 다음 뜻이 비슷한 부사끼리 연결하세요.

늘 • • 전혀
더더욱 • • 금방, 이제 막
도저히 • • 항상, 언제나
방금 • • 게다가, 더, 뿐만 아니라

2. 다음 <보기>에서 적당한 단어를 골라서 괄호 안에 써넣으세요.

<보기> 대리   목소리   생맥주집   안부
      웬일   지시하다   차

1) 이렇게 더운 날에는 소주 말고 (   )에서 한잔 하는 게 어때요?

2) 부모님께 (   ) 전해 주세요.

3) 사장님이 어제 이 일을 오늘까지 다 끝내야 한다고 (   ).

4) (   )를 몰고 일반도로에서 고속도로로 진입할 때는 적정 속도에 주의하세요.

5) 감기에 걸려서 (   )가 변했어요.

6) 입사한 지 4년 만에 평사원에서 (   )로 승진했습니다.

7) (   )인지 모르겠지만 오늘은 그 커피숍이 문을 안 열었어요.

<三、문법 point>

1. 다음 문장을 "-ㄴ/는다고 하다" 와 "-다고 하다", "-(이)라고 하다" 의 변화형을 참고하여 간접 인용문으로 바꿔 쓰세요.

결합 가능 품사	결합 조건			결합 양상
대명사, 명사, 수사	개음절	격식체 낮춤	과거	- 라고 했다
			현재	- 라고 한다
			미래	- 라고 하겠다
	폐음절		과거	- 이라고 했다
			현재	- 이라고 한다
			미래	- 이라고 하겠다
동사	개음절	격식체 낮춤	과거	- ㄴ다고 했다
			현재	- ㄴ다고 한다
			미래	- ㄴ다고 하겠다
	폐음절		과거	- 는다고 했다
			현재	- 는다고 한다
			미래	- 는다고 하겠다
형용사	격식체 낮춤		과거	- 다고 했다
			현재	- 다고 한다
			미래	- 다고 하겠다

1) 그는 나에게 "지금 부산에 비가 오고 있어."라고 했습니다.

2) 저는 어머니에게 "오늘 저녁에 된장찌개를 먹고 싶어요."라고 했습니다.

3) 옷가게 점원이 손님에게 "이 옷이 손님에게 잘 어울립니다."라고 했습니다.

4) 영민 씨가 저에게 "이 슈퍼마켓이 우리 동네에서 제일 커요."라고 했습니다.

5) 주희 씨가 친구들에게 "나 다음 달에 결혼할 거야."라고 했습니다.

6) 샤오칭 씨가 종석 씨에게 "저분은 저의 한국어 선생님입니다."라고 했습니다.

2. 다음 문장을 "-았/었/였다고 하다"의 활용형을 참고하여 간접인용문으로 바꿔 보세요.

결합 가능 품사	결합 조건			결합 양상
대명사, 명사, 수사	개음절	격식체 낮춤	과거	- 였다고 했다
			현재	- 였다고 한다
			미래	- 였다고 하겠다
	폐음절		과거	- 이었다고 했다
			현재	- 이었다고 한다
			미래	- 이었다고 하겠다
동사, 형용사	양성모음	격식체 낮춤	과거	- 았다고 했다
			현재	- 았다고 한다
			미래	- 았다고 하겠다
	음성모음		과거	- 었다고 했다
			현재	- 었다고 한다
			미래	- 었다고 하겠다
	하다		과거	- 였다고 했다
			현재	- 였다고 한다
			미래	- 였다고 하겠다

1) 영순 씨는 "어제 시내 극장 앞에서 고등학교 때 친구 주나를 만났어요."라고 했다.

_____

2) 칭칭 씨는 "저기 파란색 코트가 제 것입니다."라고 말했다.

_____

3) 지수 씨는 "어제는 하루종일 집에서 책을 읽었습니다."라고 했다.

_____

4) 철수 씨는 "어제 커피숍에서 핸드폰을 분실했어요."라고 했다.

_____

5) 영민 씨는 "지난 주말에 바다낚시를 갔었어."라고 했다.

_____

3. 다음 문장을 "느냐고 하다", "-냐고 하다", "으냐고 하다" 의 변화형을 참고하여 간접인용문으로 바꿔 보세요.

결합 가능 품사	결합 조건		결합 양상
대명사, 명사, 수사	개음절	격식체 낮춤	과거	- 냐고 했다
			현재	- 냐고 한다
			미래	- 냐고 하겠다
	폐음절		과거	- 이냐고 했다
			현재	- 이냐고 한다
			미래	- 이냐고 하겠다
동사	격식체 낮춤		과거	- 느냐고 했다
			현재	- 느냐고 한다
			미래	- 느냐고 하겠다
형용사	격식체 낮춤		과거	- 냐고 했다
			현재	- 냐고 한다
			미래	- 냐고 하겠다

1) 나는 친구에게 "점심 먹었어?"라고 물었다.

_____

2) 나는 선생님께 "선생님, 점심 드셨어요?"라고 여쭤보았다.

_____

3) 나는 어머니에게 "엄마, 제 바지 길이가 너무 짧아요?"라고 여쭤보았다.

_____

4) 택시 운전 기사가 나에게 "손님, 어디까지 가십니까?"라고 물었다.

_____

5) 영희 씨가 나에게 "이 목걸이 어제 새로 샀는데 어때요?"라고 물었다.

_____

4. 다음 문장을 "았/었/였느냐고 하다"를 써서 간접인용문으로 바꿔 써 보세요.

결합 가능 품사	결합 조건		결합 양상	
대명사, 명사, 수사	개음절	격식체 낮춤	과거	- 였느냐고 했다
			현재	- 였느냐고 한다
			미래	- 였느냐고 하겠다
	폐음절		과거	- 이었느냐고 했다
			현재	- 이었느냐고 한다
			미래	- 이었느냐고 하겠다
동사, 형용사	양성	격식체 낮춤	과거	- 았느냐고 했다
			현재	- 았느냐고 한다
			미래	- 았느냐고 하겠다
	음성		과거	- 었느냐고 했다
			현재	- 었느냐고 한다
			미래	- 었느냐고 하겠다
	하다		과거	- 였느냐고 했다
			현재	- 였느냐고 한다
			미래	- 였느냐고 하겠다

1) 친구가 나에게 "그 영화 재미있었어?"라고 물었다.
　_____

2) 어머니가 나에게 "너 숙제 다 했니?"라고 물어보셨다.
　_____

3) 선생님이 나에게 "철민아, 교실 유리창을 다 닦았니?"라고 물어보셨다.
　_____

4) 동생이 나에게 "형, 오늘 새벽에도 수영 연습하고 왔어?"라고 물었다.
　_____

5) 어머니가 나에게 "오늘 도시락 반찬이 좀 짰니?"라고 물어보셨다.
　_____

5. 다음 문장을 "-(으)라고 하다"의 변화형을 참고하여 간접인용문으로 바꿔 쓰세요.

결합 가능 품사	결합 조건		결합 양상
동사	개음절	과거	-라고 했다
		현재	-라고 한다
	격식체 낮춤	미래	-라고 하겠다
	폐음절	과거	-으라고 했다
		현재	-으라고 한다
		미래	-으라고 하겠다

1) 약사 선생님이 나에게 "이 약을 5일 간 하루 세 번 식후 30분 후에 두 알씩 드세요."라고 말씀하셨다.

   _____

2) 친구가 나에게 "술을 너무 많이 마시지 마."라고 말했다.

   _____

3) 영철이가 나에게 "이 책을 철민이에게 전해줘."라고 말했다.

   _____

4) 순희가 친구에게 "다음에는 늦지 않겠다고 약속해."라고 말했다.

   _____

5) 선생님이 학생들에게 "이 번역 숙제를 다음 주 월요일까지 작성해서 제출하세요."라고 말씀하셨다.

   _____

6. 다음 문장을 "-자고 하다"의 변화형을 참고하여 간접인용문으로 바꿔 쓰세요.

결합 가능 품사	결합 조건		결합 양상
동사	격식체 낮춤	과거	-자고 했다
		현재	-자고 한다
		미래	-자고 하겠다

1) 경식이가 나에게 "오늘은 맥주 말고 막걸리를 마시자."라고 했다.

   _____

2) 홍민이가 나에게 "은희가 내일 이사하니까 같이 가서 도와주자."라고 했다.

   _____

3) 선생님이 우리에게 "3시 정각에 정문 앞에서 모여서 출발합시다."라고 말씀하셨다.
_____

<四、이해와 표현>

1. 다음 문장을 중국어로 번역하세요.

1) 선생님께서 이 문제의 답을 누가 아느냐고 물어보셨다.
_____

2) 일과 사랑 중에서 어떤 것이 더 중요하냐는 질문에 대답하는 것은 참 어려운 일이다.
_____

3) 다섯 살짜리 남동생이 나에게 호랑이와 사자 중에서 어느 동물이 더 힘이 세냐고 물었다.
_____

4) 사장님과 직원들이 송년회 자리에서 내년에는 올해보다 더 열심히 일하자고 다짐했다.
_____

5) 친구가 2시까지 올 수 있다고 했는데 한 시간이 지났는데도 아직 도착하지 않아서 걱정이 된다.
_____

6) 나는 은행 직원에게 한국 돈을 인민폐로 환전할 수 있냐고 물었다.
_____

7) 몸이 너무 안 좋아서 오후에 병원에 가야겠다고 생각했다.
_____

8) 나는 중국 친구에게 논문을 쓸 때 더 많은 자료를 찾고 싶으면 국립중앙도서관에 가보라고 가르쳐주었다.
_____

9) 치과병원의 간호사가 이를 뽑을 때 아프지 않으니까 겁내지 말라고 했다.
_____

10) 친구가 나에게 낚시터에서 물고기를 몇 마리 잡았냐고 물었다.
_____

2. 다음 대화문을 간접인용문으로 바꿔 쓰세요.

민영: 영철아, 잘 있었어? 나 민영이야.

영철: 민영아, 오랜만이다, 너도 잘 있지? 난 잘 지내.

민영: 참 오랜만이다, 그렇지? 난 대학원 시험준비 때문에 1년 동안 정말 바빴어.

영철: 그랬구나. 시험에 합격했어?

민영: 응, 내가 가고 싶었던 대학원에서 공부할 수 있게 되었어.

영철: 참 잘 됐다. 축하해. 너 언제 한턱 쏴야겠다. 우리 한번 시간 내서 보자.

3. 다음 문장을 대화체 문장으로 바꿔 쓰세요.

경민이는 수진에게 어떤 과일을 좋아하냐고 물었다. 수진이는 사과를 제일 좋아한다고 대답했다. 그런데 경민이는 사과보다 키위가 더 좋다고 말하면서 자기는 사과를 별로 좋아하지 않는다고 했다. 수진이는 경민에게 키위를 좋아하는 이유가 무엇이냐고 물었다. 경민이는 키위가 아주 부드러워서 먹기 좋고, 또 비타민도 풍부하기 때문이라고 대답했다. 수진이는 아침마다 사과와 바나나를 믹서기에 갈아서 주스를 만들어 마신다고 말하면서 경민에게 너도 키위를 믹서에 갈아서 주스로 만들어 먹느냐고 물었다. 경민이는 키위는 아주 부드러워서 믹서기에 갈지 않아도 된다고 말했다. 그냥 칼로 키위를 반으로 잘라서 숟가락으로 과육을 떠 먹으면 아주 쉽게 먹을 수 있다고 말했다.

<五、속담>

1. 다음 여러 상황 중에서 "갈수록 태산"이라는 속담을 쓸 수 없는 경우를 고르세요. (　　　)

1) 영민이는 저녁 내내 수학 숙제를 풀다가 너무 어려워서 같은 반 친구 송희에게 전화를 했다. 송희도 역시 그 문제를 풀지 못하겠다고 하면서 영민이에게 어제 수업 시간에 배운 내용을 다시 설명해 달라고 했다.
2) 경찰이 편의점에서 물건을 훔친 도둑을 잡았는데, 조사를 해보니까 더 많은 범죄가 드러났다.
3) 대학을 수석으로 졸업했는데 졸업하자마자 대기업 공채 시험에 수석으로 합격했다.
4) 가수가 되기 위해 오디션 시험을 보는데 너무 긴장을 해서 중간에 가사도 잊어버리고, 심사위원의 질문에도 대답하지 못했다.

<보충단어>

막	（副）	正要，刚要
게다가	（副）	而且
평사원	（名）	普通职员
극장	（名）	剧场
코트	（名）	球场
분실하다	（动）	遗失
바다낚시	（名）	出海钓鱼
목걸이	（名）	项链，项圈
도시락	（名）	盒饭
반찬	（名）	菜肴

식후	(名)	饭后
두 알	(词组)	两粒
막걸리	(名)	米酒
정각	(名)	(……点) 整
한턱 쏘다	(词组)	请客
키위	(名)	猕猴桃
비타민	(名)	维生素，维他命
믹서기	(名)	搅拌机
갈아먹다	(动)	搅拌吃，磨碎吃
과육	(名)	果肉，瓤
편의점	(名)	便利店
훔치다	(动)	盗窃
범죄	(名)	犯罪
공채 시험	(名)	公开录用考试
수석 합격	(词组)	获第一名
오디션	(名)	选拔
가사	(名)	歌词
심사위원	(名)	评委

综合练习3 종합연습 3

문항번호	1		2		3	4	5	6	7	총점
	1	2	1	2						
배점	5	5	5	5	10	10	15	20	25	100
점수										

1. (듣기) 다음 대화문을 잘 듣고 물음에 답하세요.(5점×2문항 = 10점)

1) 연주는 왜 냉면을 남겼습니까?

2) 승철은 왜 연주에게 음식을 더 시키라고 했습니까?

2. (듣기) 다음 대화문을 잘 듣고 물음에 답하세요.(5점×2문항 = 10점)

1) 이곳은 어디입니까?

2) 진욱은 캉민에게 무엇을 부탁했습니까?

3. 다음 대화문을 읽고 내용과 다른 것을 고르세요. (10점)

( )

> 경민: 하림 씨, 이 해물전골 보기만 해도 정말 맛있어 보이죠?
> 하림: 네, 해물도 아주 싱싱해 보이고 푸짐해요.
> 경민: 맛이 어때요?
> 하림: 정말 맛있네요. 국물이 너무 시원해요.
> 경민: 하림 씨가 해물전골을 좋아한다고 해서 같이 오자고 한 거예요.
> 하림: 고마워요. 같이 오기를 잘했네요.
> 경민: 이 집은 해물전골로 유명한 집이에요. 늦게 오면 자리가 날 때까지 한참 기다려야 해요.
> 하림: 이렇게 손님이 많은 걸 보니까 정말 유명한 집인가 봐요.

1) 하림 씨는 해물전골을 좋아한다.
2) 이 집의 해물전골은 해물도 싱싱하고 양도 많다.
3) 하림 씨는 경민 씨에게 해물전골 잘하는 집에 같이 가자고 했다.
4) 이 해물전골집은 손님이 항상 많다.
5) 이 해물전골집은 음식 맛 때문에 유명하다.

4. 다음 문장의 잘못된 곳을 찾아 바르게 고치세요.(1점×10문항 = 10점)

1) 길이 얼마나 복잡하는지 못 찾을 뻔했어요.   (   )
2) 어제는 너무 피곤해서 집에 돌아왔자마자 잠을 잤어요. (   )
3) 등산도 간 겸 사진도 찍은 겸 지난주에 설악산에 다녀왔다. (   )
4) 밥을 먹지 말고 국수를 먹은 걸 그랬어요.   (   )
5) 김 선생님이 도와주는 덕분에 무사히 귀국할 수 있었습니다. (   )
6) 키에 비해 몸무게가 많이 나간 편이에요.   (   )
7) 내일부터 새 직장에서 일하기 시작하겠어요.   (   )
8) 한국은 가을 날씨가 맑겠기로 유명해요.   (   )
9) 지금 주머니에 500원짜리 동전 2개만 있을 뿐이었어요. (   )
10) 한번 갔다 왔지만 다시 가려고 하니까 어떻게 가는지 잘 몰라요.
                                                    (   )

5. 다음 <보기>의 단어를 이용하여 <상황>에 맞게 대화문을 만들어 보세요. (15점)

<상황> 다음 주말에 친구들과 우리집에 모여서 맛있는 음식을 해먹기로 했습니다. 어떤 음식을 어떻게 해 먹을지 결정하세요.
<보기> 요리하다 재료를 사오다 요리를 잘하다 볶다 찌다
튀김 찜 소고기 돼지고기 닭고기 생선 채소 간장
고추장 소금 설탕 비싸다 싸다 슈퍼마켓에 가다
장보다 설거지하다 늦지 않다 음식을 많이 준비하다

6. 다음 <보기>의 용언을 이용하여 "얼마나 … -ㄴ/은지, -는지"의 활용형을 만들어 보세요.(20점)

<보기> 예쁘다   높다   조용하다   무겁다
         마시다   쌓다   말하다

결합 가능 품사	결합 조건		결합 양상
형용사	양성모음	과거	-았는지
	음성모음		-었는지
	하다		-였는지
	개음절	현재	-ㄴ지
	폐음절		-은지
	개음절	미래	-ㄹ지
	폐음절		-을지
동사	양성모음	과거	-았는지
	음성모음		-었는지
	하다		-였는지
		현재	-는지
	개음절	미래	-ㄹ지
	폐음절		-을지

기본형	과거형	현재형	미래형	기본형	과거형	현재형	미래형
예쁘다	1)	예쁜지	예쁠지	높다	높았는지	2)	높을지
조용하다	조용했는지	3)	조용한지	무겁다	무거웠는지	무거운지	4)
마시다	5)	마시는지	마실지	싸다	쌌았는지	6)	쌀을지
말하다	7)	말하는지	말할지				

7. 다음 주제문으로 짧은 글을 쓰세요. (25점)

> 주제: 어렸을 때 맛있게 먹었던 음식
> 조건: 250자 분량(띄어쓰기 포함)
>   　　비격식체 해체 종결어미 사용
>   　　한글 맞춤법 적용

第13课 买东西2 물건사기2

> <핵심 사항>
> 물건을 살 때 필요한 단어와 표현법을 배운다.
> - –어치
> - 수량명사
> - –기는요
> - –에
> - 르 불규칙

<一、발음 point>

1. 다음 용언의 활용형을 소리 나는 대로 읽어 보세요.

용언	품사	연결어미			종결어미		
비싸다	형	비싸고	비싸서	비싸지만	비쌌다	비싸다	비싸겠다
어떻다	형	어떻고	어때서	어떻지만	어땠다	어떻다	어떻겠다
되다	동	되고	되어서	되었지만	됐다	된다	되겠다
살다	동	살고	살아서	살았지만	살았다	산다	살겠다
적다	형	적고	적어서	적었지만	적었다	적다	적겠다
고르다	형	고르고	골라서	골랐지만	골랐다	고른다	고르겠다
깎다	동	깎고	깎아서	깎았지만	깎았다	깎는다	깎겠다
알다	동	알고	알아서	알았지만	알았다	안다	알겠다

2. 다음 밑줄 친 부분의 발음에 유의하면서 소리 나는 대로 읽고 써 보세요.

1) 일단 좀 더 둘러보고 <u>올게요</u>.　　　　　　　　　[　　　　　　]

2) 다른 것들은 별로 비싸지 <u>않았지만</u> <u>밥솥이</u> <u>비쌌습니다</u>.　[　　　　　　]

<二、어휘 check>

1. 다음 <보기>에서 말맞은 단어를 찾아서 괄호 안에 써 넣으세요.

<보기>	식기	밥그릇	국그릇	접시	공기
	주전자	주전자 뚜껑	숟가락	젓가락	포크
	식칼	과도	냄비	유리컵	프라이팬
	믹서기	전자레인지	전기밥솥	쟁반	찜기
	냉장고	가스레인지	뚝배기	유리잔	

1) 찬 우유를 (　　　　　)에 따라서 (　　　　　)에 넣어서 따뜻하게 데워먹었어요.
2) 과일 껍질을 깎아서 (　　　　　)에 예쁘게 담은 후에 (　　　　　)로 찍어먹었다.
3) (　　　　　)에 밥을 담고 뚜껑을 덮어두면 온기를 오랫동안 보존할 수 있어요.
4) 채소를 오래 보관하려면 (　　　　　)에 펴서 햇볕에 잘 말린 후에 (　　　　　)에 보관하면 된다.
5) 부침개를 만들 때는 (　　　　　)에 기름을 두르고 부치면 돼요.

2. 다음 <보기>의 용언을 알맞은 활용형으로 만들어서 괄호 안에 써넣으세요.

<보기>	고르다	(끈을) 매다	단순하다	둘러보다
	유행하다	인기 있다	(장식이) 달리다	적다

1) 매일 아침 시장에 가서 신선한 재료를 (　　　　　) 음식을 만들어요.
2) 이 소설작품은 요즘 제일 (　　　　　) 젊은 여성작가가 쓴 것이다.
3) 이 노래는 선율이 (　　　　　) 누구나 쉽게 따라 부를 수 있어요.
4) 이 요리는 2인분인데 양이 너무 (　　　　　) 않아요?
5) 저기 나비모양 장식이 (　　　　　) 가방은 가격이 조금 더 비싸요.
6) 백화점을 여기저기 (　　　　　) 와이셔츠와 넥타이를 어디서 살지 결정했다.

7) 운동화 끈이 풀렸으니까 다시 잘 (   ).

8) 요즘 (   ) 색상은 뭐예요?

〈三、문법 point〉

1. "-어치" 와 "-짜리" 를 써서 문장을 완성하세요.

1) 가: 1킬로그램에 5,000원(   )로 드릴까요, 7,000원
   (   )로 드릴까요?
   나: 7,000원(   )로 주세요.

2) 가: 귤을 얼마나 드릴까요?
   나: 열 개에 3,000원(   )로 9,000원(   )
   만 주세요.

3) 가: 이 아이스크림은 한 개에 700원(   )인데 모두 몇 개 드릴까요?
   나: 7,000원(   ) 주세요.

4) 가: 이 수박은 5,000원(   )만 있어요?
   나: 9,000원(   ), 12,000원(   )는 다 팔렸어요. 이걸로 드릴까요?

5) 가: 얼마(   )로 드릴까요?
   나: 개당 3,000원(   ) 3개하고, 개당 5,000원
   (   ) 6개 주세요.

2. 다음 괄호 안에 알맞은 단위성 의존명사를 써넣으세요.

〈보기〉 송이	다발	그루	단	켤레	짝
채	벌	갑	편	초	세

1) 4월 5일 식목일에 묘목 한 (   )를 앞마당에 심고 물을 주었다.

2) 장미꽃 다섯 (   )와 안개꽃 한 (   )로 예쁜 부케를 만들었다.

3) 부추 한 (   )에 얼마예요?

4) 신발 두 (　　　　)을 한 (　　　　)라고 합니다.
5) 서울 강남은 아파트 한 (　　　　) 값이 얼마나 합니까?
6) 환갑은 61(　　　　)를 말합니다
7) 저는 아직 학생이라서 양복이 한 (　　　　)도 없습니다.
8) 담배 한 (　　　　)에는 20개피가 들어있습니다.
9) 임권택 감독은 지금까지 100(　　　　)이 넘는 영화를 제작했습니다.
10) 1시간은 3,600(　　　　)입니다.

3. 다음 수량명사와 함께 쓸 수 없는 명사는 무엇입니까?

1) 대　　A. 피아노　　B. 오토바이　　C. 핸드폰　　D. 편지
2) 장　　A. 종이　　B. 전구　　C. 카드　　D. 티셔츠
3) 봉지　A. 과일　　B. usb드라이브　C. 과자　　D. 약

4. "-기는요"를 써서 물음에 답하세요.

1) 가: 오늘 오후에 그 회사 인터넷 홈페이지에서 최종 합격자 명단을 발표한다는 사실을 알고 있죠?
　　나: _____
2) 가: 어제 개봉한 신작 영화가 재미있어요?
　　나: _____
3) 가: 복숭아 좋아하세요?
　　나: _____
4) 가: 고양이를 키워본 적이 있어요?
　　나: _____
5) 가: 요즘 책을 많이 읽는 편이에요?
　　나: _____
6) 가: 어제 말다툼한 친구와 화해했어요?
　　나: _____
7) 가: 목소리가 참 듣기 좋으신데 노래도 잘하시겠어요.
　　나: _____
8) 가: 사업을 해서 돈을 많이 벌면 제일 먼저 집을 사시겠습니까?
　　나: _____

9) 가: 이목구비도 뚜렷하고 그렇게 말도 재미있게 하시니까 친구들 사이에서 인기가 많으시겠어요.
　　나: _____

10) 가: 참 건강해 보이시네요.
　　나: _____

5. 다음 물음에 답하세요.

1) 가: 한 달에 몇 번 노래방에 갑니까?
　　나: _____

2) 가: 500cc 맥주 한 잔을 몇 번에 나눠 마십니까?
　　나: _____

3) 가: 250페이지짜리 소설책 한 권을 몇 시간에 다 읽을 수 있습니까?
　　나: _____

4) 가: 1년에 몇 번 여행을 갑니까?
　　나: _____

5) 가: 인터넷을 하루에 몇 시간이나 이용합니까?
　　나: _____

6) 가: 컴퓨터 게임을 하루에 몇 시간이나 합니까?
　　나: _____

7) 가: 일주일에 운동을 몇 번이나 합니까?
　　나: _____

8) 가: 하루에 주변 사람들에게 문자 메시지를 몇 통이나 보냅니까?
　　나: _____

9) 가: 이곳은 1년에 얼마나 많이 비가 옵니까?
　　나: _____

10) 가: 하루에 몇 시간쯤 잠을 잡니까?
　　나: _____

6. 다음 도표에 '르' 불규칙 용언의 올바른 활용형을 써 넣으세요.

	다르다	모르다	고르다	자르다	마르다	빠르다	흐르다	부르다	게으르다
+아/어요	달라요	몰라요	1)	잘라요	말라요	빨라요	2)	3)	4)
+아/어서	달라서	5)	골라서	잘라서	6)	7)	8)	9)	10)
+았/었어요	달랐어요	몰랐어요	11)	12)	말랐어요	빨랐어요	13)	14)	15)

〈四、이해와 표현〉

1. 다음 문장을 중국어로 번역하세요.

1) 쌍둥이인데 두 형제는 성격이 너무 달라요.

2) 두 사람 중에서 누가 선배고 누가 후배인지 처음에는 잘 몰랐어요.

3) 이번 주말에는 연기를 잘하기로 유명한 배우들이 출연한 영화를 잘 골라서 보기로 했어요.

4) 종이를 길게 잘라서 풀로 붙여서 예쁜 꽃을 만들었어요.

5) 오랫동안 비가 오지 않아서 저수지 물이 다 말랐어요.

6) 박자를 잘 맞춰서 노래를 하세요. 지금은 너무 빨라요.

7) 서울의 청계천은 서쪽에서 동쪽으로 물이 흘러요.

8) 영철이는 친구를 집으로 불러서 함께 놀았어요.

9) 저는 성격이 너무 게을러서 일을 빨리 할 수 없어요.

10) 톱으로 통나무를 두 토막으로 잘랐어요.

_____

2. 다음 문장을 읽고, 질문에 답하세요.

(가) 조윤희 씨는 시간이 있을 때마다 아이들을 데리고 자주 한강시민공원에 갑니다. 강바람도 쐴 겸 산책도 할 겸 아이들 손을 잡고 길을 걷습니다. 자전거를 타는 사람들도 있고, 의자에 앉아 얘기하는 사람들도 있고, 공놀이를 하는 어린이들도 있고, 잔디밭에 앉아서 음악을 듣는 사람들도 있습니다. 또 강변에서 시원한 음료수를 마시면서 낚시를 즐기는 사람들도 있습니다.

1) 조윤희 씨는 어디를 자주 갑니까?

2) 조윤희 씨가 그곳에 자주 가는 이유는 무엇입니까?

(나) 박석준 씨는 주말에는 꼭 가족들과 함께 백화점에 갑니다. 백화점에서 물건도 구경하고, 맛있는 음식도 먹고 놀다가 집에 돌아올 때는 집에서 필요한 생활용품을 사 옵니다. 주말에는 백화점에 사람이 무척 많습니다. 그렇지만 백화점에 가면 보고 먹고 즐길 게 많아서 자주 가는 편입니다. 아이들도 백화점을 좋아합니다.

1) 박석준 씨는 어디를 갑니까?

2) 박석준 씨가 그곳에 자주 가는 이유는 무엇입니까?

(다) 최덕진 씨는 시장에서 과일을 파는 과일가게 사장님입니다. 날마다 싱싱한 과일을 도매시장에서 사와서 이른 아침부터 저녁까지 과일 장사를 합니다. 과일은 쉽게 상하기 때문에 싱싱할 때 빨리 팔아야 합니다. 최덕진 씨는 10년 넘게 이 시장에서 과일을 팔았기 때문에 단골 손님들이 많습니다. 그래서 장사가 잘 되는 편입니다. 요즘 과일 가격이 많이 올라서 20개 들이 사과 한 상자에 소매가격이 지난 달보다 5,000원이나 올랐습니다. 가격이 너무 비싸면 손님들이 줄어듭니다. 최덕진 씨는 손님들에게 싱싱하고 맛있는 과일을 싸게 팔기 위해서 날마다 부지런히 일합니다.

1) 최덕진 씨는 어떤 일을 하시는 분입니까?

2) 최근 과일 가격은 어떻습니까?

3. 다음 <보기>의 단어를 이용하여 일반 상점에서 점원과 손님의 대화문을 만들어 보세요.

<보기> 소매점	도매점	본점	지점
계산대	진열대	국산품	수입품
사은품	교환하다	반품하다	할인하다
할인판매	껌	비스킷	아이스크림
초콜릿	식빵	고등어	꽁치
멸치	현미	콩	보리
당근	파	고추	시금치
무	양파	오이	팽이버섯
두부	땅콩	맥주	닭가슴살
닭다리	돼지갈비	족발	안심
등심	A4용지	볼펜	클립
사인펜	풀	자	가위
인형	장난감		

<대화문 예시>

손님: 저기, 구두약과 구둣솔은 어디에 있어요?

점원: 예, 손님, 저쪽 5번 진열대 쪽에 있습니다.

손님: 고맙습니다. 그리고 계산대는 어느 쪽입니까?

점원: 계산대는 5번 진열대에서 왼쪽으로 가시면 됩니다.

손님: 예, 알겠습니다.

손님: _____

점원: _____

손님: _____

점원: _____
손님: _____
점원: _____

4. 다음 단어를 이용하여 예시문처럼 옷가게에서 옷을 사는 상황에서 필요한 대화문을 만들어 보세요.

<보기> 상의	긴팔	짧은팔	민소매
하의	바지	치마	반바지
짧은 치마	조끼	셔츠	티셔츠
스웨터	양말	내복	속옷
수영복	등산복	체육복	야구모자
장갑	털모자	허리띠	주머니
안주머니	단추	지퍼	멜빵
양복	정장	기성복	맞춤복
색깔	빨간색	파란색	노란색
검은색	회색	흰색	무늬
줄무늬	꽃무늬	물방울무늬	민무늬
사이즈	크다	작다	길다
짧다	좁다	넓다	맞다
잘 안 맞다	어울리다	진하다	연하다
수수하다	화려하다	바꾸다	교환하다
줄이다	늘이다		

<대화문 예시>

손님: 이 옷보다 한 치수 큰 거 있어요?

점원: 예, 손님, 여기 105호 사이즈 있습니다. 한번 입어 보시겠어요?

손님: 크기는 맞는데 좀더 밝은 색깔이었으면 좋겠어요.

점원: 노란색도 있고, 하늘색도 있는데 어떤 것으로 하시겠어요?

손님: 하늘색이 있으면 그것으로 주세요.

손님: _____

점원: _____
손님: _____
점원: _____
손님: _____
점원: _____

5. 최근 상점, 편의점, 슈퍼마켓, 할인점, 전문점, 백화점 등에서 물건을 구입해 본 적이 있습니까? 최근 한 달 동안 구입했던 물건 중에서 단가가 50원 이상이었던 물품을 아래 목록에 정리해 보세요.

구입 날짜	구입 물품	단가	개수	총액

〈五、속담〉

1. "값 싼 것이 비지떡"이라는 속담이 있습니다. 아래 대화 중에서 가장 잘 어울리는 것을 찾아 보세요.

(　　　)

1) 가: 텔레비전이 또 고장 났어? 벌써 몇 번째야?
　　나: 글쎄 말이야, 싸서 샀더니 계속 고장이 나네. 다음 번에는 품질이 좋은 것으로 사야겠다.

2) 가: 담배를 끊으려고 했는데 술자리에 가면 자꾸 담배를 피우게 돼.
　　나: 그렇게 의지가 약해서 어떡해?
3) 가: 그 학생은 참 예의가 바르고 말을 잘 해요.
　　나: 어려서부터 집안에서 할아버지가 엄격하게 교육을 시켜서 그래요.

〈보충단어〉

식기	(名)	餐具
밥그릇	(名)	饭碗（大）
국그릇	(名)	汤碗
접시	(名)	盘子
밥공기	(名)	饭碗（小）
주전자	(名)	壶
주전자 뚜껑	(名)	壶盖
숟가락	(名)	勺子
젓가락	(名)	筷子
포크	(名)	叉子
식칼	(名)	菜刀
과도	(名)	水果刀
냄비	(名)	锅
유리컵	(名)	玻璃杯
프라이팬	(名)	平底锅
쟁반	(名)	盘子
전자레인지	(名)	微波炉
전기밥솥	(名)	电饭锅
찜기	(名)	蒸笼
냉장고	(名)	冰箱
가스레인지	(名)	煤气灶
뚝배기	(名)	砂锅
유리잔	(名)	玻璃杯
데워먹다	(动)	热一热吃
온기	(名)	暖气

기름을 두르다	（词组）	擦油，抹油
여성 작가	（名）	女作家
선율	（名）	旋律
나비 모양 장식	（词组）	蝶形装饰
와이셔츠	（名）	衬衫
넥타이	（名）	领带
운동화 끈	（名）	球鞋带
귤	（名）	橘子
개당	（名）	每个
식목일	（名）	植树节
묘목	（名）	树苗
앞마당	（名）	前院
안개꽃	（名）	（植物）六月雪
부케	（名）	（婚礼上新娘手中所持的）花束
부추	（名）	韭菜
환갑	（名）	花甲
개피	（名）	支，棍儿，根
티셔츠	（名）	T恤衫
USB드라이브	（名）	U盘
명단	（名）	名单
신작영화	（名）	新电影
복숭아	（名）	桃
고양이	（名）	猫
말다툼하다	（动）	吵架
화해하다	（动）	和解
이목구비	（名）	耳目口鼻，五官
뚜렷하다	（形）	显著的，明显的，清晰的
인기가 많다	（词组）	有人气
노래방	（名）	歌厅
문자 메시지	（名）	文字短信
몇 통	（词组）	（短信等）几条
한강시민공원	（名）	汉江市民公园
강바람	（名）	江风

강변	（名）	江边
과일가게	（名）	水果店
도매시장	（名）	批发市场
상하다	（动）	坏，腐烂
소매가격	（名）	零售价
소매점	（名）	零售店
도매점	（名）	批发店
본점	（名）	总店
지점	（名）	分店
계산대	（名）	收银台
진열대	（名）	展柜
국산품	（名）	国货
수입품	（名）	进口货
사은품	（名）	赠品
교환하다	（动）	交换
반품하다	（动）	退货
할인하다	（动）	降价，打折
할인판매	（名）	打折销售
껌	（名）	口香糖
비스킷	（名）	饼干
아이스크림	（名）	冰激凌
초콜릿	（名）	巧克力
식빵	（名）	面包
고등어	（名）	青花鱼
꽁치	（名）	秋刀鱼
멸치	（名）	鳀鱼，海蜒
현미	（名）	糙米，粗米
콩	（名）	大豆，黄豆
보리	（名）	大麦
당근	（名）	胡萝卜
파	（名）	葱
시금치	（名）	菠菜
무	（名）	白萝卜

양파	（名）	洋葱
오이	（名）	黄瓜
팽이버섯	（名）	金针菇
두부	（名）	豆腐
땅콩	（名）	花生
닭가슴살	（名）	鸡胸脯肉
닭다리	（名）	鸡腿
돼지갈비	（名）	猪排骨
족발	（名）	猪蹄
안심	（名）	牛肋间肉
등심	（名）	里脊
A4용지	（名）	A4纸
볼펜	（名）	圆珠笔
클립	（名）	曲别针
사인펜	（名）	签字笔
풀	（名）	胶水
자	（名）	尺子
가위	（名）	剪刀
인형	（名）	人偶
장난감	（名）	玩具
구두약	（名）	鞋油
구둣솔	（名）	鞋刷
상의	（名）	上衣，外衣
긴팔	（名）	长袖
짧은팔	（名）	短袖
민소매	（名）	无袖衣服的统称
하의	（名）	下半身穿的衣服
바지	（名）	裤子
치마	（名）	裙子
반바지	（名）	短裤
짧은 치마	（名）	短裙
조끼	（名）	坎肩，背心
셔츠	（名）	衬衣

第13课　买东西2

스웨터	（名）	毛衣
양말	（名）	袜子
내복	（名）	内衣，绒衣
속옷	（名）	内衣
수영복	（名）	泳衣
등산복	（名）	登山服
체육복	（名）	运动服
야구모자	（名）	棒球帽
장갑	（名）	手套
털모자	（名）	冬帽，毛线帽
허리띠	（名）	腰带
주머니	（名）	口袋
안주머니	（名）	内兜，暗兜
단추	（名）	纽扣
지퍼	（名）	拉链
멜빵	（名）	背带
양복	（名）	西服
정장	（名）	正装
기성복	（名）	成衣
맞춤복	（名）	订做服
색깔	（名）	颜色
빨간색	（名）	红色
파란색	（名）	蓝色
노란색	（名）	黄色
검은색	（名）	黑色
흰색	（名）	白色
줄무늬	（名）	纹路
꽃무늬	（名）	花纹
물방울무늬	（名）	水滴花纹
민무늬	（名）	无花纹
사이즈	（名）	尺寸
진하다	（形）	浓，厚
연하다	（形）	浅
수수하다	（形）	朴素

第14课 银行 은행

> **<핵심 사항>**
>
> 은행과 관련 있는 단어와 표현법을 배운다.
> - -(으)로
> - -(으)려고
> - -이/가 아니라
> - -에다(가)
> - -(이)든지

<一、발음 point>

1. 다음 용언의 변화형을 소리 나는 대로 읽어 보세요.

용언	품사	연결어미			종결어미		
받다	동	받고	받아서	받지만	받았다	받는다	받겠다
찾다	동	찾고	찾아서	찾지만	찾았다	찾는다	찾겠다
보내다	동	보내고	보내서	보내지만	보냈다	보낸다	보내겠다
바꾸다	동	바꾸고	바꿔서	바꾸지만	바꿨다	바꾼다	바꾸겠다
담기다	동	담기고	담겨서	담기지만	담겼다	담긴다	담기겠다

2. 다음 밑줄 친 부분의 발음에 유의하면서 소리 나는 대로 읽고 써 보세요.

1) <u>시계</u>를 보니 <u>약속</u> 시간은 <u>30분밖에</u> 안 <u>남았다</u>.　　　　[　　　　　]

2) 지금은 <u>현금이 없어서</u> <u>사용할 수 없습니다</u>.　　　　　　　[　　　　　]

<二、어휘 check>

1. 다음 은행 금융 거래에 필요한 단어를 서로 결합하여 동사구를 만들어 보세요.

계좌, 계좌 번호, 도장, 수수료, 수표, 돈, 현금, 현찰, 비밀번호, 창구, 번호표, 통장, 잔액, 잔고, 현금 자동입출금기, 환율, 신용 카드, 현금 카드, 출금표, 입금표, 금융 실명제, 수수료, 송금, 입금, 출금, 인출, 실명 확인	개설하다, 찍다, 새기다, 만들다, 내다, 받다, 발행하다, 입금하다, 출금하다, 입력하다, 바꾸다, 잊어버리다, 찾다, 뽑다, 받다, 개설하다, 정리하다, 인출하다, 사용하다, 계산하다, 발급하다, 분실하다, 사용하다, 작성하다, 계산하다, 서명하다, 사인하다, 시행하다, 확인하다, 제출하다

<三、문법 point>

1. "-(으)로"을 사용하여 울음에 답하세요.

1) 가: 약속 시간을 언제로 바꿔야 합니까?
   나: (이번 주 금요일 오후 3시 – 4시) _____

2) 가: 영업부의 해외판매 업무 담당자를 누구로 교체할까요?
   나: (김과장 – 이대리) _____

3) 가: 학생들의 교복 색상을 어떻게 바꾸는 게 좋을까요?
   나: (자주색 – 짙은 남색) _____

4) 가: 이번 식목일날 식수행사 때 심을 수종을 무엇으로 바꿀까요?
   나: (소나무 – 사과나무) _____

5) 가: 주문하신 메뉴를 바꾸시겠습니까?
   나: (추어탕 – 삼계탕) _____

2. 다음 "-(으)려고" 용법을 참고하여 괄호 안을 연결하여 문장을 완성하세요.

결합 가능 품사	결합 조건	결합 양상
동사	개음절	- 려고
	폐음절	- 으려고

1) 가: 왜 외투를 입으셨어요?

　　나: (바람을 쐬다, 바깥에 나가다) _____

2) 가: 왜 밥을 남겼어?

　　나: (살을 빼다, 탄수화물을 적게 먹다) _____

3) 가: 어디 가세요?

　　나: (돈이 찾다, 은행에 가다) _____

4) 가: 오늘은 왜 회사에 안 가셨어요?

　　나: (진찰 받다, 병원에 가다) _____

5) 가: 왜 갑자기 런닝머신을 사오셨어요?

　　나: (시간이 없다, 집에서 운동하다) _____

3. "-이/가 아니라"를 써서 괄호 안을 완성하세요.

1) 가: 웬 빵을 이렇게 많이 사왔니?

　　나: (혼자 먹을 것, 친구들과 나눠 먹을 것) _____

2) 가: 웬 핸드폰이 두 개나 있니?

　　나: (내 것, 하나는 동생 것) _____

3) 가: 쟤가 네 여자친구니?

　　나: (내 여친, 내 친구의 여친) _____

4) 가: 저 남자는 영화배우니?

　　나: (영화배우, 연극배우) _____

5) 가: 저 분이 사장님이시니?

　　나: (저 분, 하늘색 양복을 입은 분) _____

4. 괄호 안에 적당한 단어를 넣어서 "-에다(가)"를 써서 문장을 완성하세요.

1) 가: 어때요, 제가 만든 북엇국이 입에 맞아요?

　　나: 조금 싱거워요. (　　　　　　)에다가 간장을 조금 더 넣어야겠어요.

2) 가: 비빔밥은 어떻게 만들어요?

　　나: 밥 위에 여러 가지 나물을 놓고 (　　　　　　)에다가 참기름, 참깨를 뿌려서 비벼먹으면 더 맛있어요.

3) 가: 분홍색은 어떤 색과 어떤 색을 혼합하면 만들 수 있습니까?

　　나: (　　　　　　)에다가 흰색을 섞으면 돼.

4) 가: (   )에다가 5를 곱하면 75가 맞죠?

   나: 예, 맞습니다.

5) 가: 커피에 설탕과 프림을 얼마나 넣어서 드세요?

   나: 커피 (   )에다 설탕 한 스푼, 프림 두 스푼이요..

5. "-(이)든지" 문형의 문장을 완성하세요.

1) 가: 어떤 분들을 돕고 싶으십니까?

   나: (누구)_____

2) 가: 바쁘지 않으실 때 시간 좀 내주시겠습니까?

   나: (언제)_____

3) 가: 어느 지역에서 일하고 싶으십니까?

   나: (어디)_____

4) 가: 어떤 일을 하고 싶으세요?

   나: (무엇)_____

5) 가: 그 분을 다시 만날 수 있을까요?

   나: (어떻게)_____

〈四、이해와 표현〉

1. 다음 문장을 운장을 읽고 울음에 답하제요.

> 여러분은 은행 통장이 몇 개나 됩니까? 사람들은 집을 장만하기 위해서, 아이들 교육비를 모으기 위해서, 생활비를 쓰는 데, 또는 주식을 두사하는 데 필요한 자금을 따로 관리하기도 합니다. 요즘은 통장이나 도장으로 돈을 찾는 것보다 현금카드와 비밀번호만 있으면 본인의 통장 예치금 한도 내에서 전국 어디라도 간편하게 현금을 찾을 수 있고, 물건 구입도 할 수 있습니다. 서로 다른 은행도 은행전산망으로 연결되어 있기 때문에 이런 서비스가 가능합니다. 요즘은 한국과 중국에서 공용으로 사용할 수 있는 통장을 개설하는 사람들도 많아지고 있습니다.

1) 여러분은 어떤 통장과 카드를 사용하고 있습니까?

2) 현금자동입출금기는 주로 어떤 곳에 위치해 있습니까?

3) 카드나 통장을 분실해본 적이 있습니까? 그때 어떻게 했습니까?

2. 다음 문장을 중국어로 번역하세요.

1) 누구든지 이 차를 한 달 동안만 드시면 5kg을 뺄 수 있습니다.

2) 꽃을 키우려고 꽃씨를 사다가 화단에 심었어요.

3) 이 상자에다 책을 담아서 해외에 사는 친구에게 부치러 우체국에 가요.

4) 서양의 중세시대에 연금술사들은 납을 금으로 만들 수 있다고 믿었대요.

5) 제가 노래를 잘하는 게 아니라 제 동생이 노래를 잘해요.

6) 이 제품은 진품이 아니라 모조품입니다.

7) 마녀가 마술을 부리자 왕자님은 개구리로 변했어요.

8) 고객님, 먼저 번호표를 뽑으시고 여기서 순서를 기다려 주세요.

9) 저희 항공사는 여러분을 세계 어디든지 안전하게 모시겠습니다.

10) 지금 저에게 필요한 것은 물질적 지원이 아니라 여러분의 따뜻한 격려와 관심입니다.

第14课　银行

〈五、속담〉

1. 다음 〈보기〉의 상황을 이용하여 "내 코가 석 자"라는 속담의 의미와 어울리는 대화문을 만들어 보세요.

> 〈보기〉 나는 집에서 숙제를 하고 있습니다. 내일까지 제출해야 하는데 양이 많아서 시간이 많이 걸립니다. 오늘밤 늦게까지 하지 않으면 제출하지 못할 수도 있습니다. 그런데 동생이 내 방에 들어와서 숙제를 도와달라고 합니다. 나는 시간이 없다고 말했습니다.

가: _____
나: _____
가: _____
나: _____
가: _____
나: _____

〈보충단어〉

한국어	품사	중국어
수표	(名)	支票
현찰	(名)	现金
번호표	(名)	号牌, 号
잔고	(名)	余额
현금 자동 입출금기	(名)	现金自动存取机
금융 실명제	(名)	金融实名制
실명 확인	(词组)	实名确认
발급하다	(动)	签发
서명하다	(动)	签名
교체하다	(动)	交替
색상	(名)	色相

자주색	(名)	紫色
수종	(名)	树种
메뉴	(名)	菜单
추어탕	(名)	泥鳅汤
삼계탕	(名)	参鸡汤
외투	(名)	外套
탄수화물	(名)	碳水化合物，糖类
런닝머신	(名)	跑步机
여친(여자친구)	(名)	女(朋)友
북엇국	(名)	明太鱼汤
분홍색	(名)	粉红色
혼합하다	(动)	混合
크림	(名)	护肤乳液
예치금	(名)	储备金，预留款
은행 전산망	(名)	银行网络
공용	(名)	公用

第15课 美容院，理发店
미장원, 이발소

<핵심 사항>

미장원이나 이발소에서 사용하는 단어나 표현법을 배운다.
- –는 게 좋겠다
- –ㄴ 김에
- –아/어 보이다
- 아니면
- ㅅ불규칙

<一、발음 point>

1. 다음 용언의 활용형을 소리 나는 대로 읽어 보세요.

용언	품사	연결어미			종결어미		
짧다	형	짧고	짧아서	짧지만	짧았다	짧다	짧겠다
다듬다	동	다듬고	다듬어서	다듬지만	다듬었다	다듬는다	다듬겠다
감다	동	감고	감아서	감지만	감았다	감는다	감겠다
어울리다	동	어울리고	어울려서	어울리지만	어울렸다	어울린다	어울리겠다
헹구다	동	헹구고	헹궈서	헹구지만	헹궜다	헹군다	헹구겠다

2. 다음 문장의 밑줄 친 부분을 발음에 유의해서 소리 나는 대로 읽고 써 보세요.

1) <u>옆머리</u>하고 <u>뒷머리</u>는 <u>짧게</u> 자르실 <u>거죠</u>?　　　　　　[　　　　　]

2) 우선 나는 <u>절대로</u> 파마를 하지 <u>않습니다</u>.　　　　　　[　　　　　]

〈二、어휘 check〉

1. 다음 〈보기〉의 단어를 이용하여 괄호 안에 적당한 단어를 써 넣어 문장을 완성하세요.

〈보기〉 앞머리	옆머리	뒷머리	스포츠머리
웨이브	가르마	구레나룻	콧수염
거울	빗	면도기	가위
손거울	샴푸	무스	린스
스프레이	자르다	깎다	다듬다
커트하다	파마하다	염색하다	헹구다
감다	손질하다	기르다	빗질하다
빗다	이발사	이발소	미장원
헤어컷	헤어 디자이너	헤어숍	머리

1) (　　　　　)에서 (　　　　　)를 조금 잘랐어요.
2) 흰머리가 많아서 (　　　　　)에서 (　　　　　)을 했어요.
3) (　　　　　)가 (　　　　　)를 잘라주었어요.
4) 뒷머리를 (　　　　　)로 비춰보았어요.
5) 머리를 다 자른 후 (　　　　　)로 머리를 감았어요.

〈三、문법 point〉

1. "-는 게 좋겠다"를 써서 대화문을 완성하세요.

1) 가: 엄마, 학교 갈 때 우산을 가져갈까요?
　　나: _____

2) 가: 제주도로 2박 3일 여행 가려고 하는데 뭘 가져가야 할까요?
　　나: _____

3) 가: 코피가 나는데 어떻게 멈춰야 해요?
　　나: _____

4) 가: 상대방 전화가 계속 통화 중입니다.
   나: _____
5) 가: 두 사람 중에서 누가 먼저 하는 게 좋을까요?
   나: _____

2. "-(으)ㄴ/는 김에"를 이용하여 밑줄 친 용언을 고치세요.

결합 가능 품사	결합 조건		결합 양상
동사	개음절	과거	-ㄴ 김에
		현재	-는 김에
	폐음절	과거	-은 김에
		현재	-는 김에

1) 가: 오랜만에 부산에 오니까 기분이 정말 좋아요.
   나: 부산에 오다(   ) 싱싱한 회를 먹고 싶어요.
2) 가: 설날이 되니까 가족들이 다 모였네요.
   나: 가족들이 다 모이다(   ) 윷놀이를 할까요?
3) 가: 당신 양복을 샀으니까 이제 와이셔츠를 사러 가요.
   나: 백화점에 오다(   ) 당신 블라우스도 삽시다.
4) 가: 오랜만에 뵀는데 더 젊어지셨네요.
   나: 오랜 만에 뵈다(   ) 저녁 식사를 같이 할까요?
5) 가: 신혼여행 잘 다녀왔어요?
   나: 네, 제주도에 가다(   ) 특산물을 사왔어요.

3. "-아/어/여 보이다"의 용법을 참고하여 대화문을 완성해 보세요.

결합 가능 품사	결합 조건		결합 양상
형용사	양성모음	과거	아 보였다
		현재	아 보인다
		미래	아 보이겠다
	음성모음	과거	어 보였다
		현재	어 보인다
		미래	어 보이겠다
	하다	과거	여 보였다
		현재	여 보인다
		미래	여 보이겠다

1) 가: 그 사람은 나이에 비해서 너무 앳돼 보여요.
   나: _____

2) 가: 이렇게 날씨가 무더운데 머리가 너무 기니까 더워 보여요.
   나: _____

3) 가: 저 신랑 신부는 정말 행복해 보여요.
   나: _____

4) 가: 아이가 저렇게 엄마 말을 잘 들으니까 순해 보여요.
   나: _____

5) 가: 당신이 빵 만드는 걸 보니까 정말 만들기 쉬워 보여요.
   나: _____

4. "아니면"을 써서 대답해 보세요.

1) 가: 지영아, 네 생일 파티에 친구 몇 명이 온다고 했어?
   나: (10명, 11명) _____

2) 가: 일기예보에서 언제 비가 오겠다고 했어요?
   나: (오늘, 내일) _____

3) 가: 이번 여름 휴가 때 어디 가고 싶어요?
   나: (제주도, 설악산) _____

4) 가: 진석아, 나중에 크면 뭐가 되고 싶니?
   나: (아나운서, 성우) _____

5) 가: 주문하신 키위주스는 지금 없는데 다른 걸로 드시겠습니까?
   나: (오렌지주스, 유자차) _____

5. 다음 "ㅅ불규칙" 용언의 활용형을 빈칸에 써넣으세요.

	격식체 높임		비 격식체 높임	
	과거	현재	과거	현재
붓다 (동)	부었습니다	(1)	부었어요	부어
젓다 (동)	저었습니다	젓습니다	(2)	저어
짓다 (동)	(3)	짓습니다	지었어요	지어
낫다 (동)	나았습니다	낫습니다	나았어요	(4)
낫다 (형)	(5)	낫습니다	나았어요	나아

<四、이해와 표현>

1. 다음 문장을 읽고 물음에 답하세요.

여러분은 옛날 사진에서 이미 유행이 지난 머리 모양을 보면서 살짝 웃음이 나온 적이 없습니까? 여러분에게는 어떤 머리 모양이 잘 어울리는지 알고 있습니까? 사람들마다 잘 어울리는 머리 모양이 있고, 좋아하는 모양이 따로 있습니다. 얼굴 모양에 따라서 어떤 사람은 긴 머리, 아니면 어떤 사람은 짧은 머리가 어울립니다. 또 직모말고 곱슬, 파마 머리가 더 잘 어울리는 사람도 있습니다. 또 사람들은 기분에 따라 자주 머리 모양을 바꾸거나 염색을 하기도 합니다. 또 어떤 사람들은 여름에는 짧게, 겨울에는 좀 길게 길러서 다닙니다. 머리 모양은 시대별로 사회 분위기에 따라 많이 달라지기도 합니다. 요즘 젊은이들은 조금 길면서 자연스럽게 변화를 준 개성 있는 머리 모양을 선호하기도 합니다. 앞으로 또 어떤 머리 모양이 젊은이들에게 인기를 끌면서 유행하게 될까요? 여러분도 한번 요즘 한창 유행인 머리 모양으로 바꿔 볼 자신이 있으세요?

1) 여러분은 어떤 머리 모양을 선호합니까?

2) 파마를 해본 적이 있습니까? 여러분에게는 어떤 파마 머리가 잘 어울립니까?

3) 여러분은 얼마나 자주 이발소나 미용실에 갑니까?

4) 다른 사람의 머리 모양을 따라서 바꿔 본 적이 있습니까?

2. 다음 문장을 중국어로 번역하세요.

1) 길이 막힐지도 모르니까 한 시간 일찍 출발하는 게 좋겠어요.
_____

2) 지금보다 더 나은 미래를 위해서 최선을 다합시다.
_____

3) 오늘따라 왜 그렇게 피곤해 보여요? 어제 잠을 못 잤어요?

4) 장보러 가는 김에 친구들을 만나서 점심도 함께 먹을 거예요.

5) 감기에 걸려서 병원에서 진찰도 받고 약국에서 약도 지어 먹었어요.

6) 이번 일을 내 마음대로 처리해도 되겠습니까?

7) 9월부터 미국 워싱턴으로 파견근무를 가게 되었어요.

8) 국이 너무 뜨거우니까 숟가락으로 잘 저어서 드세요.

9) 만두 속을 만들 때 꿩고기가 아니면 닭고기를 써도 돼요.

10) 택시가 아니면 지하철을 타고 가는 게 좋겠어요.

3. 다음은 머리 모양을 주제로 친구들끼리 나누는 대화문입니다. 여러분의 상황에 맞게 빈 칸에 적당한 문장을 써 넣으세요.

영희: 윤수야, 너 머리 어디서 잘랐어? 잘 어울리는데.
윤수: _____
영희: 그렇구나. 나도 머리 모양을 좀 바꾸고 싶은데 요즘 좀 바빠서 시간이 없네. 짧게 자르면 어떨까?
윤수: 왜 짧게 자르려고 그래?
영희: _____
윤수: 그렇지만 넌 긴 생머리가 잘 어울려. 자르지 마.

〈五、속담〉

1. "누워서 침 뱉기"를 쓸 수 있는 상황을 고르세요.

(   )

1) 수업 시간에 모두 배웠던 내용이 시험 문제로 나와서 아주 쉽게 문제를 풀었다.
2) 내가 다른 사람에게 친절하게 대하면 다른 사람도 나에게 친절하게 대해주게 된다.
3) 남에게 나쁜 짓을 하려고 하려다가 자기 스스로 해를 입게 된다.
4) 누워서 장난을 치는 것은 좋지 못하다

〈보충단어〉

스포츠머리	（名）	平头
웨이브	（名）	波浪形
가르마	（名）	发缝，头发缝
구레나룻	（名）	络腮胡子
콧수염	（名）	胡子
면도기	（名）	刮胡刀，剃须刀
빗질하다	（动）	梳，拢
빗다	（动）	梳，拢，梳拢
헤어컷	（名）	剪发，理发
헤어 디자이너	（名）	发型设计师
비춰보다	（动）	照（镜子）
2박 3일	（词组）	三天两夜
코피	（名）	鼻血
앳되다	（形）	稚嫩
순하다	（形）	纯洁，温顺
아나운서	（名）	广播员
성우	（名）	配音员
키위 주스	（名）	猕猴桃汁

유자차	（名）	柚子茶
직모	（名）	又直又硬的发质
곱슬	（名）	自来卷
선호하다	（动）	偏爱
생머리	（名）	未加修饰的头发

第16课 金剛山 금강산

<핵심 사항>

금강산의 면모를 보여주는 단어와 표현법을 배운다.

- -기는 하다
- - 뿐만 아니라, -(으)ㄹ 뿐만 아니라
- -(이)나
- -고 싶어하다
- -는가 보다
- -(으)ㄴ가 보다

<一、발음 point>

1. 다음 용언의 활용형을 소리 나는 대로 읽어 보세요.

용언	품사	연결어미 결합형			종결어미 결합형		
듣다	동	듣고	들어서	듣지만	들었다	듣는다	듣겠다
알다	동	알고	알아서	알지만	알았다	안다	알겠다
찍다	동	찍고	찍어서	찍지만	찍었다	찍는다	찍겠다
아름답다	형	아름답고	아름다워서	아름답지만	아름다웠다	아름답다	아름답겠다
높다	형	높고	높아서	높지만	높았다	높다	높겠다
있다	형	있고	있어서	있지만	있었다	있다	있겠다

2. 다음 밑줄 친 부분의 발음에 유의하면서 소리 나는 대로 읽고 써 보세요.

1) 금강산이 <u>좋다고 했지만</u> 이렇게 <u>직접</u> 보니까 정말 <u>아름답군요</u>. [   ]

2) 그 이야기는 <u>많이 들어봤지만</u> 배경이 <u>금강산인</u> 것은 처음 <u>알았네요</u>.
[   ]

<二、어휘 check>

1. 다음 <보기>에서 적당한 단어를 골라서 괄호 안에 써 넣으세요.

<보기> 봉우리   속   전설   절벽
       폭포   바위   해돋이   능선
       약수터 등선   산비탈   계곡
       협곡

1) 산행을 할 때 목이 마르면 (   )에서 시원한 물을 마실 수 있다.
2) 산길 주변에는 크고 작은 (   )가 솟아 있다.
3) 저 산에서 제일 높은 (   )에서 새벽에 (   )를 보면 정말 장관이다.
4) 산의 동남쪽 (   )에는 큰 물줄기가 떨어지는 (   )가 있다.
5) 이 산의 (   )마다 재미있는 (   )이 하나씩 있다.
6) 이곳 정상에서 서쪽 (   )을 따라 4시간 정도 내려가면 다시 입구까지 도착할 수 있다.

<三、문법 point>

1. "-기는 하다"의 용법을 참고하여 대화문을 완성하세요.

결합 가능 품사	결합 조건	결합 양상
동사, 형용사	과거	-기는 했다
	현재	-기는 한다
	미래	-기는 하겠다

1) 가: 어제 본 영화가 재미있었어요?
   나: (시간이 너무 길다, 재미있다) _____
2) 가: 몸이 안 좋다면서 왜 아직 병원에 안 갔어요?
   나: (몸이 안 좋다, 참을 만하다) _____

3) 가: 오늘 일하러 안 나가요?

　　나: (가다, 좀 늦게 가다) _____

4) 가: 이삿짐은 언제부터 쌀 거예요?

　　나: (해야 한다, 지금은 안 한다) _____

5) 가: 요즘은 대학교 친구들을 안 만나요?

　　나: (시간이 없다, 한 달에 한 번만 만난다) _____

2. "-뿐만 아니라, -(으)ㄹ 뿐만 아니라"를 써서 문장을 완성하세요.

1) 가: 그 친구 성격이 어때요?

　　나: (활발하다, 예의가 있다) _____

2) 가: 이 집 어때요?

　　나: (조용하다, 교통이 편리하다) _____

3) 가: 어떤 과일 좋아해요?

　　나: (단 맛이 나는 과일, 신 맛이 나는 과일) _____

4) 가: 강우석 감독이 제작한 영화를 본 적이 있어요?

　　나: (본 적이 있다, 좋아하다) _____

5) 가: 제주도 여행할 때 성산 일출봉도 가 봤어요?

　　나: (성산 일출봉, 한라산) _____

3. "-(이)나"를 사용하여 문장을 만들어 보세요.

1) 가: 이번 주말을 어떻게 보낼 거예요?

　　나: (재미있는 책) _____

2) 가: 올림픽공원에 가서 뭘 할 거예요?

　　나: (자전거) _____

3) 가: 점심엔 뭘 먹을 거예요?

　　나: (피자) _____

4) 가: 놀이터도 없는 깊은 산골에서 뭘 하면서 유년시절을 보냈어요?

　　나: (눈썰매) _____

5) 가: 컴퓨터는 이렇게 늦은 시간에 왜 켜세요?

　　나: (컴퓨터 게임) _____

4. "-고 싶어하다"의 용법을 참고하여 <보기>에서 찾아서 대답해 보세요.

결합 가능 품사	결합 조건	결합 양상
동사	과거	- 고 싶어했다
	현재	- 고 싶어한다
	미래	- 고 싶어하겠다

<보기> 기념사진을 찍다   야호 하다   심호흡을 하다
산 경치를 구경하다   학생처럼 열심히 공부하다
운동을 열심히 하다   여행을 많이 다니다   밀린 잠을 자다
컴퓨터 게임을 하다   친구를 만나다   휴양지로 여행을 가다
집에서 쉬다   책을 읽다   운전면허증을 따다
헬스클럽에서   유산소운동을 하다   등산을 하다
스키를 타다   스케이트를 타다   스노보드를 타다

1) 사람들이 산 정상에 올라가면 가장 하고 싶어하는 것은 무엇입니까?

2) 여러분의 기숙사 친구들이 시간이 있을 때 가장 하고 싶어하는 것은 무엇입니까?

3) 여러분 회사 동료들이 휴가철에 가장 하고 싶어하는 것은 무엇입니까?

4) 여러분 부모님들이 만약 20년 젊어질 수 있다면 가장 하시고 싶어하는 것은 무엇입니까?

5) 일반 직장인들이 가장 배우고 싶어하는 운동은 무엇입니까?

第16课   金剛山

5. "-는가 보다"를 써서 물음에 답하세요.

결합 가능 품사	결합 조건		결합 양상
동사	양성모음	과거	았는가 보다
	음성모음		었는가 보다
	하다		였는가 보다
		현재	는가 보다

1) 가: 저기 두 사람은 지금 싸우고 있는 거 아니에요?
   나: (장난치다) _____
2) 가: 대진 씨는 전공이 영문학인데 왜 졸업하고 미술잡지 회사에 취직했어요?
   나: (미술에 소질이 있다) _____
3) 가: 미역국이 너무 짜서 못 먹겠어요.
   나: (간장을 너무 많이 넣다) _____
4) 가: 수술실에 들어간 지 4시간이 넘었는데 아직 아무 연락이 없어서 답답해요.
   나: (간단한 수술이 아니다) _____
5) 가: 엄마, 내가 어제 입었던 파란색 윗도리가 안 보여요. 혹시 빨래하셨어요?
   나: (세탁기 안에 넣다) _____

6. "-(으)ㄴ가 보다"를 참고해서 괄호 안에 있는 단어로 대화문을 완성하세요.

결합 가능 품사	결합 조건		결합 양상
형용사	양성모음	과거	- 았는가 보다
	음성모음		- 었는가 보다
	하다		- 였는가 보다
	개음절	현재	- ㄴ가 보다
	폐음절		- 은가 보다

1) 가: 이 지역에서 재배한 쌀로 지은 밥을 직접 와서 먹어보니까 정말 맛있군요.
   나: (토질이 좋다) _____
2) 가: 이 설렁탕 국물을 좀 더 주시겠어요?
   나: (설렁탕을 아주 좋아하다) _____

3) 가: 어제 내린 눈이 얼어서 길이 아주 미끄러워요. 조심하세요.

　　나: (기온이 급강하해서 이렇다) _____

4) 가: 저 산은 해발 몇 미터나 될까요?

　　나: (높다) _____

5) 가: 저기 걸려있는 꽃무늬 원피스말고 다른 무늬는 없어요?

　　나: (꽃무늬가 싫다) _____

<四、이해와 표현>

1. 다음 문장을 읽고 물음에 답하세요.

> 세계에는 험준한 산맥이 많이 있다. 한반도를 남북으로 가로지르는 태백산맥에는 높은 봉우리가 곳곳에 솟아 있고, 동서로 가로지르는 고갯길도 적지 않다. 오대산, 설악산, 태백산, 지리산 등은 태백산맥에서 뻗어 나와 남북을 가로지르는 큰 산이 되었다. 그러나 한국에서 제일 높은 산은 육지에 있는 산들이 아니라 제주도에 있는 한라산이다. 전 국토의 70%가 산악지형인 한반도는 동쪽이 높고, 서쪽이 완만한 평지로 이루어져 있다. 산이 많다 보니 예부터 한국은 산과 관련된 민속이 많이 있다. 그 중의 하나는 산중에 사는 영물, 호랑이를 추앙하던 풍습이며, 또 하나는 산을 다스리는 산신이 있다는 믿음이다. 그래서 산신제를 지내며 인간과 마을의 안녕과 태평을 기원한다.

1) 중국에는 세계적으로 유명한 어떤 명산이 있는지 소개해 보세요.

2) 북경 근처에는 어떤 산이 있는지 찾아보세요.

3) 중국에서 등산해 본 경험담을 글로 써 보세요.(200자 이내)

2. 다음 문장을 중국어로 번역하세요.

1) 난 서점에 들렀다가 책이나 한 권 사가지고 집에 갈 거야.

_____

2) 이 요리를 먹기는 하지만 내가 좋아하는 요리가 아니야.

_____

3) 교실 안이 모두 조용한 걸 보니 학생들이 자습하는가 봐요.
_____

4) 모두들 외국어를 배우고 싶어하지만 모국어처럼 잘하기는 참 어렵다.
_____

5) 난 열심히 공부를 하기는 하지만 성적은 별로 좋지 않다.
_____

6) 내 친구는 중국어뿐만 아니라 영어도 잘 한다.
_____

7) 주어진 시간이 너무 촉박할 뿐만 아니라 작업량도 너무 많아서 다 완성하기 어려울 거예요.
_____

8) 여행을 가고 싶어도 같이 갈 사람이 없어서 못 가.
_____

9) 이미자 씨의 음반이 아직도 인기가 있다는데, 정말 노래를 잘 부르는가 봐요.
_____

10) 양들은 초원에서 풀이나 뜯으면서 한가롭게 지내고 있지.
_____

3. 여러분은 등산을 좋아합니까? 아래 <보기>는 서울 근교에 있는 산 이름입니다. 인터넷에서 이 중에 한 곳을 조사하여 도착 시간, 예상 등반 시간, 휴식 시간, 식사 시간, 예상 하산 시간, 예상 귀가 시간 등의 순서에 따라 등산 계획표를 작성해 보세요.

<보기>
등산할 산 이름: 북한산(836m), 도봉산(739.5m), 검단산(657m), 수락산(638m), 관악산(632m), 청계산(618m), 백운산(1,279m), 소요산(587m), 불암산(508m), 수리산(488m), 인왕산(338m), 우면산(293m), 대모산(293m), 구룡산(306m), 아차산(287m)

동행할 친구: 직장 동료, 같은 반 친구, 학교 친구, 동아리 친구, 산악회 회원

등산 준비물: 등산복, 등산화, 등산모, 우비, 우산, 배낭, 식수, 휴대전화,
비상식량, 구급약품, 디지털 카메라, 건전지, 지도, 나침반,
그밖의 물품
교통편: 버스, 지하철, 택시 중 택일
예상 등반 소요 시간: 3~7시간 이내

_____
_____
_____
_____
_____

〈五、속담〉

1. 다음 〈예문〉을 읽고 "도둑이 제 발 저리다"는 속담과 어울리는 대화문을 만들어 보세요.

〈예문〉 선생님께서 학생들에게 조용히 하라고 했지만, 난 옆 학생과 계속 작은 소리로 잡담을 하고 있었다. 선생님은 뒤돌아 서서 계속 판서를 하시면서 조용히 하라고 또 한 번 말씀하셨다. 나는 그래도 옆자리 친구와 작은 소리로 애기를 계속했다. 그런데 선생님께서 갑자기 누가 떠드는지 다 알고 있으니 조용히 하라고 다시 한번 말씀하셨다. 나는 정말 선생님께서 내가 떠드는 걸 알고 계시는 줄 알고 말을 멈췄다. 그러자 선생님께서 고맙다라고 하시면서 계속 판서를 하셨다.

〈대화문 만들기〉

_____
_____
_____

第16课　金刚山

◆ <보충단어>

절벽	（名）	绝壁
폭포	（名）	瀑布
해돋이	（名）	日出
능선	（名）	棱线
약수터	（名）	矿泉水源
간단하다	（形）	简单
산비탈	（名）	山坡
계곡	（名）	溪谷，山谷
협곡	（名）	峡谷
산행	（名）	爬山
이삿짐	（名）	搬家的行李
활발하다	（形）	活泼
예의가 있다	（词组）	有教养
봉준호 감독	（名）	奉俊昊导演
성산 일출봉	（词组）	城山日出峰
올림픽공원	（名）	奥林匹克公园
피자	（名）	比萨
유년 시절	（名）	童年时代
눈썰매	（名）	雪橇
야호 하다	（动）	高喊"呀呼"
심호흡하다	（动）	深呼吸
운전면허증	（名）	驾照
유산소운동	（名）	有氧运动
스케이트	（名）	滑冰
스노보드	（名）	滑雪板
장난치다	（动）	调皮

소질	(名)	素质
수술실	(名)	手术室
세탁기	(名)	洗衣机
재배하다	(动)	栽培
토질	(名)	土质
해발	(名)	海拔
원피스	(名)	连衣裙
험준하다	(形)	险峻
태백산맥	(名)	太白山脉
봉우리	(名)	山峰
고갯길	(名)	坡路
육지	(名)	陆地
영물	(名)	灵物
추앙하다	(动)	仰慕
태평	(名)	太平
북한산	(名)	北汉山
도봉산	(名)	道峰山
검단산	(名)	黔丹山
수락산	(名)	水落山
관악산	(名)	冠岳山
청계산	(名)	清溪山
백운산	(名)	白云山
소요산	(名)	逍遥山
불암산	(名)	佛岩山
수리산	(名)	修理山
인왕산	(名)	仁王山
우면산	(名)	牛眠山
대모산	(名)	大母山
구룡산	(名)	九龙山
아차산	(名)	峨嵯山
동료	(名)	同伴，伙伴
동아리	(名)	社团
산악회	(名)	登山社

우비	（名）	雨具
배낭	（名）	背包
비상식량	（名）	应急食品
구급약품	（名）	急救药品
건전지	（名）	干电池
나침반	（名）	指南针
판서하다	（动）	写板书

综合练习4 종합연습4

문항번호	1		2		3	4	5	6	7	총점
	1	2	1	2						
배점	5	5	5	5	10	10	15	20	25	100
점수										

1. (듣기) 다음 문장을 잘 듣고 질문에 답하세요.(5점×2문항 = 10점)

1) 김 대리와 내가 등산을 못 가는 이유는 무엇입니까?

2) 부장님은 김 대리와 나에게 뭐하고 하셨습니까?

2. (듣기) 다음 대화문을 잘 듣고 질문에 답하세요.(5점×2문항 = 10점)

1) 이곳은 어디입니까?

2) 이 제품의 정가는 얼마입니까?

3. 다음 대화문을 읽고 대화 내용과 다른 것을 고르세요. (10점)

(   )

형: 민수야, 엄마 어디 가셨어?
동생: 응, 은행에 돈 찾으러 가신다고 나가셨어.
형: 은행에? 집 앞에도 ATM기가 있는데 은행까지 직접 가셨어? 그리고 왜 오늘은 네가 안 갔어?
동생: 은행에서 또 다른 볼일이 있으시대.
형: 엄마도 텔레뱅킹이나 인터넷홈뱅킹을 하시면 좋을 텐데.
동생: 형이 엄마한테 텔레뱅킹 신청하시라고 말씀드려 봐.
형: 너 은행 심부름 가기 싫어서 그러는 거지?
동생: 내가 없을 때 형도 많이 가잖아.

1) 집 가까운 곳에 ATM기가 있다.
2) 엄마에게 텔레뱅킹을 신청하시라고 동생이 형에게 말씀드리라고 했다.
3) 형과 동생은 은행 심부름을 별로 좋아하지 않는다.
4) 어머니는 두 형제가 너무 어려서 은행 심부름을 안 시킨다.
5) 어머니는 아직 텔레뱅킹이나 인터넷홈뱅킹을 이용하지 않고 있다.

4. 다음 문장의 잘못된 곳을 찾아 바르게 고치세요.(1점×10문항 = 10점)

1) 어머니가 나에게 형은 지금 집에 없었다고 하셨다.　　　(　　　)
2) 아버지가 누나에게 대학의 전공학과를 선택할 때는 신중해야 하다고 말씀하셨다.　(　　　)
3) 아이들이 선생님에게 코뿔소와 코끼리 중에서 어느 동물이 더 키가 크느냐고 여쭤보았다.　(　　　)
4) 어머니가 아이에게 바람이 많이 부니까 밖에 나가지 말고 집안에서 놀으라고 말씀하셨다.　(　　　)
5) 친구들이 점심을 같이 먹으자고 했다.　(　　　)
6) 더 편하게 살으려고 직장 근처로 집을 옮겼어요.　(　　　)
7) 지금 안 먹어도 괜찮아요. 저는 배가 안 고프겠거든요.　(　　　)
8) 신발 한 개는 찾았는데 나머지 오른쪽 한 개를 아직도 못 찾았어요.　(　　　)
9) 이 기차가 오후 5시까지 서울역에 도착할 수 있으면 됐을 거예요.　(　　　)
10) 이 최신형 컴퓨터는 속도도 빠르고 기능도 뛰어나서 샀을 만했겠어요.　(　　　)

5. 다음 <보기>의 단어를 이용하여 <상황>에 맞게 대화문을 만들어 보세요. (15점)

<상황> 오랜만에 대학교 때 친구였던 김영준에게 전화를 걸었는데 전화번호가 바뀌었다고 합니다. 다른 친구들에게 전화해서 김영준의 전화번호를 아는지 물어보세요.

<보기> 묻다, 핸드폰을 분실하다, 연락이 안 되다, 전화번호가 바뀌다, 새 번호, 이민 가다, 직장을 옮기다, 친하게 지내다

6. 다음 <보기>의 체언과 용언을 이용하여 연결어미 "았/었/였느냐고 하다"의 화용형을 만들어 보세요.(20점)

| <보기> 농구공 | MP3player | 258 | 깊다 | 두껍다 |
| 파다 | 달리다 | 묻다 | 운동하다 | 조용하다 |

결합 가능 품사	결합 조건			결합 양상
대명사, 명사, 수사	개음절	격식체 낮춤	과거	
			현재	
			미래	
	폐음절		과거	
			현재	
			미래	
동사, 형용사	양성	격식체 낮춤	과거	
			현재	
			미래	
	음성		과거	
			현재	
			미래	
	하다		과거	
			현재	
			미래	

178

7. 다음 주제문으로 짧은 글을 쓰세요.(25점)

주제 : 내 인터넷 블로그에 올릴 "나의 조국 중국"이라는 짧은 소개글 쓰기
조건 : 300자 분량(띄어쓰기 포함)
　　　비격식체 해요체 종결어미 사용.
　　　한글 맞춤법 적용.

第17课 韩国的行政区域
한국의 행정구역

> **<핵심 사항>**
> 한국의 행정구역 체계를 이해하고, 도시화의 과정을 살펴본다.
> - -네요
> - -는/(으)ㄴ데도
> - -겠-
> - -지만
> - -았/었/였던

<一、발음 point>

1. 다음 용언의 활용형을 소리 나는 대로 읽어 보세요.

용언	품사	연결어미			종결어미		
		-고	-아/어/여서	-지만	과거	현재	미래
올라오다	동	올라오고	올라와서	올라오지만	올라왔다	올라온다	올라오겠다
맞다	동	맞고	맞아서	맞지만	맞았다	맞는다	맞겠다
승격하다	동	승격하고	승격해서	승격하지만	승격했다	승격한다	승격하겠다
다르다	형	다르고	달라서	다르지만	달랐다	다르다	다르겠다
짓다	동	짓고	지어서	짓지만	지었다	짓는다	짓겠다
알려주다	동	알려주고	알려줘서	알려주지만	알려줬다	알려준다	알려주겠다
가로지르다	동	가로지르고	가로질러서	가로지르지만	가로질렀다	가로지른다	가로지르겠다
일컫다	동	일컫고	일컬어서	일컫지만	일컬었다	일컫는다	일컫겠다
갖추다	동	갖추고	갖춰서	갖추지만	갖췄다	갖춘다	갖추겠다
따르다	동	따르고	따라서	따르지만	따랐다	따른다	따르겠다

2. 다음 문장에서 밑줄 친 부분의 발음에 유의하면서 소리 나는 대로 써 보세요.

1) 작년에 <u>대학교에 진학해서</u> 서울에 <u>올라왔어요</u>.   [   ]

2) <u>전라남도</u> <u>광주직할시가</u> 광역시로 <u>승격했다</u>.   [   ]

第17课　韩国的行政区域

●〈二、어휘 check〉

1. 다음 단어를 이용하여 문장을 완성하세요.

〈보기〉 수도권　　산맥　　균형　　내륙　　여건

1) 영동과 영서를 구분하는 (　　　　)의 명칭은 무엇입니까?
2) (　　　　) 지역이란 서울특별시와 인천광역시, 그리고 경기도 일대를 포함하는 명칭입니다.
3) (　　　　) 지방과 해안 도서 지방은 혼인 풍습이 같습니까?
4) (　　　　)이 좋아지면 그 사업을 다시 시작하겠습니다.
5) 국토의 (　　　　) 발전은 지속가능한 방향으로 체계적인 계획을 수립하여 추진해야 합니다.

●〈三、문법 point〉

1. 다음 〈보기〉를 "-네, -네요"로 바꿔서 밑줄 친 문장을 완성하세요.

〈보기〉 일을 빨리 끝내다　　이기다　　보기 좋다　　귀엽다　　부럽다

1) 꽃이 활짝 피어서_____.
2) 구름이 토끼 모양이어서_____.
3) 나보다 컴퓨터를 훨씬 잘해서_____.
4) 일손이 많아서_____.
5) 가위 바위 보를 잘해서 쉽게_____.

2. 다음 "-인/는/(으)ㄴ데도"의 활용형을 참고하여 문장을 완성하세요.

결합 가능 품사	결합 조건		결합 양상
대명사, 명사, 수사	개음절	과거	- 였는데도
		현재	- 인데도
	폐음절	과거	- 이었는데
		현재	- 인데도
동사	양성모음	과거	- 았는데도
		현재	- 는데도
	음성모음	과거	- 었는데도
		현재	- 는데도
	하다 접미사	과거	- 였는데도
		현재	- 는데도
형용사	양성모음	과거	- 았는데도
		현재	- ㄴ데도
	음성모음	과거	- 었는데도
		현재	- 은데도
	하다 접미사	과거	- 였는데도
		현재	- 는데도

1) 태풍 때문에 비바람이 몰아치다, 군인들은＿＿＿＿＿＿＿＿＿
2) 날씨가 몹시 춥다, 여동생은＿＿＿＿＿＿＿＿＿
3) 저녁밥을 두 공기씩이나 먹다, 아이들은＿＿＿＿＿＿＿＿＿
4) 매년 많은 돈을 들여서 새 도로를 건설하다, 교통 상황은＿＿＿＿＿＿
5) 5년 전에 구입한 티셔츠다, 여름만 되면 큰형은＿＿＿＿＿＿＿

3. 아래 연결어미 "-지만"의 용법을 참고하여 두 문장을 연결해 보세요.

결합 가능 품사	결합 조건		결합 양상
대명사, 명사, 수사	개음절	과거	- 였지만
		현재	- 지만
		미래	- 겠지만
	폐음절	과거	- 이었지만
		현재	- 이지만
		미래	- 이겠지만
동사, 형용사	양성모음	과거	- 았지만
	음성모음		- 었지만
	하다 접미사		- 였지만
		현재	- 지만
		미래	- 겠지만

1) 잠을 충분히 자다 (   ) 피곤하다.
2) 물을 많이 마시다 (   ) 목이 마르다.
3) 키가 크다 (   ) 농구를 잘 못한다.
4) 사진관에서 증명사진을 찍다 (   ) 마음에 안 든다.
5) 대학생이다 (   ) 고등학생 같다.

4. 관형사형 어미 "-았/었/였던"를 써서 대화문을 만드세요.

결합 가능 품사	결합 조건	결합 양상
대명사, 명사, 수사	개음절	- 였던
	폐음절	- 이었던
동사, 형용사	양성모음	- 았던
	음성모음	- 었던
	하다 접미사	- 였던

1) 가: 어렸을 때 내가 친구들과 함께 뛰놀던 곳이 바로 여기야.
   나: _____
2) 가: 내 스무 번째 생일날 가족들이 나에게 불러줬었던 생일 축하노래는 참 감동적이었어.
   나: _____
3) 가: 외할머니가 어렸을 때 만들어 주셨었던 그 음식 맛을 어떻게 잊을 수 있겠어요?
   나: _____
4) 가: 내가 처음 아내를 만났었던 곳은 바닷가였어요.
   나: _____
5) 가: 내가 대학교 4학년 때까지 아르바이트를 했었던 음식점은 지금도 그 자리에 있어.
   나: _____

<四、이해와 표현>

1. 다음 문장을 중국어로 번역해 보세요.

1) 사물 인터넷이나 빅데이터 자료를 바탕으로 한 정보통신기술을 적용하여 도시를 효율적으로 관리하는 스마트 도시는 시민들의 삶을 더 안전하고 윤택하게 해 준대요.

   _____

2) 한국 정부에서 주소 체계를 개정하면서 우편번호까지 여섯 자리에서 다섯 자리로 바꾼 지가 벌써 오래됐어요.

   _____

3) 지방 중소도시의 인구 감소를 막기 위해서 지방 정부는 인구 유입과 정착을 지원하는 다양한 정책을 시행하고 있대요.

   _____

4) 영동과 영서와 영남 지방, 그리고 호서, 호남 지방은 어떤 문화적 특징이 있어요?

   _____

5) 서울에서 서해안고속도로를 이용하면 목포시까지 갈 수 있어요?

   _____

6) 얼마 전에 강원도가 제주도처럼 "강원특별자치도"로 도명을 변경하기로 확정되었다는 신문 보도를 봤어요.

   _____

7) 지금 바깥에는 눈보라가 치는데도 이곳은 정말 아늑하고 따뜻하네요.

   _____

8) 어제도 일이 많아서 늦게 퇴근했는데, 오늘도 일을 다 못 끝냈으니 또 야근해야겠네요.

   _____

9) 급하게 보고드릴 일이 있어서 부장님 사무실까지 찾아갔지만 회의가 늦게 끝나는 바람에 계속 기다려야 했어요.

   _____

10) 내가 자주 다녔던 그 서점은 이젠 폐업을 해서 없어졌어요.

    _____

2. 인터넷에서 다음 서울 종로구와 강남구의 사이트를 방문해서 행정구역상 동명을 확인해 보고, 역사, 공공시설, 환경, 보건 위생 등등 내용을 찾아보고 친구들과 토론해 보세요.

종로구	평창동 부암동 청운효자동 삼청동 무악동 교남동 사직동 가회동 혜화동 이화동 종로 1,2,3,4 가동 종로 5,6 가동 창신제 1 동 창신제 2 동 창신제 3 동 숭인제 1 동 숭인제 2 동
강남구	압구정동 신사동 청담동 논현 1 동, 논현 2 동, 역삼 1 동 역삼 2 동 삼성 1 동 삼성 2 동 도곡 1 동 도곡 2 동 대치 1 동 대치 2 동 대치 4 동 개포 1 동 개포 2 동 개포 4 동 일원본동 일원 1 동 일원 2 동 수서동 세곡동

3. 서울 중구에서 관할하는 행정구역을 찾아보고, 어떤 관광명소가 있는지 소개해 보세요.

소공동 회현동 명동 필동 장충동 광희동 을지로동 신당동 다산동 약수동 청구동 신당 5 동 동화동 황학동 중림동

4. 다음 주소를 참고하여, 주소정보누리집(juso.go.kr)에서 아래 제시한 공공장소의 신주소와 우편번호, 영문 주소를 검색해 보세요.

주요 기관		주소 체계
경복궁	구주소	서울특별시 종로구 세종로 1-1
	신주소	03045 서울특별시 종로구 사직로 161
		161 Sajik-ro, Jongno-gu, Seoul
세종문화회관	구주소	서울특별시 종로구 세종로 81-3
	신주소	03172 서울특별시 종로구 세종대로 175
		175 Sejong-daero, Jongno-gu, Seoul
국립극장	구주소	서울특별시 중구 장춘동 2 가 산 14-67
	신주소	04621 서울특별시 중구 장충단로 59
		59 Jangchungdan-ro, Jung-gu, Seoul
서울역사박물관	구주소	서울특별시 종로구 신문로 2가 2-1
	신주소	03177 서울특별시 종로구 새문안로 55
		55 Saemunan-ro, Jongno-gu, Seoul

(续表)

주요 기관		주소 체계
국립중앙박물관	구주소	서울특별시 용산구 용산동 6 가 168-6
	신주소	04383 서울특별시 용산구 서빙고로 137
		137 Seobinggo-ro, Yongsan-gu, Seoul
국립한글박물관	구주소	서울특별시 용산구 용산동 6 가 168-6
	신주소	04383 서울특별시 용산구 서빙고로 139
		139 Seobinggo-ro, Yongsan-gu, Seoul
국립중앙도서관	구주소	서울특별시 서초구 반포동 산 60-1
	신주소	06579 서울특별시 서초구 반포대로 201
		201 Banpo-daero, Seocho-gu, Seoul
N 서울타워	구주소	서울특별시 용산구 용산동 2 가 산 1-3
	신주소	04340 서울특별시 용산구 남산공원길 105
		105 Namsangongwon-gil, Yongsan-gu, Seoul
서울대학교	구주소	08826 서울특별시 관악구 신림동 산 56-1
	신주소	서울특별시 관악구 관악로 1
		1 Gwanak-ro, Gwanak-gu, Seoul
김포공항	구주소	서울특별시 강서구 방화동 886
	신주소	07505 서울특별시 강서구 하늘길 38
		38 Haneul-gil, Gangseo-gu, Seoul
인천공항	구주소	인천광역시 중구 운서동 2840
	신주소	22382 인천광역시 중구 공항로 272
		272 Gonghang-ro, Jung-gu, Incheon
제주공항	구주소	제주특별자치도 제주시 용담이동 2002
	신주소	63115 제주특별자치도 제주시 공항로 2
		2 Gonghang-ro, Jeju-si, Jeju-do

1) 북한산 국립공원사무소	구주소	서울특별시 성북구 정릉동 산 1-1
	신주소	
2) 올림픽공원	구주소	서울특별시 송파구 방이동 88
	신주소	
3) 예술의전당	구주소	서울특별시 서초구 서초동 700
	신주소	

5. 여러분은 기회가 있을 때 방문해 보고 싶었던 곳이 있는지 다음 항목에 따라 조사해서 발표해 보세요.

조사 항목	조사 내용
1) 명칭, 위치	
2) 방문하려는 이유	
3) 방문해서 해 보고 싶은 것	
4) 교통편	
5) 소요 비용	

〈五、속담〉

1. 다음 대화를 보고, "마른 하늘에 날벼락"이라는 속담을 가장 적절하게 사용할 수 있는 상황은 어떤 것인지 찾아보세요.

(   )

1) 어제 회사 근처에서 우연히 중학교 동창을 만나서 한참 얘기하다가 회의 시간에 늦을 뻔했어요.

2) 어제 회사 근처에서 파란불에 길을 건너다가 눈앞에서 택시끼리 추돌사고가 발생하는 것을 보았어요.

3) 어제 회사 근처에서 퇴근하려고 버스를 기다리고 있다가 지나가던 자전거에 부딪혀서 팔을 좀 다쳤어요.

〈보충단어〉

영동	(名)	岭东
영서	(名)	岭西
명칭	(名)	名称
해안 도서 지방	(词组)	沿海岛屿地区
혼인 풍습	(名)	婚俗
사업	(名)	事业，工作
지속가능하다	(形)	可持续的

수립하다	（动）	建立，树立
추진하다	（动）	推动，促进
태풍	（名）	台风
비바람	（名）	风雨
여동생	（名）	妹妹
저녁밥	（名）	晚饭
두 공기	（名）	两碗
돈을 들이다	（词组）	花钱
새 도로	（名）	新公路
건설하다	（动）	建设，修建
교통 상황	（名）	交通情况
구입하다	（动）	购入，买进
티셔츠	（名）	T恤
큰형	（名）	大哥
충분히	（副）	充足，充分地
목이 마르다	（词组）	口渴
농구	（名）	篮球
사진관	（名）	照相馆，影楼
증명사진	（名）	证件照
마음에 안 들다	（词组）	看不上
지각하다	（动）	迟到，晚到
늦을 뻔하다	（词组）	差点迟到
뛰놀다	（动）	跑着玩，蹦蹦跳跳地玩
스무	（冠）	二十
생일 축하노래	（名）	生日歌
감동적이다	（形）	感人的，感动的
외할머니	（名）	外婆，外祖母
잊다	（动）	忘记
아내	（名）	妻子
바닷가	（名）	海边，海岸
아르바이트	（名）	打工，兼职
빅데이터	（名）	大数据
정보통신기술	（名）	信息及通信技术

第17课　韩国的行政区域

스마트 도시	（名）	智慧城市
시민	（名）	市民，城市居民
윤택하다	（形）	润泽，滋润的
중소도시	（名）	中小城市
인구 감소	（名）	人口减少
인구 유입	（名）	人口流入
정착하다	（动）	定居，落户
시행하다	（动）	实施
서해안고속도로	（名）	西海岸高速公路
목포시	（名）	木浦市
강원특별자치도	（名）	江原特别自治道
변경하다	（动）	变更，更改
확정되다	（动）	确定
바깥	（名）	外面，外边
눈보라가 치다	（词组）	起暴风雪
아늑하다	（形）	宁静，幽邃的
야근하다	（动）	上夜班
폐업하다	（动）	停业，关门
없어지다	（动）	消失，灭绝
교통편	（名）	交通工具，交通手段
소요 비용	（名）	所需费用
우연히	（副）	偶然，意外地
파란불	（名）	绿色信号灯
건너다	（动）	渡过，穿过
추돌사고	（名）	追尾事故
부딪히다	（动）	被撞，被碰

第18课 韩国的庆典
한국의 축제

> **<핵심 사항>**
>
> 한국의 축제는 어떤 특징이 있는지 이해한다.
>
> 하나도 없다/안/못/모르다
> - -다(가)
> - 곳, 데, 군데
> - -았/었/였었-
> - -거든요

<一、발음 point>

1. 아래 용언의 활용형을 소리 나는 대로 읽어 보세요.

용언	품사	연결어미			종결어미		
		-고	-어/아/여서	-지만	과거	현재	미래
넘기다	동	넘기고	넘겨서	넘기지만	넘겼다	넘긴다	넘기겠다
놓치다	동	놓치고	놓쳐서	놓치지만	놓쳤다	놓친다	놓치겠다
벌어지다	동	벌어지고	벌어져서	벌어지지만	벌어졌다	벌어진다	벌어지겠다
배고프다	형	배고프고	배고파서	배고프지만	배고팠다	배고프다	배고프겠다
알리다	동	알리고	알려서	알리지만	알렸다	알린다	알리겠다
열리다	동	열리고	열려서	열리지만	열렸다	열린다	열리겠다
손꼽다	동	손꼽고	손꼽아서	손꼽지만	손꼽았다	손꼽는다	손꼽겠다
빠져들다	동	빠져들고	빠져들어서	빠져들지만	빠져들었다	빠져든다	빠져들겠다
즐기다	동	즐기고	즐겨서	즐기지만	즐겼다	즐긴다	즐기겠다
퍼지다	동	퍼지고	퍼져서	퍼지지만	퍼졌다	퍼진다	퍼지겠다

2. 다음 문장에서 밑줄 친 부분의 발음에 유의하면서 소리 나는 대로 써 보세요.

1) 깨끗한 해수욕장에서 채취한 진흙은 직접 몸에 바르고 체험할 수 있는 축제예요.
[   ]

2) 사시사철 축제가 없는 때가 없다.   [   ]

<二、어휘 check>

1. 다음 단어를 이용하여 문장을 완성하세요.

<보기> 공연   경연대회   행사   민속놀이 구경거리
       놀거리   페스티벌   국경절

1) 지난달에 우리 학교에서 동문들이 함께 참여할 수 있는 "청춘(   )"을 개최했는데, 동문 선배들도 많이 참여했어요.
2) 다음달 (   ) 연휴에 고향에 다녀올 거예요?
3) 이번주 금요일 저녁에 "교내 노래(   )"를 한다는데, 저도 참가 신청을 할 거예요.
4) 이번 새해맞이 (   )에는 유명한 스타들이 많이 출연해서 볼거리가 풍성하대요.
5) 매년 명절에는 우리 고향 사람들은 함께 재미있는 (   )를 즐기면서 시간을 보내요.
6) 어제 갔었던 유원지에는 아이들이 좋아하는 (   )가 참 많아서 데리고 다니면서 신나게 놀았어요.
7) 지난 학기에는 우리 학과에 (   )가 많은 편이었어요.
8) 이 거리에는 (   )가 많구나. 천천히 보다가 이따 밤에 집에 돌아가야겠다.

2. 다음 <보기>에서 괄호 안의 문맥에 맞게 용언의 활용형을 써 넣으세요.

<보기> 넘기다   가득하다   열리다   자리잡다
       바르다   만개하다   과시하다

1) 봄꽃이 (   ) 거리로 사진을 찍으러 갈까요?
2) 아버지께서는 큰누나에게 10시까지 집에 돌아오라고 말씀하셨지만, 누나는

길이 막혀서 11시를 (　　　　　　　) 집에 도착했다.

3) 건강을 (　　　　　　　) 오히려 건강을 잃을 수 있어요.

4) 이 연고를 상처가 난 곳에 (　　　　　　　) 금방 나을 테니 걱정 마세요.

5) 그 음식점은 오전 11시 30분이 지나야 문을 여니까 문이 (　　　　　　　) 전에 미리 가서 줄을 서는 게 좋겠어요.

6) 네 방 안에 (　　　　　　　) 옷을 좀 정리해야 되지 않겠니?

7) 낚시터에서는 좋은 위치에 (　　　　　　　) 물고기를 많이 잡을 수 있어요.

〈三、문법 point〉

1. 관용구 "하나도 없다/안/못/모르다"를 써서 아래 문장을 완성하세요.

1) 가: 이번 여행을 다녀오고 나서 경비가 얼마나 남았어요?
　　나: _____

2) 가: 그렇게 두꺼운 철학책을 벌써 다 읽었다면서?
　　나: _____

3) 가: 어떻게 자기 친동생에게 그렇게 심한 말을 할 수 있죠?
　　나: _____

4) 가: 어제 부탁한 일은 다 끝냈어요?
　　나: _____

5) 가: 이 핸드폰을 다 충전했어요?
　　나: _____

2. 다음 두 문장을 "-다가"로 연결해서 하나로 만드세요.

1) 빗길에 과속으로 <u>운전하다</u> (　　　　　　　) 차사고를 냈다.

2) 접시를 <u>닦다</u> (　　　　　) 바닥에 떨어뜨렸다.

3) 물을 급하게 <u>마시다</u> (　　　　　　) 사레가 들렸다.

4) 텔레비전을 <u>시청하다</u> (　　　　　　　) 서로 보고 싶은 채널이 달라서 동생과 말다툼했다.

5) 뜨거운 음식을 <u>먹다</u> (　　　　　　) 혓바닥을 데었다.

3. 다음 "곳, 데, 군데"를 잘못 쓴 문장을 골라서 고쳐보세요.

1) 이 저수지에서 낚시를 할 만한 곳은 한두 데가 아니다.

2) 이데 저데를 다니면서 시장조사를 했다.

3) 그 아이가 간 군데를 알고 있니?

4) 도로 여러 데에 물건이 떨어져 있으니까 운전할 때 조심하세요.

5) 월드컵 축구 경기 기간 동안 거리 군데에서 응원하는 외국인들을 볼 수 있었다.

4. "-았/었/였었-"을 써서 대화문을 만드세요.

결합 가능 품사	결합 조건	결합 양상
대명사, 명사, 수사	개음절	- 였었
	폐음절	- 이었었
동사, 형용사	양성모음	- 았었
	음성모음	- 었었
	하다 접미사	- 였었

1) 가: 나는 학교 다닐 때 공부를 잘하는 학생이었어요.
   나: _____

2) 가: 대학교 3학년 때 첫눈에 반했었던 여학생이 있었는데 지금 어떻게 지내는지 모르겠네요.
   나: _____

3) 가: 어제는 너무 피곤해서 집에 오자마자 바로 잠들었었어요.
   나: _____

4) 가: 작년 이맘때는 태풍 때문에 닷새 동안 육지로 나가지 못하고 섬 안에서만 지냈었어요.
   나: _____

5) 가: 지금은 신도시가 되었지만 예전에 이곳은 모두 농경지였었어요.
   나: _____

5. 다음 "-거든요"의 용법을 참고하여 괄호 안의 용언과 결합하여 대화문을 완성하세요.

결합 가능 품사	결합 조건		결합 양상
대명사, 명사, 수사	개음절	과거	- 였거든요
		현재	- 거든요
	폐음절	과거	- 이었거든요
		현재	- 이거든요
동사, 형용사	양성모음	과거	- 았거든요
		현재	- 거든요
	음성모음	과거	- 었거든요
		현재	- 거든요
	하다 접미사	과거	- 였거든요
		현재	- 거든요

1) 가: 사무실에 에어컨이 있는데 일하실 때 왜 안 켜세요?
   나: (찬바람을 싫어하다) _____

2) 가: 컴퓨터 바탕화면에 왜 이렇게 폴더를 많이 만들어 놓으셨어요?
   나: (파일을 빨리 찾을 수 있다) _____

3) 가: 가방 속에 뭐가 들었는데 이렇게 무거워요?
   나: (사전을 가지고 다니다) _____

4) 가: 이번 국경절 연휴에는 집에 안 가시려고요?
   나: (차표를 못 구하다) _____

5) 가: 푸켓섬으로 여행을 다녀왔는데 왜 얼굴이 하나도 안 탔어요?
   나 (자외선 차단로션을 바르다) _____

<四、이해와 표현>

1. 다음 문장을 중국어로 번역해 보세요.

1) 아는 사람도 하나도 없이 어떻게 그렇게 먼 곳에 가서 혼자 살겠다는 거예요?
   _____

2) 집에 돌아가다가 갑자기 친구와 했던 약속이 생각나서 다시 시내로 나갔어요.
   _____

3) 제가 단 음식을 좋아하는데 아이스크림 같은 음식을 먹을 때마다 행복감이 느껴지거든요.
　　_____

4) 냉면 잘하는 집을 한 군데 알고 있는데, 내일 같이 가 볼래요?
　　_____

5) 길도 하나도 모르면서 어떻게 찾아가시려고요?
　　_____

6) 그 친구를 만났을 때가 아마 늦은 저녁이었을 거예요.
　　_____

7) 어렸을 때는 사시사철 푸른 저 나무를 바라보고 있으면 기분이 좋아졌었는데 지금 보니까 무덤덤하네요.
　　_____

8) 한 번도 간 적이 없는 데를 어쩌면 그렇게 잘 찾아가요?
　　_____

9) 지금 속도가 너무 빠르니까 좀 줄이고, 군데군데 감시 카메라가 있으니까 주의하세요.
　　_____

10) 이 길로 계속 가다가 첫 번째 사거리에서 오른쪽으로 가면 밥을 먹을 만한 데가 몇 군데 있어요.
　　_____

2. 다음 표를 보고, 중국과 한국에서는 음력 정월 초하루인 춘절과 설날을 어떻게 보내는지 설명해 보세요.

<보기> 조상　　　　　차례상을 차리다　　　　차례를 지내다
　　　세배를 하다　　　세뱃돈을 주다 / 받다　　민속놀이를 하다
　　　음식을 준비하다　어른들께 신년 덕담을 하다
　　　친척들에게 새해 인사를 드리다　　　　　떡국을 먹다

〈五、속담〉

1. "모난 돌이 정 맞는다" 라는 표현과 관계가 없는 상황을 찾아 보세요.

(　　　)

1) 졸업 이후로 소식이 뜸하던 대학 친구에게 연락이 왔어요. 그 친구는 대학교 시절이 그립다면서 직장 생활을 하다 보니까 힘든 점이 많다고 했어요.
2) 막내 동생은 늘 이기적이고 자기밖에 몰라서 형이나 누나의 말도 안 듣고, 부모님의 말씀도 잘 안 들어서 부모님께서 늘 걱정하고 계세요.
3) 그 영화배우는 키도 크고, 목소리도 매력적이지만 여러 사람이 모인 자리에서 가끔 상대방을 놀리거나 무시하는 말을 하면서 사람을 불쾌하게 할 때가 있어요.

〈보충단어〉

깨끗하다	(形)	干净的，洁净的
해수욕장	(名)	海水浴场
채취하다	(动)	采集，采掘
진흙	(名)	黏土
몸에 바르다	(词组)	涂在身上
체험하다	(动)	体验
사시사철	(名)	一年四季
동문 선배	(名)	同门师兄师姐
교내	(名)	校内，校园里
새해맞이	(名)	迎接新年
이따	(副)	回头，晚些时候
연고	(名)	软膏，药膏
상처	(名)	伤口
줄을 서다	(词组)	排队
낚시터	(名)	钓鱼处，钓台
물고기	(名)	鱼

第18课　韩国的庆典

철학책	（名）	哲学书
친동생	（名）	胞弟（妹），亲弟（妹）
충전하다	（动）	填充
빗길	（名）	雨路
과속	（名）	超速，过速
차사고	（名）	车祸
접시를 닦다	（词组）	擦盘子
사레가 들리다	（词组）	呛（嗓子）
채널	（名）	渠道
혓바닥을 데다	（词组）	烫舌头
시장조사	（名）	市场调研
월드컵 축구 경기	（名）	世界杯足球赛
응원하다	（动）	助威，助战
외국인	（名）	外国人
첫눈에 반하다	（词组）	一见钟情
잠들다	（动）	入睡，睡着
닷새	（名）	五天，五日
육지	（名）	陆地，土地
섬	（名）	岛，岛屿
신도시	（名）	新都市
예전	（名）	过去，昔日
농경지	（名）	耕地，农田
폴더	（名）	文件夹
파일	（名）	文件夹，纸夹
차표	（名）	车票
푸켓섬	（名）	普吉岛
자외선 차단 로션	（名）	防晒乳液
혼자	（副）	独自，单独
시내	（名）	市内，市里
단 음식	（名）	甜食
무덤덤하다	（形）	无表情，冷漠的
감시 카메라	（名）	监控摄像头

사거리	（名）	十字路，十字路口
차례	（名）	次，回
세뱃돈	（名）	压岁钱
민속놀이	（名）	民俗游戏

第19课 周岁宴与古稀宴
돌잔치와 칠순잔치

<핵심 사항>

한국의 전통 풍습 중에서 칠순잔치와 돌잔치의 특징을 표현하는 방법을 배운다.

- -아/어/여도
- -(으)면 되다
- -(으)면 안 되다
- -(으)ㄹ 테니까
- -던

<一、발음 point>

1. 아래 용언의 활용형을 소리 나는 대로 읽어 보세요.

용언	품사	연결어미			종결어미		
		-고	-아/어/여서	-지만	과거	현재	미래
넘치다	동	넘치고	넘쳐서	넘치지만	넘쳤다	넘친다	넘치겠다
담다	동	담고	담아서	담지만	담았다	담는다	담겠다
살리다	동	살리고	살려서	살리지만	살렸다	살린다	살리겠다
자라다	동	자라고	자라서	자라지만	자랐다	자란다	자라겠다
않다	동	않고	않아서	않지만	않았다	않는다	않겠다

2. 다음 문장에서 밑줄 친 부분의 발음에 유의하면서 소리 나는 대로 써 보세요.

1) 한국의 돌잡이 풍습은 참 재미있어요.　　　　　　　[　　　　　]

2) 요즘은 부모가 바라는 직업과 관련 있는 물건을 상에 올려놓게 돼요.
　　　　　　　　　　　　　　　　　　　　　　[　　　　　]

<二、어휘 check>

1. 다음 <보기>에서 적당한 단어를 골라서 괄호 안에 넣으세요.

   <보기> 이맘때   그맘때   저맘때   이때   그때   저 때

   1) 오늘은 (   )만 할인행사를 하고, 저녁에는 정상가로 판매할 예정입니다.
   2) 너는 왜 (   ) 내일 못 간다고 말하지 않고 있다가 지금 못 간다고 하면 어떡해?
   3) 나도 (   ) 친구들과 놀고 공부도 열심히 하면서 하루하루 정말 재미있게 보냈어요.
   4) (   ) 내 고향에는 아름다운 꽃이 활짝 피고 시원하고 하늘도 파래서 가장 날씨가 좋다.

<三、문법 point>

1. 연결어미 "-아/어/여도"를 사용해서 괄호 안의 용언과 결합하여 문장을 만들어 보세요.

결합 가능 품사	결합 조건		결합 양상
대명사, 명사, 수사	개음절	과거	-였어도
		현재	-여도
	폐음절	과거	-이었어도
		현재	-이어도
동사, 형용사	양성모음	과거	-았어도
		현재	-아도
	음성모음	과거	-었어도
		현재	-어도
	하다 접미사	과거	-였어도
		현재	-여도

1) 가: 내일 제 결혼식에 꼭 와 주실 거죠?

   나: (바쁘다) _____

2) 가: 이렇게 일이 잔뜩 쌓였는데 언제 다 끝내죠?

   나: (일이 많다) _____

3) 가: 너무 힘들어서 더 못 뛰겠어요.

   나: (몸과 마음이 지치다) _____

4) 가: 내일 비가 온다고 했는데 비행기가 이륙할 수 있을까요?

   나: (날씨가 흐리다) _____

5) 가: 몸살이 나서 집에서 쉬었으면 좋겠어요.

   나 (입맛이 없다) _____

2. 다음 "-(으)면 되다"를 이용하여 질문에 대답해 보세요.

1) 가: 사무실 열쇠를 잃어버렸는데 어떻게 하면 좋죠?

   나: (열쇠를 복사하다) _____

2) 가: 시간이 부족해서 아직 작품을 완성하지 못했습니다.

   나: (다음주 월요일까지 제출하다) _____

3) 가: 어제 친구 생일이어서 노래를 너무 많이 불렀더니 목이 쉬었는데 어떻게 하면 좋아요?

   나: (배를 깎아 먹다) _____

4) 가: 사무실 컴퓨터가 망가졌는데 어디 가서 고쳐야 돼요?

   나: (컴퓨터 수리센터에 전화를 하다) _____

5) 가: 길에서 넘어져서 발목을 삐었는데 움직일 수가 없어요. 어떻게 하죠?

   나: (119구조대에 전화를 하다) _____

3. 다음 "-(으)ㄹ 테니까"로 대화문을 완성하세요.

1) 가: 영희야, _____

   나: 알았어, 언니. 내가 민석이 잠깐 봐 줄 테니까 다녀와.

2) 가: _____

   나: 알겠어요. 내가 사진 찍어줄 테니까 저쪽 나무 옆으로 가서 서 계세요.

3) 가: _____

   나: 알았어. 형 친구가 집에 찾아오면 이 책을 전해줄 테니까 걱정 말고 다녀와.

4) 가: _____

나: 내가 100,000원 꿔줄 테니까 너무 걱정 마.

5) 가: _____

나: 내가 택시를 예약할 테니까 당신은 어서 옷 갈아입으세요.

4. 다음 "-던" 과 용언의 어간을 잘못 결합한 부분을 두 가지 활용형으로 고쳐 보세요.

1) 강원도 춘천은 내가 열아홉 살까지 부모님과 함께 <u>사던</u> (→   ,   ) 고향이다.

2) 내가 요즘 자주 듣는 노래는 한국의 국민가수 조용필이 <u>부르었던</u> (→   ,   ) 90년대 유행가들이다.

3) 조양공원은 내가 친구들과 자주 <u>걸던</u> (→   ,   ) 곳이다.

4) 그렇게 <u>높으던</u> (→   ,   ) 초등학교 건물이 이제는 아주 낮아 보인다.

5) 어렸을 때 참 <u>귀여우던</u> (→   ,   ) 아이가 성장해서 이젠 청년이 되었다.

〈四、이해와 표현〉

1. 다음 문장을 중국어로 번역하세요.

1) 다음주에 친구 아버님 칠순잔치가 있는데 어떤 옷을 입고 가는 게 좋을까?

_____

2) 우리 큰애는 돌잔치를 할 때 마이크를 잡아서 그런지 무대에 올라가서 얘기하거나 노래하는 걸 좋아해요.

_____

3) 태어난 지 100일째 되는 갓난아이에게는 어떤 선물을 하면 좋을까요?

_____

4) 저는 성격은 아빠를 닮았고, 외모는 엄마를 닮았어요.

_____

5) 이 일을 하다가 힘들면 어려워하지 말고 언제든지 나에게 말해도 괜찮아.

_____

第19课　周岁宴与古稀宴

6) 냉장고에서 양파 두 개만 더 꺼내 오면 될 거예요.
___

7) 이렇게 날씨가 갑자기 추워졌는데 화분을 정원에 그대로 두면 안 돼요.
___

8) 지금은 업무 시간이라서 바쁘실 테니까 짧게 말씀드리겠습니다.
___

9) 그곳은 제가 좋아하던 커피숍이었는데 곧 그 일대를 재개발할 예정이라서 다른 동네로 이전한답니다.
___

10) 제가 회의 때문에 지금 밖에 나가면 안 되니까 끝나고 연락드릴게요.
___

2. 다음 표를 보고, 괄호 안에 적당한 친족 용어를 써 넣으세요.

친인척 관계		친족 관련 용어
가족 관계 기본 용어		가족, 식구, 직계 / 방계, 삼족, 육친, 친족, 혈족, 혈연, 부계, 모계, 존속 / 비속, 시조, 조상 / 조상님, 선조, 자손 / 후손, 항렬, 친속, 촌수, 가계, 가구, 세대, 사돈댁, 사돈 / 사돈어른, 사부인, 부부, 남편 / 그이 // 아내 / 처, 처자 / 처자식, 배우자, 여보, 당신, 고부지간, 부자지간, 부녀지간, 모자지간, 모녀지간, 형제지간, 남매지간, 자매지간, 자녀, 돌림자 / 항렬자, 족보, 본관, 성 / 성씨, 본명 / 성명 / 이름 / 함자 / 성함, 택호 / 아호 / 당호 / 별호, 태명, 예명,
직계 부계	존속	친가 / 본가, 고조부 / 고조모, 증조부 / 증조할아버지 // 증조모 / 증조할머니, 조부 / 할아버지 // 조모 / 할머니, 큰할아버지 / 큰할머니, 작은할아버지 / 작은할머니, 당숙 / 당숙모, 부모, 아버지 / 아버님 / 부친 // 어머니 / 어머님 / 모친, 선친 / 선비, 시부모, 시부 / 시모, 시아버지 / 시아버님 // 시어머니 / 시어머님, 시부모, 시아버지 / 시어머니, 백부 / 큰아버지 // 백모 / 큰어머니, 숙부 / 작은아버지 // 숙모 / 작은어머니, 큰삼촌 / 큰아저씨 // 큰아주머니, 작은삼촌 / 작은아저씨 / 작은아주머니, 고모 / 고모부, 아들 // 며느리 / 며늘애 // 자부 / 새아기 / 맏아들 / 맏며느리, 딸 / 따님 / 여식 // 사위, 맏딸 / 큰딸 // 맏사위 / 큰사위, 친손, 손자 / 손주 // 손녀 / 손주딸, 조카, 시숙, 아주버님,
	비속	형수 / 제수 / 올케 / 새언니, 큰조카, 형 / 형님 // 오빠 / 오라버니, 형 / 형님 / 형수 / 형수님, 큰형 / 작은형, 큰오빠 / 작은오빠, 누나 / 누님 / 언니, 큰누나 / 작은누나, 남동생 / 여동생, 동생, 아우, 맏이 / 막내, 올케, 도련님, 서방님, 시누이, 시동생, 아씨, 아가씨, 매형, 매제, 매부, 자형, 제수 / 제수씨, 새댁, 제부

203

（续表）

친인척 관계		친족 관련 용어
외척, 외친 모계	존속	외가, 외조부 / 외할아버지 // 외조모 / 외할머니, 외삼촌 / 외숙 // 외숙모, 큰외삼촌 / 큰외숙모, 이모 / 이모님 // 이모부 / 이모부님, 큰이모 / 큰이모부,
	비속	외사촌, 외사촌형, 외사촌누나, 외사촌동생, 외손, 외손자 / 외손녀
인척	존속	처가, 친정, 처조부 / 장조부 // 처조모 / 장조모, 장인 / 장인어른 // 장모 / 장모님, 처고모, 처숙부, 처조카, 처질, 처질녀, 처조카
	비속	처남 / 처남댁, 처형 / 큰동서, 처제 / 작은동서, 제부

1) 아들, 딸은 아버지의 작은아버지를 (　　　　　)라고 호칭, 지칭해요.
2) 아들, 딸은 어머니의 오빠를 (　　　　　)이라고 호칭, 지칭해요.
3) 남편은 아내의 여동생을 (　　　　　)라고 호칭, 지칭해요.
4) 여동생은 오빠의 아내나 남동생의 아내를 (　　　　　)라고 호칭, 지칭해요.
5) 아내는 남편의 어머니를 (　　　　　)라고 호칭, 지칭해요.

3. 다음 〈보기〉에서 아이 돌잔치나 친구 생일, 부모님 생신이나 조부모 칠순잔치 때는 어떤 선물을 준비하는 게 좋을지 친구들과 얘기해 보세요.

```
〈보기〉 축의금        금반지         금목걸이        진주 목걸이
       양복          생화           화환            꽃다발
       꽃바구니       정성스럽게 직접 만든 음식    케이크
       생활용품       과일 바구니    차와 다기       책
       초콜릿        술             건강보조식품     떡
       꿀            육류식품        건어물          기념품
       전자제품
```

생일	준비할 선물
돌잔치	1)
친구 생일	2)
부모님 생신	3)
조부모 칠순잔치	4)

‹五、속담›

1. "낫 놓고 기역자도 모른다" 는 속담을 쓸 수 있는 상황을 찾아보세요.

(　　　　　)

1) 김범준 씨는 모르는 단어가 나올 때마다 인터넷 검색창을 이용하여 찾아본다.
2) 최희경 씨는 어렸을 때부터 할머니가 한복을 입으시는 모습을 봤지만, 한복을 어떻게 입는지 잘 모른다.
3) 박영철 씨는 업무 때문에 스마트폰을 구입했는데 사용해 보니까 정말 기능도 많고 편리했다.
4) 홍석이는 올해 네 살인데 어머니, 아버지가 하시는 말씀을 다 알아들을 수 있고 말도 잘한다.

‹보충단어›

바라다	(动)	希望，期望
상에 올리다	(词组)	上桌
그맘때	(名)	那时，当时
저맘때	(名)	那个时候
할인행사	(名)	优惠活动，打折活动
정상가	(名)	正常价格，标准价格
판매하다	(动)	贩卖，销售
예정이다	(动)	预期，计划
어떡하다	(动)	怎么办
하루하루	(副)	一天天，每天
잔뜩	(副)	满，实
일이 쌓이다	(词组)	工作堆积
끝내다	(动)	结束，完成
이륙하다	(动)	起飞
몸살이 나다	(词组)	伤寒，风寒；急不可待
완성하다	(动)	完成，做完

목이 쉬다	(词组)	喉咙嘶哑
망가지다	(动)	坏，出故障
수리센터	(名)	修理中心
발목을 삐다	(词组)	崴脚
119구조대	(名)	119救助队
꿔주다	(动)	出借，借给
갈아입다	(动)	换，换穿
국민가수	(名)	国民歌手
조용필	(名)	赵容弼
유행가	(名)	流行歌曲
조양공원	(名)	朝阳公园
성장하다	(动)	生长，成长
청년	(名)	青年
큰애	(名)	大儿子/大女儿，老大
어려워하다	(动)	介意，害怕
일대	(名)	一带
재개발하다	(动)	再开发，进一步开发
동네	(名)	村庄，社区
이전하다	(动)	迁移，转移
호칭하다	(动)	称呼
지칭하다	(动)	指称
생화	(名)	鲜花，真花
과일 바구니	(名)	水果篮
다기	(名)	茶器，茶具
건강보조식품	(名)	保健品，营养品
꿀	(名)	蜂蜜
건어물	(名)	海鲜干品，水产干货
알아듣다	(动)	听懂，听明白

第 20 课 暑假 여름방학

> **<핵심 사항>**
> 대학생들이 여름 방학을 주제로 대화하는 표현법을 배운다.
> - -느라고
> - -(으)ㄹ 뻔하다
>
> 아무 (명사)도 안/못/없다/모르다
> - -만에, -만이다
> - -ㅎ불규칙

<一、발음 point>

1. 다음 용언의 활용형을 소리 나는 대로 읽어 보세요.

용언	품사	연결어미			종결어미		
받다	동	받고	받아서	받지만	받았다	받는다	받겠다
바쁘다	형	바쁘고	바빠서	바쁘지만	바빴다	바쁘다	바쁘겠다
바르다	동	바르고	발라서	바르지만	발랐다	바른다	바르겠다
다니다	동	다니고	다녀서	다니지만	다녔다	다닌다	다니겠다
쌓다	동	쌓고	쌓아서	쌓지만	쌓았다	쌓는다	쌓겠다
가지다	동	가지고	가져서	가지지만	가졌다	가진다	가지겠다

2. 다음 밑줄 친 부분의 발음에 유의하면서 소리 나는 대로 읽고 써 보세요.

1) 한국 친구들이 사랑의 집짓기 활동을 하러 갈 때 같이 갔다왔어요.
   　　　　　　　　　　　　　　　　　　　　　　[　　　　　　]

2) 얼굴이 많이 탔네요.　　　　　　　　　　　　[　　　　　　]

<二、어휘 check>

1. 다음 단어를 이용하여 문장을 완성하세요.

   <보기> 농촌   동네   시멘트   장마   집짓기   탈

   1) 학생들은 내일부터 10일 동안 농번기에 일손이 부족한 (   )을 돕기 위해서 봉사활동을 할 예정입니다.
   2) 우리집은 서울 근교에 있는 (   )인데 주민 수도 많지 않아서 늘 조용하다.
   3) 건축물을 지을 때 철근, 골재, (   )와 목재 등을 건축자재로 많이 사용합니다.
   4) 6월 (   )가 시작되면서 강물이 넘쳐서 많은 재산피해가 났다.
   5) 어려운 이웃의 집을 수리해주거나 (   )를 돕는 분들도 있다.
   6) 풋과일을 먹고 (   )이 나서 병원에서 진료를 받았다.

<三、문법 point>

1. "-느라고"로 만든 문장을 완성하세요.

   1) 치과에서 치아 치료를 받느라고_____
   2) 할인점에서 좋은 물건을 골라 사느라고_____
   3) 손님에게 대접할 음식을 만드느라고_____
   4) 거리를 쏘다니느라고_____
   5) 잠이 덜 깨서 정신을 차리느라고_____

2. "-(으)ㄹ 뻔하다"의 용법을 참고하여 문장을 완성하세요.

결합 가능 품사	결합 조건		결합 양상
동사	개음절	과거	- ㄹ 뻔했다
	폐음절		- 을 뻔했다

1) (졸음 운전하다, 사고가 나다)

2) (칼, 종이, 자르다, 손을 다치다)

3) (등산을 가다, 늦게 하산하다, 길을 잃다)

4) (김 교수님, 경험담을 듣다, 너무 슬프다, 눈물이 나다)

5) (옷, 다리미, 다리다, 태우다)

3. "아무 (명사)도 안 / 못 / 없다 / 모르다" 를 이용하여 대화문을 완성하세요.

1) 가: 사람들이 언제 돌아오는지 알고 있어요?
   나: (연락) _____

2) 가: 여기 책상 위에 있던 서류를 김 비서가 치웠습니까?
   나: (것) _____

3) 가: 지난 여름 방학 동안 아르바이트 많이 했어?
   나: (일) _____

4) 가: 어려운 일을 당해서 힘들었을 텐데 친지들에게 도움을 좀 받았습니까?
   나: (도움) _____

5) 가: 자재창고에 남은 물품이 좀 있었습니까?
   나: (것) _____

4. "-만에, -만이다" 를 사용한 문장을 완성하세요.

1) 고향 친구를 4년 만에 만나서_____

2) _____ 것은 입학한 지 5년 만이다.

3) 혼자 하면 일주일 정도 걸릴 일인데 세 명이 2일 만에_____

4) 놀이터에서 잃어버렸던 강아지가 3일 만에_____

5) _____것은 시작한 지 6개월 만이다.

5. 다음 "ㅎ불규칙 형용사"의 결합형을 참고하여 빈칸에 알맞은 활용형을 써 넣으세요.

	문어 현재		구어 현재	
	높임	낮춤	높임	낮춤
	-습니다	-다	-아/어/여요	-아/어/여
파랗다	1)	파랗다	파래요	2)
빨갛다	3)	빨갛다	빨개요	4)
노랗다	5)	노랗다	6)	노래
하얗다	7)	하얗다	하얘요	8)
가맣다	9)	가맣다	10)	가매
그렇다	11)	그렇다	12)	그래
저렇다	13)	저렇다	저래요	14)
이렇다	15)	이렇다	16)	이래

<四、이해와 표현>

1. 다음 <보기>는 강원도에 있는 도시들입니다. 어떤 명승고적이 있는지 인터넷에서 찾아서 발표해 보세요.

<보기> 춘천시   원주시   강릉시   속초시   태백시
      동해시   삼척시   철원군   화천군   양구군
      고성군   인제군   양양군   홍천군   횡성군
      평창군   영월군   정선군

_____
_____
_____
_____
_____
_____

第20课   暑假

2. 다음 <보기>는 전라남도에 있는 관광지입니다. 어떤 곳인지 인터넷에서 찾아서 아래와 같은 형식으로 한 곳을 소개해 보세요.

<보기> 운주사   다산 초당   강진 청자 도요지   담양온천
땅끝마을   보성 다원   낙안읍성 민속마을

< 소개 방법 >
1) 관광지 명칭 소개 : 이곳은_____입니다.
2) 관광지 위치 소개 : 이곳은_____도_____시(군)에 있습니다.
3) 유명한 이유 소개 : 이곳은_____(으)로 유명합니다.
4) 관련 인물 소개 : 이곳은_____와/과 관련이 있습니다.
5) 가는 방법 : 서울에서_____가면 됩니다.

3. 다음 문장을 중국어로 번역하세요.

1) 인터넷 게임을 하느라고 어제 숙제를 못 했어요.
   _____

2) 인터넷 게임을 하느라고 어제 숙제를 못할 뻔 했어요.
   _____

3) 나는 20일 만에 몸무게 3킬로그램을 뺐어요.
   _____

4) 은행잎이 노랗게 물들었어요.
   _____

5) 두꺼운 안경과 모자를 쓰고 계셔서 아무도 그 분이 사장님인 줄 몰랐다.
   _____

6) 세탁기 성능이 뛰어나서 하얀색 옷이 아주 하얗게 되었다.
   _____

7) 저런 옷차림으로 길거리를 지나다니니까 아무도 그가 영화배우인지 몰랐겠지.
   _____

8) 아침마다 아이를 깨워서 학교에 보내느라고 어머니가 아주 힘들어하신다.
   _____

9) 일이 너무 힘드니까 아르바이트를 하겠다는 사람이 아무도 없다.
_____

10) 혼자서 그 일을 다 맡아서 하려면 힘들 거예요.
_____

〈五、속담〉

1. "바늘 도둑이 소 도둑 된다"를 쓸 수 있는 상황을 고르세요.

(   )

1) 어려서부터 바늘을 좋아해서 계속 바늘을 수집하는 습관이 생겼다.
2) 작은 물건을 대수롭지 않게 훔치던 습관이 커서는 큰 물건을 훔치는 나쁜 습관이 된다.
3) 바늘만 훔치던 도둑은 나중에 소를 훔치는 도둑으로 변한다.
4) 작은 물건을 잘 아껴야 나중에 소처럼 중요한 재산을 모을 수 있다.

〈보충단어〉

농번기	（名）	农忙季节
일손이 부족하다	（词组）	人手不足
주민	（名）	居民
철근	（名）	钢筋
골재	（名）	（制造混凝土用）骨料
목재	（名）	木材
건축 자재	（名）	建材
강물	（名）	江水
재산 피해	（名）	财产受损
수리하다	（动）	修理
풋과일	（名）	青果，没熟的果子
치과	（名）	牙科
치아	（名）	牙齿
할인점	（名）	折扣店，打折店

第20课 暑假

고르다	(动)	挑选
대접하다	(动)	接待
거리를 쏘다니다	(词组)	逛街
덜	(副)	少，不够，不如
깨다	(动)	醒；破
정신을 차리다	(词组)	打起精神来
다치다	(动)	受伤
하산하다	(动)	下山
경험담	(名)	经验之谈
다리미	(名)	熨斗
다리다	(动)	烫，烙，熨
태우다	(动)	烧
자재 창고	(名)	材料仓库
물품	(名)	物品
춘천시	(名)	春川市
원주시	(名)	原州市
강릉시	(名)	江陵市
속초시	(名)	束草市
태백시	(名)	太白市
동해시	(名)	东海市
삼척시	(名)	三陟市
철원군	(名)	铁原郡
화천군	(名)	华川郡
양구군	(名)	杨口郡
고성군	(名)	高城郡
인제군	(名)	麟蹄郡
양양군	(名)	襄阳郡
홍천군	(名)	洪川郡
횡성군	(名)	横城郡
평창군	(名)	平昌郡
영월군	(名)	宁越郡
정선군	(名)	旌善郡
운주사	(名)	云住寺

다산 초당	（名）	茶山草堂
강진 청자 도요지	（名）	康津青瓷陶窑址
담양 온천	（名）	潭阳温泉
땅끝마을	（名）	位于韩国最南端的旅游村
보성 다원	（名）	宝城茶园
낙안읍성 민속 마을	（名）	乐安邑城民俗村

综合练习5 종합연습 5

문항번호	1		2		3	4	5	6	7	총점
	1	2	1	2						
배점	5	5	5	5	10	10	15	20	25	100
점수										

1. (듣기) 다음 문장을 잘 듣고 질문에 답하세요.(5점×2문항 = 10점)

1) 형민이는 그 동안 방학 때마다 무엇을 했습니까?

2) 여러분이 형민이라면 대학교에서 마지막 방학을 어떻게 보내겠습니까?

2. (듣기) 다음 대화문을 잘 듣고 질문에 답하세요.(5점×2문항 = 10점)

1) 영희 씨는 왜 기분이 별로 안 좋습니까?

2) 영희 씨는 연수 기간 동안 왜 북경에 가게 됩니까?

3. 다음 대화문을 읽고 대화 내용과 다른 것을 고르세요. (10점)

(   )

순영 : 병수 씨, 가뭄 때문에 남부 지방 농작물들이 피해가 심한가 봐요.
병수 : 일기예보를 보니까 남부 지방에는 3개월 동안 한 차례도 비가 안 왔대요.
순영 : 정말 가뭄이 심하군요.
병수 : 글쎄 말이에요. 옛날 같으면 기우제라도 지냈을 텐데요.
순영 : 기우제라도 지내서 비가 왔으면 좋겠네요.
병수 : 친구들과 남부지방으로 여행을 가려고 했는데 가지 말아야겠어요.
순영 : 여행이 아니라 농촌으로 봉사활동을 가야 하는 거 아니에요?
병수 : 맞았어요. 순영 씨도 같이 갈래요?

(1) 비가 안 와서 농촌의 농작물 피해가 심하다.
(2) 옛날에는 비가 오지 않으면 기우제를 지냈다.
(3) 병수 씨는 가뭄 때문에 여행을 가지 않기로 했다.
(4) 순영 씨는 병수 씨에게 여행을 가면 안 된다고 했다.
(5) 두 사람은 농촌의 농민들을 도와야 한다고 생각한다.

4. 다음 문장의 잘못된 곳을 찾아 바르게 고치세요.(1점×10문항 = 10점)

1) 백화점에 갈 김에 나도 모자를 하나 살 거예요.　　　(　　　　)
2) 요즘 너무 바쁘느라고 아내 생일도 잊어버렸어요.　　(　　　　)
3) 지난 7월부터 지금까지 6월 만에 이 어려운 과정을 모두 마쳤어요.
　　　　　　　　　　　　　　　　　　　　　　　　　(　　　　)
4) 저녁을 먹었기는 했는데도 배가 또 고파요.　　　　　(　　　　)
5) 먼저 옷이 잘 어울리는지 한번 입어보고 산 게 좋겠다.(　　　　)
6) 감기가 다 났어요?　　　　　　　　　　　　　　　　(　　　　)
7) 옷 치수가 100나 105 중에서 어떤 게 더 잘 맞으세요?(　　　　)
8) 나는 나 혼자서 놀을 테니까 너는 다른 친구들과 놀아.(　　　　)
9) 벽을 흰색 페인트로 칠했더니 흰 눈이 내린 것처럼 하얘요.(　　　　)
10) 2009년에 같이 졸업했였던 친구들은 지금 어떻게 지낼까?(　　　　)

5. 아래 〈보기〉의 단어를 이용하여 다음 〈상황〉에 맞게 대화문을 만들어 보세요.(15점)

〈상황〉 중국 북경의 우다오커우에서 천단공원까지 어떻게 가는지 길을 물어보세요.

〈보기〉 지하철　　택시　　버스　　타다　　노선　　익숙하다
　　　 모르다　　걷다　　갈아타다　잘 모르다　찾아가다

_____
_____
_____

_____
_____
_____
_____

6. 아래 <보기>의 체언과 용언을 이용하여 연결어미 "-인/는/(으)ㄴ데도"의 변화형을 만들어 보세요.(20점)

<보기> 할머니　　23　　짧다　　헹구다　　감다　　있다
　　　 노력하다　중요하다

결합 가능 품사	결합 조건		결합 양상
대명사, 명사, 수사	개음절	과거	1)
		현재	2)
	폐음절	과거	3)
		현재	4)
동사	양성모음	과거	5)
		현재	6)
	음성모음	과거	7)
		현재	8)
	하다	과거	9)
		현재	10)
형용사	양성모음	과거	11)
		현재	12)
	음성모음	과거	13)
		현재	14)
	하다	과거	15)
		현재	16)

7. 다음 주제문으로 짧은 글을 쓰세요.(25점)

주제: 나에게 가장 잘 어울리는 머리 모양
조건: 200자 분량(띄어쓰기 포함)
　　　구어체 해요체 종결어미 사용.
　　　한글맞춤법 적용.

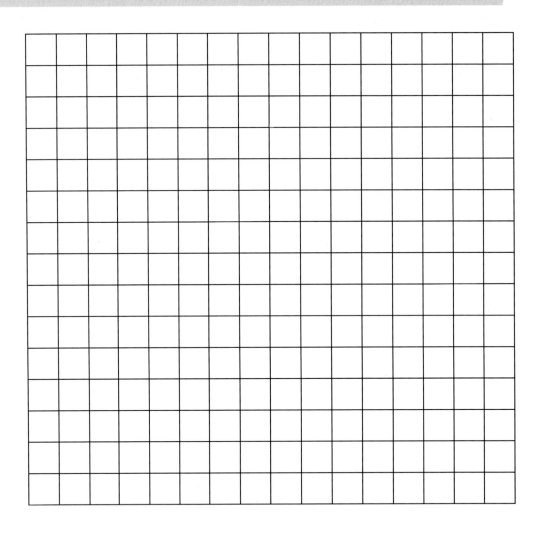

单词表

가르마	（名）发缝，头发缝	（15）
가사	（名）歌词	（12）
가스레인지	（名）煤气灶	（13）
가시	（名）刺（儿）	（10）
가위	（名）剪刀	（13）
가위 바위 보	（名）石头剪刀布	（5）
간단하다	（形）简单	（16）
간장	（名）酱油，豉油	（10）
간호사	（名）护士	（3）
갈비구이	（名）烤猪排	（10）
갈비찜	（名）蒸排骨	（10）
갈아먹다	（动）搅拌吃，磨碎吃	（12）
갈아입다	（动）换，换穿	（19）
갈증이 나다	（词组）口渴	（2）
갈치조림	（名）烧带鱼	（10）
감독	（名）监督，指导	（4）
감동적이다	（形）感人的，感动的	（17）
감시 카메라	（名）监控摄像头	（18）
감싸주다	（名）包，包围	（7）
감자부침	（名）土豆饼	（10）
감자조림	（名）烧土豆	（10）
감자튀김	（名）炸土豆片	（10）
감탄하다	（动）感叹，赞叹	（5）
강릉시	（名）江陵市	（20）
강물	（名）江水	（20）
강바람	（名）江风	（13）
강변	（名）江边	（13）
강원특별자치도	（名）江原特别自治道	（17）
강진 청자 도요지	（名）康津青瓷陶窑址	（20）
개당	（名）每个	（13）
개업식	（名）开业典礼	（10）
개업하다	（动）开业	（10）
개피	（名）支，棍儿，根	（13）

거리를 쏘다니다	(词组)逛街	(20)
건강 검진	(名)健康体检	(4)
건강 정보	(名)健康资讯	(10)
건강보조식품	(名)保健品，营养品	(19)
건너다	(动)渡过，穿过	(17)
건설하다	(动)建设，修建	(17)
건어물	(名)海鲜干品，水产干货	(19)
건전지	(名)干电池	(16)
건축 자재	(名)建材	(20)
검단산	(名)黔丹山	(16)
검사	(名)检察官	(3)
검은색	(名)黑色	(13)
겁이 많다	(词组)胆小	(10)
겉절이	(名)腌咸菜	(10)
게다가	(副)而且	(12)
게이트	(名)登机口	(9)
게임	(名)游戏	(10)
겨자	(名)芥末	(10)
겪다	(动)经受，经历	(6)
결항	(名)停飞，航班取消	(9)
겹쳐 입다	(动)叠穿	(5)
경영학과	(名)经管系	(3)
경이롭다	(形)令人惊奇，神奇的	(5)
경작	(名)耕作	(5)
경찰관	(名)警官	(3)
경험담	(名)经验之谈	(20)
계곡	(名)溪谷，山谷	(16)
계란말이	(名)鸡蛋卷	(10)
계란부침	(名)煎鸡蛋	(10)
계란조림	(名)酱油腌蛋	(10)
계산대	(名)收银台	(13)
고객님	(名)顾客	(2)
고갯길	(名)坡路	(16)
고고학	(名)考古学	(5)
고구마튀김	(名)炸薯片	(10)
고다	(动)煨，熬	(10)

고등어	（名）青花鱼	（13）
고르다	（动）挑选	（20）
고성군	（名）高城郡	（20）
고소하다	（形）可口的	（10）
고속도로	（名）高速公路	（11）
고양이	（名）猫	（13）
고을	（名）县城	（11）
고인돌	（名）巨石墓，石棚，巨石坟	（5）
고장	（名）地方，故乡	（11）
고추	（名）辣椒	（10）
고추장	（名）辣椒酱	（10）
고추절임	（名）腌辣椒	（10）
골목길	（名）胡同，巷子	（11）
골재	（名）（制造混凝土用）骨料	（20）
곰탕	（名）牛肉汤	（10）
곱슬	（名）自来卷	（15）
공기	（名）空气；施工期间；碗	（10）
공룡	（名）恐龙	（5）
공식적	（名，冠）公式的，正式的，官方的	（8）
공용	（名）公用	（14）
공존하다	（动）共存	（11）
공채 시험	（名）公开录用考试	（12）
공항	（名）机场	（9）
과도	（名）水果刀	（13）
과속	（名）超速，过速	（18）
과월호	（名）（杂志）往期	（11）
과육	（名）果肉，瓤	（12）
과음하다	（动）饮酒过量	（11）
과일 바구니	（名）水果篮	（19）
과일가게	（名）水果店	（13）
과학자	（名）科学家	（3）
관광지	（名）观光景点	（2）
관람하다	（动）参观	（6）
관리인	（名）管理员	（3）
관리하다	（动）管理，经管	（5）
관악산	（名）冠岳山	（16）

교내	（名）校内，校园里	（18）
교사	（名）教师	（3）
교육자	（名）教育工作者	（3）
교장	（名）校长	（3）
교체하다	（动）交替	（14）
교통 상황	（名）交通情况	（17）
교통방송	（名）交通广播	（10）
교통편	（名）交通工具，交通手段	（17）
교환하다	（动）交换	（13）
구급약품	（名）急救药品	（16）
구두약	（名）鞋油	（13）
구둣솔	（名）鞋刷	（13）
구레나룻	（名）络腮胡子	（15）
구룡산	（名）九龙山	（16）
구석기 시대	（名）旧石器时代	（8）
구수하다	（形）美味的（程度超过고소하다）	（10）
구역	（名）区域	（11）
구입하다	（动）购入，买进	（17）
국가대표	（名）国家代表	（10）
국경일	（名）国庆节	（4）
국그릇	（名）汤碗	（13）
국기	（名）国旗	（1）
국기	（名）国旗	（7）
국내노선	（名）国内航线	（9）
국내선	（名）国内航班	（9）
국도	（名）国道	（11）
국립중앙박물관	（名）国立中央博物馆	（8）
국민가수	（名）国民歌手	（19）
국보급 문화재	（名）国宝级文化遗产	（8）
국산품	（名）国货	（13）
국제공항	（名）国际机场	（9）
국제노선	（名）国际航线	（9）
국제도시	（名）国际都市	（6）
국제선	（名）国际航班	（9）
군중	（名）群众	（4）
굽다	（动）烤，烧	（10）

귀족	（名）贵族	（1）
귀중하다	（形）贵重的	（1）
귤	（名）橘子	（13）
그늘	（名）阴凉处	（7）
그맘때	（名）那时，当时	（19）
극장	（名）剧场	（12）
근교	（名）近郊	（11）
긁다	（动）搔，刮	（10）
금융 실명제	（名）金融实名制	（14）
급하게	（副）急切地	（6）
급하다	（形）急切	（10）
기계적	（名、冠）机械化	（3）
기내	（名）机舱内	（9）
기내 면세품	（名）机舱免税商品	（9）
기내 방송	（名）机舱广播	（9）
기내 서비스	（名）机舱服务	（9）
기름을 두르다	（词组）擦油，抹油	（13）
기성복	（名）成衣	（13）
기술력	（名）技术力	（1）
기온	（名）气温	（1）
기획실	（名）企划室，策划室	（6）
긴 머리	（名）长发	（10）
긴팔	（名）长袖	（13）
길	（名）路	（11）
김구이	（名）烤紫菜	（10）
김밥	（名）紫菜包饭	（10）
김치볶음	（名）炒泡菜	（10）
김치볶음밥	（名）泡菜炒饭	（10）
깍두기	（名）萝卜块泡菜	（10）
깨다	（动）醒；破	（20）
깨뜨리다	（动）打破，打碎	（10）
깨물다	（动）咬	（10）
깨우다	（动）唤醒	（10）
깨지다	（动）打碎	（1）
깻잎절임	（名）腌芝麻叶	（10）
껌	（名）口香糖	（13）

껍질	（名）皮，壳	（10）
꽁치	（名）秋刀鱼	（13）
꽂다	（动）插	（10）
꽃가게	（名）花店	（2）
꽃구경	（名）赏花	（5）
꽃무늬	（名）花纹	（13）
꽃피우다	（词组）开花	（5）
꾸준히	（副）坚持不懈地，勤奋地	（5）
꿀	（名）蜂蜜	（19）
꿔주다	（动）出借，借给	（19）
끈기가 없다	（词组）缺乏耐性	（10）
끈기가 있다	（词组）有耐性	（10）
끓이다	（动）煮，熬，炖	（10）
끗하다	（形）干净的，洁净的	（18）
끝내다	（动）结束，完成	（19）
나물	（名）素菜，野菜	（5）
나비 모양 장식	（词组）蝶形装饰	（13）
나일강	（名）尼罗河	（5）
나침반	（名）指南针	（16）
낙안읍성 민속 마을	（名）乐安邑城民俗村	（20）
낚시터	（名）钓鱼处，钓台	（18）
남극	（名）南极	（11）
남반구	（名）南半球	（10）
남자답다	（形）男子汉般	（8）
남학생	（名）男生	（10）
내복	（名）内衣，绒衣	（13）
내성적이다	（名）内向的	（10）
내진설계	（名）抗震设计	（8）
냄비	（名）锅	（13）
냉장고	（名）冰箱	（13）
네모	（名）四角，四方	（10）
넥타이	（名）领带	（13）
노란색	（名）黄色	（13）
노래방	（名）歌厅	（13）
노선	（名）路线	（9）
노을	（名）彩霞，霞	（5）

놀이터	（名）游乐场	（4）
농경생활	（名）农耕生活	（5）
농경지	（名）耕地，农田	（18）
농구	（名）篮球	（17）
농도	（名）浓度	（10）
농번기	（名）农忙季节	（20）
농어촌	（名）农渔村	（11）
농촌	（名）农村	（11）
누룽지	（名）锅巴	（10）
누리다	（动）享受，享用	（5）
눈보라가 치다	（词组）起暴风雪	（17）
눈썰매	（名）雪橇	（16）
눈여겨 보다	（词组）瞩目，凝望	（8）
느긋하다	（形）休闲的	（10）
느리다	（形）慢的	（7）
능선	（名）棱线	（16）
늦을 뻔하다	（词组）差点迟到	（17）
다기	（名）茶器，茶具	（19）
다리다	（动）烫，烙，熨	（20）
다리미	（名）熨斗	（20）
다산 초당	（名）茶山草堂	（20）
다섯 조각	（名）五片	（10）
다운로드받다	（动）下载	（1）
다치다	（动）受伤	（20）
단 음식	（名）甜食	（18）
단오	（名）端午	（4）
단점	（名）缺点	（10）
단지	（名）园区，小区	（11）
단추	（名）纽扣	（13）
단추를 달다	（词组）缝纽扣	（4）
달다	（形）甜的	（10）
달러화	（名）美元	（9）
달력	（名）挂历	（7）
달콤하다	（形）甜蜜，甜美，甘甜	（10）
닭가슴살	（名）鸡胸脯肉	（13）
닭갈비	（名）鸡排	（10）

닭다리	（名）鸡腿	（13）
담	（名）大坝	（7）
담백하다	（动）清淡的	（10）
담양 온천	（名）潭阳温泉	（20）
닷새	（名）五天，五日	（18）
당근	（名）胡萝卜	（13）
대기	（名）大气	（11）
대기업	（名）大企业	（3）
대도시	（名）大城市	（11）
대로	（名）大路，大街	（11）
대모산	（名）大母山	（16）
대본 연습	（名）剧本练习	（5）
대접하다	（动）接待	（20）
더덕구이	（名）烤沙参	（10）
덜	（副）少，不够，不如	（20）
데워먹다	（动）热一热吃	（13）
데치다	（动）焯	（10）
도덕적	（名、冠）道德化	（3）
도로	（名）道路，公路	（11）
도매시장	（名）批发市场	（13）
도매점	（名）批发店	（13）
도발적	（名、冠）挑动（性）	（3）
도봉산	（名）道峰山	（16）
도시	（名）城市	（11）
도시락	（名）盒饭	（12）
도심	（名）城市中心	（11）
도지사	（名）道知事（相当于中国的省长）	（3）
독감	（名）流感	（2）
독자	（名）读者	（5）
돈을 들이다	（词组）花钱	（17）
동네	（名）村子，邻里	（11）
동네	（名）村庄，社区	（19）
동료	（名）同伴，伙伴	（16）
동문 선배	（名）同门师兄师姐	（18）
동아리	（名）社团	（16）
동아리 활동	（名）社团活动	（5）

동지	（名）冬至	（2）
동해	（名）东海	（4）
동해시	（名）东海市	（20）
돼지갈비	（名）猪排骨	（13）
돼지고기 수육	（名）白煮猪肉	（10）
된장	（名）大酱	（10）
두 공기	（名）两碗	（17）
두 알	（词组）两粒	（12）
두보	（名）杜甫	（1）
두부	（名）豆腐	（13）
두부전골	（名）砂锅牛肉炖豆腐	（10）
뒷동산	（名）后山	（2）
들	（名）平原	（5）
듬뿍	（副）满满地	（10）
등산로	（名）山路	（2）
등산복	（名）登山服	（13）
등심	（名）里脊	（13）
따갑다	（形）火辣辣	（8）
땅끝마을	（名）位于韩国最南端的旅游村	（20）
땅콩	（名）花生	（13）
떠먹다	（动）舀起来吃	（5）
뚜렷하다	（形）显著的，明显的，清晰的	（13）
뚝배기	（名）砂锅	（13）
뛰놀다	（动）跑着玩，蹦蹦跳跳地玩	（17）
뜯다	（动）撕，扯，啃	（10）
라디오	（名）收音机	（10）
런닝머신	（名）跑步机	（14）
마늘종무침	（名）凉拌蒜苗	（10）
마당	（名）院子	（4）
마르다	（形、动）干，瘦，枯竭	（11）
마스크	（名）面具，假面，口罩	（10）
마을	（名）村庄	（11）
마음에 안 들다	（词组）看不上	（17）
막	（副）正要，刚要	（12）
막걸리	（名）米酒	（12）
막대 사탕	（名）棒棒糖	（10）

말다	（动）泡，卷	（10）
말다툼	（动）吵架，拌嘴	（2）
말다툼하다	（动）吵架，斗嘴	（5）
말다툼하다	（动）吵架	（13）
맛보다	（动）品尝	（10）
망가지다	（动）坏，出故障	（19）
맞춤복	（名）订做服	（13）
맡다	（动）承担，担任	（10）
매콤하다	（形）辛辣，刺鼻	（10）
맵다	（形）辣，辛辣	（10）
메뉴	（名）菜单	（14）
멜빵	（名）背带	（13）
면도기	（名）刮胡刀，剃须刀	（15）
면세점	（名）免税店	（9）
면세품	（名）免税商品	（9）
멸치	（名）鳀鱼，海蜓	（13）
멸치국물	（名）鳀鱼汤	（10）
멸치조림	（名）炒鳀鱼	（10）
명단	（名）名单	（13）
명소	（名）名胜	（2）
명소	（名）名胜	（11）
명승고적	（名）名胜古迹	（11）
명칭	（名）名称	（17）
명품	（名）名品，名牌	（6）
몇 통	（词组）（短信等）几条	（13）
모래	（名）沙子	（5）
모처럼	（副）特地，好不容易	（8）
목걸이	（名）项链，项圈	（12）
목이 마르다	（词组）口渴	（17）
목이 쉬다	（词组）喉咙嘶哑	（19）
목재	（名）木材	（20）
목적지	（名）目的地	（4）
목포시	（名）木浦市	（17）
몸살을 앓다	（词组）浑身酸痛	（11）
몸살이 나다	（词组）伤寒，风寒；急不可待	（19）
몸에 바르다	（词组）涂在身上	（18）

묘목	（名）树苗	（13）
무	（名）白萝卜	（13）
무대	（名）舞台	（5）
무대	（名）舞台	（5）
무덤덤하다	（形）无表情，冷漠的	（18）
무료	（名）免费	（1）
무릉도원	（名）武陵桃源，世外桃源	（5）
무역회사	（名）贸易公司	（5）
무인탐사선	（名）无人宇宙探测船	（5）
무치다	（动）凉拌	（10）
문밖	（名）门外	（5）
문자 메시지	（名）文字短信	（13）
물걸레	（名）湿抹布	（4）
물고기	（名）鱼	（18）
물방울무늬	（名）水滴花纹	（13）
물시계	（名）滴漏	（8）
물품	（名）物品	（20）
뮤지컬 공연	（名）歌剧演出	（2）
미끄러지다	（动）滑，滑倒	（6）
미루다	（动）推迟	（7）
미만	（名）未满	（2）
미세먼지	（名）细颗粒物，微尘	（10）
미술가	（名）美术家	（3）
미역줄기볶음	（名）炒裙带菜	（10）
믹서기	（名）搅拌机	（12）
민가	（名）民宅	（11）
민무늬	（名）无花纹	（13）
민소매	（名）无袖衣服的统称	（13）
민속놀이	（名）民俗游戏	（4）
민속놀이	（名）民俗游戏	（18）
바깥	（名）外面，外边	（17）
바느질하다	（动）做针线活，缝制	（5）
바다낚시	（名）出海钓鱼	（12）
바닥	（名）地面，地板	（10）
바닷가	（名）海边，海岸	（17）
바닷길	（名）海路	（11）

바둑을 두다	（词组）下围棋	（2）
바라다	（动）希望，期望	（19）
바람을 쐬다	（词组）兜风	（10）
바르다	（动）涂，抹	（10）
바지	（名）裤子	（13）
바퀴	（名）圈	（4）
바탕	（名）基础	（8）
반대하다	（动）反对	（6）
반면	（名）反面	（11）
반바지	（名）短裤	（13）
반반씩	（词组）一半一半	（10）
반성문	（名）检讨书	（6）
반찬	（名）菜肴	（12）
반품하다	（动）退货	（13）
발권	（名）出票	（9）
발권하다	（动）出票	（9）
발급하다	（动）签发	（14）
발목을 삐다	（词组）崴脚	（19）
발효시키다	（动）使……发酵	（5）
밤새	（名）一整夜	（7）
밥공기	（名）饭碗（小）	（13）
밥그릇	（名）饭碗（大）	（13）
밥솥	（名）饭锅	（10）
배낭	（名）背包	（16）
배낭여행	（名）背包旅行	（4）
배우	（名）演员	（5）
백미	（名）亮点，精华	（1）
백성	（名）老百姓	（8）
백운산	（名）白云山	（16）
뱃길	（名）水道，水路	（11）
뱃살	（名）肚皮	（3）
뱅어포구이	（名）烤鱼片	（10）
버스 전용차로	（词组）公共汽车专用车道	（11）
번호표	（名）号牌，号	（14）
번화가	（名）闹市区	（11）
범죄	（名）犯罪	（12）

벗기다	（动）剥，脱	（10）
벽보	（名）墙报	（1）
변경하다	（动）变更，更改	（17）
변두리	（名）周边，外围	（11）
변리사	（名）专利代理人，专利律师	（3）
변호사	（名）律师	（3）
보람있다	（词组）有意义的	（2）
보리	（名）大麦	（13）
보성 다원	（名）宝城茶园	（20）
보신각	（名）普信阁	（4）
보안 검색대	（名）安检口	（9）
보행로	（名）人行道，步行道	（11）
복사하다	（动）复印	（8）
복숭아	（名）桃	（13）
복식	（名）服饰	（8）
복학하다	（动）复学	（3）
본점	（名）总店	（13）
볼펜	（名）圆珠笔	（13）
봉사 활동	（名）志愿活动	（5）
봉우리	（名）山峰	（16）
봉준호 감독	（名）奉俊昊导演	（16）
봉하다	（动）首映	（6）
부딪치다	（动）撞，碰撞	（6）
부딪히다	（动）被撞，被碰	（17）
부지런히	（副）勤快，勤奋地	（5）
부추	（名）韭菜	（13）
부치다	（动）煎，摊；邮寄	（10）
부침개	（名）煎饼	（10）
부케	（名）（婚礼上新娘手中所持的）花束	（13）
북경자연박물관	（名）北京自然博物馆	（5）
북반구	（名）北半球	（10）
북엇국	（名）明太鱼汤	（14）
북한산	（名）北汉山	（16）
분명히	（副）分明，明显地	（7）
분석하다	（动）分析	（5）
분실	（名）遗失	（9）

분실하다	（动）遗失	（12）
분실하다	（动）遗失	（9）
분야	（名）领域	（2）
분홍색	（名）粉红色	（14）
불암산	（名）佛岩山	（16）
불친절하다	（形）不亲切的	（10）
비바람	（名）风雨	（17）
비비다	（动）拌，搅拌	（10）
비상식량	（名）应急食品	（16）
비서관	（名）秘书	（3）
비스킷	（名）饼干	（13）
비옥하다	（形）肥沃	（5）
비자	（名）签证	（2）
비자 발급	（名）发签证	（9）
비자 신청	（名）申请签证	（9）
비춰보다	（动）照（镜子）	（15）
비타민	（名）维生素，维他命	（12）
비평가	（名）批评家，评论家	（3）
빅데이터	（名）大数据	（17）
빈방	（名）空房，（空）包间	（2）
빌려드리다	（动）借给	（1）
빗길	（名）雨路	（18）
빗다	（动）梳，拢，梳拢	（15）
빗질하다	（动）梳，拢	（15）
빙하	（名）冰河，冰川	（11）
빚다	（名）制作（面食）	（6）
빨간색	（名）红色	（13）
빨다	（动）吸吮	（10）
빨대	（名）吸管	（10）
사거리	（名）十字路，十字路口	（18）
사골국	（名）牛骨汤	（10）
사귀다	（动）交往	（10）
사다리	（名）梯子	（7）
사레가 들리다	（词组）呛（嗓子）	（18）
사무관	（名）事务长	（3）
사무실	（名）办公室	（3）

사시사철	（名）一年四季	（18）
사업	（名）事业，工作	（17）
사은품	（名）赠品	（13）
사이즈	（名）尺寸	（13）
사인펜	（名）签字笔	（13）
사증	（名）签证	（9）
사진관	（名）照相馆，影楼	（17）
사촌동생	（名）堂弟，堂妹	（7）
산길	（名）山路	（11）
산꼭대기	（名）山顶，山峰	（5）
산뜻하게	（副）清爽，轻松地	（5）
산맥	（名）山脉	（5）
산비탈	（名）山坡	（16）
산악회	（名）登山社	（16）
산지	（名）产地	（11）
산채비빔밥	（名）野菜拌饭	（10）
산책로	（名）用于散步的路	（11）
산초	（名）花椒	（10）
산촌	（名）山村	（11）
산해진미	（名）山珍海味	（1）
산행	（名）爬山	（16）
삶다	（动）煮，炖	（10）
삼계탕	（名）参鸡汤	（14）
삼척시	（名）三陟市	（20）
상냥하다	（形）和蔼的	（10）
상담원	（名）顾问	（2）
상반되다	（动）相反	（11）
상업지구	（名）商业区	（11）
상에 올리다	（词组）上桌	（19）
상의	（名）上衣，外衣	（13）
상의하다	（动）商量	（10）
상처	（名）伤口	（18）
상추	（名）生菜	（10）
상하다	（动）坏，腐烂	（13）
새 도로	（名）新公路	（17）
새롭게	（副）新地，从新	（5）

새우젓	（名）虾酱	（10）
새콤하다	（形）酸溜溜的	（10）
새해맞이	（名）迎接新年	（18）
색깔	（名）颜色	（13）
색상	（名）色相	（14）
샌드위치	（名）三明治	（11）
생머리	（名）未加修饰的头发	（15）
생선구이	（名）烤鱼	（10）
생선찜	（名）蒸鱼	（10）
생선튀김	（名）炸鱼	（10）
생선회	（名）生鱼片	（1）
생일 축하노래	（名）生日歌	（17）
생화	（名）鲜花，真花	（19）
생활용품	（名）生活用品	（1）
생후	（名）出生以来	（2）
샤브샤브	（动）火锅	（10）
샤워	（动）淋浴	（2）
서기관	（名）秘书	（3）
서명하다	（动）签名	（14）
서예	（名）书法	（8）
서울 강남	（名）首尔江南地区	（10）
서울역사박물관	（名）首尔历史博物馆	（1）
서해안고속도로	（名）西海岸高速公路	（17）
석간신문	（名）晚报	（2）
석성	（名）石城	（5）
선박	（名）船舶，船只	（11）
선수단	（名）选手队	（1）
선율	（名）旋律	（13）
선호하다	（动）偏爱	（15）
설렁탕	（名）牛杂碎汤	（10）
설악산 국립공원	（名）雪岳山国立公园	（7）
설탕	（名）白砂糖	（10）
섬	（名）岛，岛屿	（5）
섬	（名）岛，岛屿	（18）
섭섭하다	（形）遗憾	（2）
섭취하다	（动）吸收	（10）

성산 일출봉	（词组）城山日出峰	（16）
성수기	（名）旺季	（2）
성우	（名）配音员	（15）
성장하다	（动）生长，成长	（19）
세뱃돈	（名）压岁钱	（18）
세탁기	（名）洗衣机	（16）
셔츠	（名）衬衣	（13）
소고기 수육	（名）白煮牛肉	（10）
소극적	（名、冠）消极	（3）
소극적이다	（名）消极，被动	（10）
소금	（名）盐	（10）
소금을 치다	（词组）撒盐	（8）
소나기	（名）骤雨，阵雨	（2）
소나무	（名）松树	（5）
소망	（名）愿望	（4）
소매가격	（名）零售价	（13）
소매점	（名）零售店	（13）
소설가	（名）小说家	（3）
소심하다	（形）小心谨慎，缩手缩脚	（10）
소요 비용	（名）所需费用	（17）
소요산	（名）逍遥山	（16）
소장	（名）所长	（3）
소질	（名）素质	（16）
소파	（名）沙发	（4）
소파	（名）沙发	（5）
소화제	（名）消化剂	（3）
속옷	（名）内衣	（13）
속초시	（名）束草市	（20）
손길이 닿다	（词组）伸出援手	（11）
손해사정인	（名）定损员	（3）
솔직하게	（副）率直地，坦率地	（8）
솔직하다	（形）坦率，坦白，率直，率真	（10）
솜씨	（名）手艺，技巧	（5）
송편	（名）松糕	（4）
솥	（名）铁锅	（10）
수도	（名）首都	（11）

수락산	（名）水落山	（16）
수리산	（名）修理山	（16）
수리센터	（名）修理中心	（6）
수리센터	（名）修理中心	（19）
수리하다	（动）修理	（20）
수립하다	（动）建立，树立	（17）
수석 합격	（词组）获第一名	（12）
수수하다	（形）朴素	（13）
수술실	（名）手术室	（16）
수영복	（名）泳衣	（13）
수입품	（名）进口货	（13）
수종	（名）树种	（14）
수질	（名）水质	（11）
수표	（名）支票	（14）
수하물	（名）托运行李	（9）
수하물 수취대	（名）行李提取处	（9）
수확하다	（动）收获	（8）
숙박비	（名）住宿费	（2）
순하다	（形）纯洁，温顺	（15）
숟가락	（名）勺子	（13）
숲	（名）树林	（5）
스노보드	（名）滑雪板	（16）
스마트 도시	（名）智慧城市	（17）
스무	（冠）二十	（17）
스웨터	（名）毛衣	（13）
스케이트	（名）滑冰	（16）
스톤헨지	（名）史前巨石柱群	（5）
스포츠머리	（名）平头	（15）
습관	（名）习惯	（10）
승강장	（名）车站	（2）
시금치	（名）菠菜	（13）
시끄럽다	（形）嘈杂	（4）
시내	（名）市内	（11）
시내	（名）市内，市里	（18）
시다	（形）酸的	（10）
시민	（名）市民，城市居民	（17）

시외	（名）郊区，市外	（11）
시인	（名）诗人	（3）
시장조사	（名）市场调研	（18）
시티투어 버스	（名）城市观光巴士	（2）
시행하다	（动）实施	（17）
시험에 붙다	（名）考上	（7）
식기	（名）碗碟	（1）
식기	（名）餐具	（13）
식료품	（名）食材	（4）
식목일	（名）植树节	（13）
식빵	（名）面包	（13）
식성	（名）口味	（10）
식성껏	（副）合自己胃口	（10）
식용식물	（名）可食用植物	（5）
식초	（名）醋	（10）
식칼	（名）菜刀	（13）
식품매장	（名）食品卖场	（2）
식후	（名）饭后	（12）
식히다	（动）冷却，使凉快	（5）
신간서적	（名）新书	（2）
신도시	（名）新都市	（18）
신라시대	（名）新罗时代	（2）
신인가수	（名）新人歌手	（6）
신인배우	（名）新人演员	（5）
신작 소설	（名）新创作的小说	（5）
신작영화	（名）新电影	（13）
신체검사	（名）体检	（3）
실명 확인	（词组）实名确认	（14）
심사위원	（名）评委	（12）
심호흡하다	（动）深呼吸	（16）
싱겁다	（形）（味）淡	（4）
싸다	（动）包，围	（10）
쌀쌀해지다	（动）变凉	（3）
쌍꺼풀	（名）双眼皮	（5）
썰다	（动）切，剁	（10）
씨름	（名）摔跤	（4）

씹다	（动）嚼	（10）
아나운서	（名）广播员	（15）
아내	（名）妻子	（17）
아늑하다	（形）宁静，幽邃的	（17）
아르바이트	（名）打工，兼职	（17）
아리다	（形）麻，火辣辣的	（10）
아이스크림	（名）冰激凌	（13）
아주머니	（名）大嫂，大妈	（2）
아차산	（名）峨嵯山	（16）
안개꽃	（名）（植物）六月雪	（13）
안심	（名）牛肋间肉	（13）
안주머니	（名）内兜，暗兜	（13）
알아듣다	（动）听懂，听明白	（19）
앞마당	（名）前院	（13）
애용품	（名）因喜欢而总用的物品	（1）
앳되다	（形）稚嫩	（15）
야구 감독	（名）棒球教练	（10）
야구 글러브	（名）棒球手套	（2）
야구모자	（名）棒球帽	（13）
야근하다	（动）上夜班	（17）
야단을 치다	（词组）责骂	（10）
야호 하다	（动）高喊"呀呼"	（16）
약사	（名）药剂师	（3）
약수터	（名）矿泉水源	（16）
약해지다	（动）变弱	（10）
얌전하다	（形）斯文的	（10）
양구군	（名）杨口郡	（20）
양말	（名）袜子	（13）
양문형 냉장고	（名）双门冰箱	（5）
양복	（名）西服	（13）
양양군	（名）襄阳郡	（20）
양파	（名）洋葱	（10）
양파	（名）洋葱	（13）
어깨	（名）肩膀	（6）
어떡하다	（动）怎么办	（19）
어려워하다	（动）介意，害怕	（19）

어린애	（名）小孩	（8）
어촌	（名）渔村	（11）
언론정보학	（名）新闻传播学	（2）
얹다	（动）放，搁	（10）
얼다	（动）冻，结冰	（5）
업적	（名）业绩	（5）
없어지다	（动）消失，灭绝	（17）
A4 용지	（名）A4 纸	（13）
엔화	（名）日币	（9）
엘리베이터	（名）电梯	（5）
여권	（名）护照	（9）
여권 갱신	（词组）更新护照	（9）
여권 기간 연장	（词组）护照延期	（9）
여권 만기	（词组）护照到期	（9）
여권 발급	（词组）发护照	（9）
여권 분실	（词组）遗失护照	（9）
여권 신청	（词组）申请护照	（9）
여권 재발급	（词组）重发护照	（9）
여기다	（动）以为，当做	（8）
여동생	（名）妹妹	（17）
여성 작가	（名）女作家	（13）
여종업원	（名）女服务员	（2）
여친 (여자친구)	（名）女 (朋) 友	（14）
여행지	（名）旅行地	（10）
역사학	（名）历史学	（2）
연고	（名）软膏，药膏	（18）
연구원	（名）研究员	（3）
연구자	（名）科研工作者	（3）
연마하다	（动）研磨，磨练	（11）
연을 날리다	（词组）放风筝	（10）
연주자	（名）演奏家	（3）
연주하다	（动）演奏	（2）
연착	（名）晚点	（9）
연착륙	（名）软着陆	（9）
연초	（名）年初	（7）
연하다	（形）浅	（13）

연휴	（名）连休	（4）
열쇠	（名）钥匙	（7）
열정적이다	（名）热情的	（10）
염려하다	（动）担心，挂念	（10）
염색	（名）染色	（11）
영동	（名）岭东	（17）
영물	（名）灵物	（16）
영상·음성안내기	（名）移动智能电子解说器	（8）
영서	（名）岭西	（17）
영양사	（名）营养师	（3）
영업직	（名）营业部门	（3）
영월군	（名）宁越郡	（20）
영하	（名）零下	（1）
영화배우	（名）电影演员	（6）
예술가	（名）艺术家	（3）
예술인	（名）文艺工作者	（3）
예의가 있다	（词组）有教养	（16）
예전	（名）过去，昔日	（18）
예정이다	（动）预期，计划	（19）
예치금	（名）储备金，预留款	（14）
오디션	（名）选拔	（12）
오디션	（名）面试	（6）
오솔길	（名）小路，小道	（11）
오염수 정화장치	（名）污水净化装置	（5）
오이	（名）黄瓜	（13）
오징어덮밥	（名）鱿鱼盖（浇）饭	（10）
오징어볶음	（名）炒鱿鱼	（10）
오징어튀김	（名）炸鱿鱼	（10）
온기	（名）暖气	（13）
올림픽공원	（名）奥林匹克公园	（16）
와이셔츠	（名）衬衫	（13）
완성하다	（动）完成，做完	（19）
왕복	（名）往返	（9）
외곽	（名）外城	（11）
외국인	（名）外国人	（18）
외식	（名）在外就餐	（2）

외투	（名）外套	（14）
외할머니	（名）外婆，外祖母	（17）
왼손잡이용	（名）左撇子专用，左手用	（2）
요리사	（名）厨师	（3）
요리책	（名）食谱，烹饪手册	（5）
욕심	（名）欲望	（11）
용감하다	（形）勇敢	（10）
용기	（名）勇气	（1）
용돈	（名）零花钱	（2）
용산	（名）龙山	（8）
우리다	（动）泡，沤，腌	（10）
우면산	（名）牛眠山	（16）
우비	（名）雨具	（16）
우연히	（副）偶然，意外地	（17）
운동화 끈	（名）球鞋带	（13）
운전대	（名）方向盘	（6）
운전면허증	（名）驾照	（16）
운주사	（名）云住寺	（20）
울창하다	（形）郁郁葱葱，青郁的	（5）
원래	（名）原来	（10）
원리	（名）原理	（8）
원시림	（名）原始森林	（11）
원장	（名）院长	（3）
원주시	（名）原州市	（20）
원피스	（名）连衣裙	（16）
원화	（名）韩币	（9）
월드컵 축구 경기	（名）世界杯足球赛	（18）
웨이브	（名）波浪形	（15）
위안화	（名）人民币	（9）
위장	（名）胃	（10）
위층	（名）楼上，上层	（5）
유년 시절	（名）童年时代	（16）
유럽	（名）欧洲	（1）
유로화	（名）欧元	（9）
유리	（名）玻璃，琉璃	（5）
유리잔	（名）玻璃杯	（13）

유리컵	（名）玻璃杯	（13）
유리하다	（形）有利的	（5）
유산소운동	（名）有氧运动	（16）
USB 드라이브	（名）U 盘	（13）
유역	（名）流域	（5）
유원지	（名）游乐园	（8）
유자차	（名）柚子茶	（15）
유지하다	（动）维持	（4）
유치원	（名）幼儿园	（2）
유프라테스강	（名）幼发拉底河	（5）
유행가	（名）流行歌曲	（19）
육로	（名）陆路	（11）
육지	（名）陆地	（16）
육지	（名）陆地，土地	（18）
윤택하다	（形）润泽，滋润的	（17）
은행 전산망	（名）银行网络	（14）
음식물 쓰레기	（名）厨余垃圾	（1）
응원하다	（动）助威，助战	（18）
의사	（名）医生	（3）
이따	（副）回头，晚些时候	（18）
이륙	（名）起飞	（9）
이륙하다	（动）起飞	（19）
이목구비	（名）耳目口鼻，五官	（13）
2박 3일	（词组）三天两夜	（15）
이빨	（名）牙齿	（10）
이사	（名）理事	（3）
이사하다	（动）搬家	（11）
이삿짐	（名）搬家的行李	（16）
이전하다	（动）迁移，转移	（19）
이집트	（名）埃及	（5）
인구 감소	（名）人口减少	（17）
인구 유입	（名）人口流入	（17）
인기가 많다	（词组）有人气	（13）
인더스강	（名）印度河	（5）
인도	（名）人行道	（11）
인왕산	（名）仁王山	（16）

인정받다	(动) 得到认可，获得认可	(5)
인제군	(名) 麟蹄郡	(20)
인치	(名) 英寸	(6)
인턴 생활	(名) 实习工作	(5)
인형	(名) 人偶	(13)
일기	(名) 日记	(8)
일대	(名) 一带	(19)
일몰	(名) 日落	(5)
일반인	(名) 一般人	(8)
일방통행로	(名) 单行道	(11)
일손	(名) 人手	(5)
일손이 부족하다	(词组) 人手不足	(20)
일이 쌓이다	(词组) 工作堆积	(19)
119 구조대	(名) 119 救助队	(19)
일출	(名) 日出	(5)
일화	(名) 奇闻；趣闻	(1)
입국 심사대	(名) 入境检查台	(9)
입사하다	(动) 进公司，入职	(5)
입원하다	(动) 住院	(2)
잊다	(动) 忘记	(17)
자	(名) 尺子	(13)
자극적이다	(名) 刺激	(10)
자극하다	(动) 刺激	(10)
자동차 전용도로	(名) 汽车专用车道	(11)
자랑하다	(动) 自豪	(4)
자르다	(动) 剪，切，砍	(10)
자리잡다	(动) 坐落，位于	(5)
자연적	(名、冠) 自然	(3)
자외선 차단 로션	(名) 防晒乳液	(18)
자원봉사 활동	(名) 志愿者活动	(2)
자재 창고	(名) 材料仓库	(20)
자전거 전용도로	(名) 自行车专用道	(11)
자주색	(名) 紫色	(14)
작가	(名) 作家	(3)
잔고	(名) 余额	(14)
잔뜩	(副) 满，实	(19)

243

잠들다	(动)入睡，睡着	(18)
잠재하다	(动)潜在	(5)
장갑	(名)手套	(13)
장난감	(名)玩具	(13)
장난치다	(动)调皮	(16)
장례풍속	(名)丧葬风俗	(5)
장미꽃	(名)蔷薇花	(2)
장점	(名)优点	(10)
재개발하다	(动)再开发，进一步开发	(19)
재단하다	(动)裁决	(5)
재배하다	(动)栽培	(16)
재산 피해	(名)财产受损	(20)
쟁반	(名)盘子	(13)
저녁밥	(名)晚饭	(17)
저맘때	(名)那个时候	(19)
적극적이다	(名)积极	(10)
적당량	(名)适量	(10)
전국	(名)全国	(6)
전국 일주 여행	(名)全国一周游	(2)
전기밥솥	(名)电饭锅	(13)
전석	(名)全部座席	(2)
전시 해설 서비스	(名)展览讲解服务	(8)
전자 여권	(词组)电子护照	(9)
전자 티켓	(名)电子票	(9)
전자레인지	(名)微波炉	(13)
전채 요리	(名)（饭前）开胃菜	(10)
절벽	(名)绝壁	(16)
절약하다	(动)节约	(4)
절이다	(动)腌，腌渍	(10)
절전 효과	(名)节能效果	(1)
점원	(名)店员	(3)
점점	(副)渐渐	(10)
접다	(动)折叠	(5)
접시	(名)盘子	(13)
접시를 닦다	(词组)擦盘子	(18)
젓가락	(名)筷子	(13)

정각	（名）（……点）整	（12）
정보통신기술	（名）信息及通信技术	（17）
정비사	（名）机器修理工	（3）
정상가	（名）正常价格，标准价格	（19）
정선군	（名）旌善郡	（20）
정성	（名）真诚，精诚	（5）
정수	（名）精华	（1）
정신력	（名）意志力	（10）
정신을 차리다	（词组）打起精神来	（20）
정장	（名）正装	（13）
정중하게	（副）郑重地	（6）
정착생활	（名）定居	（5）
정착하다	（动）定居，落户	（17）
제공하다	（动）提供	（8）
제시간	（名）按时	（10）
제육볶음	（名）炒五花肉	（10）
제조업계	（名）制造业	（5）
제출하다	（动）提交	（6）
조개구이	（名）烤贝，烤蛤蚌	（10）
조개젓무침	（名）凉拌腌贝	（10）
조끼	（名）坎肩，背心	（13）
조리다	（动）酱，熬	（10）
조상님	（名）祖先	（4）
조양공원	（名）朝阳公园	（19）
조용필	（名）赵容弼	（19）
족발	（名）猪蹄	（13）
졸다	（动）打瞌睡	（4）
종교적	（名、冠）宗教化	（3）
종사하다	（动）从事	（3）
종소리	（名）钟声	（4）
종업원	（名）职工，员工	（3）
좌회전	（名）左转	（4）
주 5일제 근무	（名）五天工作制	（7）
주머니	（名）口袋	（13）
주민	（名）居民	（20）
주변	（名）周边，周围	（11）

주사	（名）主事，老爷	（3）
주연 배우	（名）主演	（4）
주전자	（名）壶	（13）
주전자 뚜껑	（名）壶盖	（13）
주차장	（名）停车场	（5）
주택가	（名）住宅区	（11）
주홍빛	（名）朱红色的光	（6）
줄무늬	（名）纹路	（13）
줄을 서다	（词组）排队	（18）
중고품	（名）旧货	（1）
중년 남자	（名）中年男子	（6）
중량초과	（名）超重	（9）
중소도시	（名）中小城市	（11）
중소도시	（名）中小城市	（17）
중심	（名）中心	（11）
증명사진	（名）证件照	（17）
증세	（名）症状	（4）
지각하다	（动）迟到，晚到	（17）
지갑	（名）钱包	（2）
지리산	（名）智异山	（8）
지리적	（名、冠）地理性	（3）
지방	（名）地方	（11）
지방도	（名）地方道路	（11）
지방도시	（名）地方城市	（11）
지속가능하다	（形）可持续的	（17）
지역	（名）地域，地区	（11）
지원하다	（动）支援	（3）
지점	（名）分店	（13）
지지다	（动）煎，摊	（10）
지칭하다	（动）指称	（19）
지퍼	（名）拉链	（13）
지하 수장고	（名）地下收藏库	（8）
지하철 선반	（词组）地铁搁物架	（11）
직모	（名）又直又硬的发质	（15）
진도	（名）震度	（8）
진열대	（名）展柜	（13）

진품	（名）正品	（1）
진하다	（形）浓，厚	（13）
진흙	（名）黏土	（18）
짜다	（形）咸的	（10）
짧은 치마	（名）短裙	（13）
짧은팔	（名）短袖	（13）
짭짤하다	（形）咸滋滋的	（10）
쪼개다	（动）剖开，劈开	（10）
찌다	（动）蒸；发胖	（10）
찜기	（名）蒸笼	（13）
찜닭	（名）蒸鸡	（10）
차도	（名）车道	（11）
차례	（名）次，回	（18）
차례상	（名）供桌	（4）
차분하다	（形）文静的	（10）
차사고	（名）车祸	（18）
차표	（名）车票	（18）
착륙	（名）着陆	（9）
착하다	（形）善良的	（10）
찬성	（名）赞成	（2）
참사관	（名）参赞	（3）
참을성이 강하다	（词组）有耐心	（10）
참을성이 약하다	（词组）没有耐心	（10）
참치볶음밥	（名）金枪鱼炒饭	（10）
찻잎	（名）茶叶	（10）
창고	（名）仓库	（1）
창공	（名）苍穹，天空	（5）
창의성	（名）创意性	（5）
채널	（名）渠道	（18）
채취하다	（动）采集，采掘	（18）
책임감	（名）责任感	（10）
철근	（名）钢筋	（20）
철원군	（名）铁原郡	（20）
철학책	（名）哲学书	（18）
첫눈에 반하다	（词组）一见钟情	（18）
청계산	（名）清溪山	（16）

청년	（名）青年	（19）
청사	（名）办公大楼	（9）
청정지역	（名）清净的地方	（11）
체류	（名）滞留	（9）
체류하다	（动）滞留	（9）
체육대회	（名）运动会	（11）
체육복	（名）运动服	（13）
체인	（名）链子，链条	（7）
체험하다	（动）体验	（18）
초대하다	（动）邀请，招待	（10）
초절전형 가전제품	（名）超节能型家电用品	（1）
초콜릿	（名）巧克力	（13）
추돌사고	（名）追尾事故	（17）
추앙하다	（动）仰慕	（16）
추어탕	（名）泥鳅汤	（14）
추진하다	（动）推动，促进	（17）
춘천시	（名）春川市	（20）
출간되다	（动）出刊，出版	（5）
출근길	（名）上班的路	（6）
출발하다	（动）出发	（10）
출연하다	（动）出演	（4）
출판인	（名）出版人	（3）
충분히	（副）充足，充分地	（17）
충전하다	（动）填充	（18）
충치	（名）龋齿，虫牙	（2）
측우기	（名）测雨器	（8）
치과	（名）牙科	（20）
치마	（名）裙子	（13）
치수사업	（名）水利工程	（5）
치아	（名）牙齿	（20）
친동생	（名）胞弟（妹），亲弟（妹）	（18）
친절하다	（形）亲切	（2）
친절하다	（形）亲切的	（10）
친지	（名）亲友	（4）
친하다	（形）亲密的	（10）
친형	（动）亲哥哥	（8）

커튼	(名)帘子	(8)
케이크	(名)蛋糕	(2)
코트	(名)球场	(12)
코피	(名)鼻血	(15)
콧수염	(名)胡子	(15)
콩	(名)大豆，黄豆	(13)
콩나물국	(名)豆芽汤	(2)
콩나물무침	(名)凉拌黄豆芽	(10)
콩나물비빔밥	(名)黄豆芽拌饭	(10)
콩자반조림	(名)酱油煎豆	(10)
큰 길	(名)大路，大道	(11)
큰애	(名)大儿子/大女儿，老大	(19)
큰형	(名)大哥	(17)
클립	(名)曲别针	(13)
키위	(名)猕猴桃	(12)
키위 주스	(名)猕猴桃汁	(15)
탄수화물	(名)碳水化合物，糖类	(14)
탑승 수속	(名)登机手续	(9)
탑승객	(名)乘客	(9)
탑승구	(名)登机口	(9)
탑승권	(名)登机牌	(9)
탑승동	(名)航站楼	(9)
탑승하다	(动)登机	(9)
태권도	(名)跆拳道	(10)
태백산맥	(名)太白山脉	(16)
태백시	(名)太白市	(20)
태우다	(动)烧	(20)
태평	(名)太平	(16)
태풍	(名)台风	(17)
털모자	(名)毛帽子	(7)
털모자	(名)冬帽，毛线帽	(13)
토양	(名)土壤，泥土	(11)
토질	(名)土质	(16)
튀기다	(动)炸，煎；弹，弹开；溅	(10)
특별 전시회	(名)特别展示会	(8)
티그리스강	(名)底格里斯河	(5)

티셔츠	（名）T恤衫	（13）
티셔츠	（名）T恤	（17）
티켓	（名）票	（9）
팀	（名）团队	（1）
파	（名）葱	（13）
파괴하다	（动）破坏	（11）
파도	（名）波涛，波浪	（5）
파란불	（名）绿色信号灯	（17）
파란색	（名）蓝色	（13）
파무침	（名）凉拌小葱	（10）
파일	（名）文件夹，纸夹	（18）
판매원	（名）售货员	（3）
판매하다	（动）贩卖，销售	（19）
판사	（名）审判员	（3）
판서하다	（动）写板书	（16）
팔짱을 끼다	（词组）抄手	（10）
팝콘	（名）爆米花	（11）
팽이버섯	（名）金针菇	（13）
페인트 칠	（词组）油漆	（11）
편도	（名）单程	（9）
편의점	（名）便利店	（12）
평론가	（名）评论家	（5）
평사원	（名）普通职员	（12）
평창군	（名）平昌郡	（20）
폐업하다	（动）停业，关门	（17）
폐하	（名）陛下	（1）
포크	（名）叉子	（13）
폭설	（名）大雪，暴雪	（10）
폭포	（名）瀑布	（16）
폴더	（名）文件夹	（18）
푸켓섬	（名）普吉岛	（18）
풀	（名）胶水	（13）
풋과일	（名）青果，没熟的果子	（20）
풍부하다	（形）丰富	（6）
프라이팬	（名）平底锅	（13）
프림	（名）护肤乳液	（14）

피라미드	（名）金字塔	（5）
피자	（名）比萨	（16）
하늘길	（名）航路	（11）
하루하루	（副）一天天，每天	（19）
하산하다	（动）下山	（20）
하의	（名）下半身穿的衣服	（13）
학원	（名）学院，补习班	（4）
학자	（名）学者	（3）
한 술	（名）一口，一勺	（5）
한강시민공원	（名）汉江市民公园	（13）
한국어능력시험	（名）韩国语能力考试	（2）
한반도	（名）朝鲜半岛	（5）
한식집	（名）韩餐厅	（2）
한자리	（名）（欢聚）一堂，同一个地方	（4）
한창	（名、副）正当年，正，正好	（10）
한턱 쏘다	（词组）请客	（12）
할인점	（名）折扣店，打折店	（20）
할인판매	（名）打折销售	（13）
할인하다	（动）降价，打折	（13）
할인행사	（名）优惠活动，打折活动	（19）
핥다	（动）舔	（10）
항로	（名）航路	（11）
해답	（名）答案，解答	（11）
해돋이	（名）日出	（16）
해로	（名）海路	（11）
해맞이	（名）迎接新年第一缕阳光	（4）
해물파전	（名）海鲜葱饼	（10）
해발	（名）海拔	（16）
해수욕장	（名）海水浴场	（18）
해시계	（名）日晷	（8）
해안 도서 지방	（词组）沿海岛屿地区	（17）
해안도로	（名）环海公路	（11）
해외 출장지	（名）海外出差地	（11）
햅쌀	（名）新米	（7）
햇볕	（名）阳光	（8）
허리띠	（名）腰带	（13）

험준하다	（形）险峻	（16）
헤어 디자이너	（名）发型设计师	（15）
헤어컷	（名）剪发，理发	（15）
헬스클럽	（名）健身俱乐部	（11）
현관문	（名）家门	（7）
현금	（名）现金	（2）
현금 자동 입출금기	（名）现金自动存取机	（14）
현미	（名）糙米，粗米	（13）
현찰	（名）现金	（14）
협곡	（名）峡谷	（16）
혓바닥을 데다	（词组）烫舌头	（18）
형편	（名）情况，情形	（4）
호칭하다	（动）称呼	（19）
혼인 풍습	（名）婚俗	（17）
혼자	（副）独自，单独	（18）
혼합하다	（动）混合	（14）
홍당무	（名）胡萝卜	（3）
홍수	（名）洪水	（5）
홍천군	（名）洪川郡	（20）
화가 나다	（动）发火	（5）
화려하다	（形）华美的，华丽的	（5）
화성	（名）火星	（5）
화천군	（名）华川郡	（20）
화합하다	（动）化合	（5）
화해하다	（动）和解	（1）
화해하다	（动）和解	（13）
확정되다	（动）确定	（17）
환갑	（名）花甲	（13）
환경미화원	（名）清洁工	（3）
환경보호론자	（名）环保人士	（11）
환승	（名）换乘	（9）
환승구	（名）换乘口	（9）
환승하다	（动）换乘	（9）
환율	（名）汇率	（9）
환자	（名）患者	（4）
환전	（名）换钱，换汇	（9）

환전하다	(动) 换钱	(9)
환호성	(名) 欢呼声	(4)
활발하다	(形) 活泼	(16)
활발하다	(形) 活泼, 活跃	(10)
활발해지다	(动) 升温, 转活	(5)
활주로	(名) 机场跑道	(9)
활짝	(副) 大敞大开地, 光亮地, 喜庆地	(5)
회계사	(名) 会计师	(3)
회복하다	(动) 恢复	(4)
회색	(名) 灰色	(3)
회식	(名) 会餐	(11)
회의	(名) 会议	(11)
회화	(名) 绘画	(8)
횡성군	(名) 横城郡	(20)
훔치다	(动) 盗窃	(12)
훼손하다	(动) 损坏	(11)
휴대품	(名) 手提行李	(9)
흔적	(名) 痕迹, 形迹	(5)
흥미진진하다	(形) 津津有味的	(1)
흰색	(名) 白色	(13)
힘차게	(副) 猛力	(4)

练习册答案

<제 1 과>

<一、발음 point>
1. 생략
2. 1) [이화워네] [사부네 사믈] [이써요]
   2) [일딴] [월따니] [이씀니다]

<二、어휘 check>
1. 음력 2. 가까이 3. 정원 4. 도자기 5. 바닥 6. 채 7. 예술품 8. 시대 9. 여 10. 목조건물
2. (1) 재건축하기로 (2) 동원하여 (3) 빼놓고 (4) 세워진 (5) 차지하는

<三、문법 point>
1. 1) 갔었던 적이 있었다
   2) 먹은 적이 있다
   3) 읽은 적이 있다
   4) 탄 적이 있었다
   5) 못했던 적이 있었다
2. 1) (1) (ㄴ) 지나가는 것 같아
      (2) (ㄹ) 연주할 것 같았습니다
   2) (1) (ㄹ) 그칠 것 같아요
      (2) (ㄱ) 쓰러질 것 같아
3. 1) 아니요, 복사하시면 안 됩니다.
   2) 예, 붙여도 됩니다.
   3) 아니요, 입어 보시면 안 됩니다.
   4) 아니요, 그때 연락하시면 안 됩니다.
   5) 아니, 버리면 안 돼.
4. 1) 괜찮아요. 견딜 만해요.
   2) 별로 안 짜던데요. 먹을 만해요.
   3) 이 정도는 괜찮아요. 운전할 만해요.
   4) 아니요. 주방에 사람이 3명이나 있으니까 준비할 만해요.
   5) 네, 서울 근교에도 단체로 갈 만한 곳이 많아요. 제가 찾아볼게요.
5. 1) 열어야겠어요.
   2) 조사해 봐야겠습니다.
   3) 바꿔야겠어.
   4) 써야겠다.
   5) 가야겠어요.

<四、이해와 표현>
1. 1) 上个月在仁川机场见过的金科长，今天在首尔总公司又见到了。
   2) 这款新型电视是节电效果非常好的超节能型家电。
   3) 这里还留存着1000年前的木制建筑，真是太了不起了啊！

  4）这件文物是宋朝时贵族使用过的瓷器。
  5）本周四会议上需要做出重要决议，请勿缺席。
  6）值公司创立30周年之际，我代表公司向参加本次纪念仪式的各位来宾表示感谢。
  7）弟弟搬家一个多月了，我得联系一下看他最近过得好不好。
  8）想在首尔近郊建一栋能住四口人的房子，要花多少钱呢？
  9）这是三年前重建的新城，所以里面都是禁烟区。
  10）首尔历史博物馆里长期展览着多种文物，通过它们可以了解(韩国)首尔的历史。

2. 1) 최고
  2) 최소, 최대
  3) 최저
  4) 최선
  5) 최상

3. 1) 뛰어다녀도
  2) 놀아도
  3) 사용해도
  4) 먹어도
  5) 다운로드받아도

4. 1) 큰소리로 전화하면, 담배를 피우면, 노래하면
  2) 뛰어다니면, 담배를 피우면, 노래하면
  3) 담배를 피우면, 노래하면, 큰 소리로 전화하면
  4) 잠을 자면, 술을 마시면, 담배를 피우면, 음식물을 먹으면
  5) 사진을 찍으면, 담배를 피우면, 노래하면, 큰소리로 전화하면

5. 위조품, 경품, 사은품, 모조품

6. 1) 제 고향은 하북성 승덕입니다. 제 고향에는 유명한 명승고적이 많이 있습니다. 그중에서 특히 피서산장과 열하가 유명합니다. 피서산장은 청나라 시대에 황제의 여름 별장이었던 곳입니다. 열하는 조선시대 실학자였던 박지원이 방문하고 남긴 "열하일기"의 배경이 되는 곳이기도 합니다.
  2) 생략
  3) 북경 자금성에는 수많은 일화가 있습니다. 푸이 황제가 어릴 때 궁 안에서 자전거 타기를 좋아해서 자전거를 타고 지나다닐 수 있게 문턱을 깎아서 높이를 낮췄다는 일화가 유명합니다.

<五、속담>

1. 2)

<제 2 과>

<一、발음 point>

1. 생략

2. 1) [왕보그로] [예매할께요]
  2) [면뿐께서] [숙빠카실] [예정이심니까]

<二、어휘 check>

1. 1) 가능하면

2) 5성 호텔

3) 매우

4) 왕복, 편도

5) 여행사

6) 안내 책자

7) KTX

8) 주말

9) 홈페이지

10) 항공사

2. 1) 매진되었습니다.

2) 취소할 수 있습니까?

3) 문의하신

4) 들러서

5) 매진되었습니다.

6) 예약하시려면

7) 문의하신

8) 포기하고

9) 번거롭지만

10) 구하려면

<三、문법 point>

1. 1) 나는 10살이었을 때 동생은 7살이었다.

2) 저녁에 집에 돌아갈 때 이 책을 가지고 갈 것이다.

3) 내가 석간 신문의 1면을 다 읽었을 때 아버지가 집에 돌아오셨다.

4) 뒷동산에 예쁜 꽃이 피었을 때 봄비가 내리기 시작했다.

5) 용돈이 다 떨어졌을 때 다른 아르바이트가 생겼다.

6) 12시부터 2시까지 음식점에 손님이 가장 많을 때 종업원들이 가장 바빠요.

7) 1년 중에서 낮과 밤의 길이가 가장 길 때가 하지와 동지이다.

8) 아이가 생후 4개월이 되었을 때가 가장 예쁘고 귀엽다.

9) 하루 중에서 가장 더울 때 나는 냉수를 마시거나 샤워를 한다.

10) 2년 전에 4년제 대학을 졸업했을 때는 취직하기 어려웠다.

2. 1) 감았으니까

2) 마르니까

3) 아프니까

4) 준비했으니까

5) 힘드니까

3. 1) 예, 연주할 수 있습니다. / 아니요, 연주할 수 없습니다.

2) 예, 할 수 있습니다. / 아니요, 할 수 없습니다.

3) 예, 할 수 있습니다. / 아니요, 할 수 없습니다.

4) 예, 사과할 수 있습니다. / 아니요, 사과할 수 없습니다.

5) 예, 먹을 수 있습니다. / 아니요, 먹을 수 없습니다.

4. 1) 몇 송이밖에 없습니다.

2) 지금 3인분밖에 없는데.

3) 큰 것은 없고 작은 것밖에 없습니다.
　　4) 오른손잡이용밖에 없습니다.
　　5) 10,000원밖에 없어요.
5. 1) 테니스를 치거나 바둑을 둘 거예요.
　　2) 내년 2월 초에 가거나 내년 8월 말에 갈 거예요.
　　3) 과일을 먹거나 물을 마시면 돼요.
　　4) 버스를 타거나 지하철을 타면 돼요.
　　5) 신문방송학이나 역사학을 전공할 거예요.

<四、이해와 표현>

1. 경기도:
　　廣州(광주) : 남한산성, 팔당호, 남한산 계곡, 무갑산, 천진암, 경기도자박물관, 곤지암
　　驪州(여주) : 황학산 수목원, 세종대왕릉, 신륵사, 명성황후 생가, 고달사지, 사사산성, 신
　　　　　　　　륵사강변관광지, 여주박물관
　　坡州(파주) : 율곡선생 유적지, 자주삼릉, 용주서원, 소령원, 황희 선생 영당지, 교하 다율
　　　　　　　　리 지석묘군, 장릉, 성사영묘, 월롱산성지, 이이 선생 신도비, 자유의 다리, 보
　　　　　　　　광사, 황희 선생 묘, 신사임당 묘, 이이 선생 묘, 윤관 장군 묘, 세계 민속악기
　　　　　　　　박물관, 파주교육박물관, 화폐박물관, 영화 박물관, 아시아출판문과정보센터
　　楊州(양주): 장흥유원지, 송추유원지, 청암민속박물관, 장흥아트파크, 아름다운 돌 박물관,
　　　　　　　　필룩스 조명 박물관, 회암사지, 백수현 전통가옥, 무학대사비, 양주향교
　　南楊州(남양주) : 남양주영사박물관, 몽골문화촌, 남양주종합촬영소, 주필거미박물관, 모
　　　　　　　　란박물관, 실학박물관, 국립광릉수목원, 정약용선생묘

　　충청남도:
　　公州(공주) : 계룡산국립공원, 갑사, 동학사, 마곡사, 무령왕릉, 석장리박물관, 박동진판소
　　　　　　　　리 전수관, 민속극박물관, 국립공주박물관, 장승공원

　　충청북도:
　　淸州(청주): 우암산, 무심천, 운곡서원, 최영장군영당, 주성교육박물관, 흥덕사지, 고인쇄
　　　　　　　　박물관, 국립청주박물관, 청주백제유물전시관, 세계문자의 거리, 수암골
　　忠州(충주): 탄금대, 우륵당, 충주박물관, 중원고구려비, 충주호, 월악산, 수안보, 충주산성

　　강원도:
　　原州(원주): 치악산국립공원, 치악산자연휴양림, 구룡사, 상원사, 박경리문학공원, 토지문
　　　　　　　　학관, 원주향교, 원주법천사지 지광국사 탑비, 간현관광지

　　경상남도:
　　晋州(진주): 진주성, 진양호, 월아산, 청곡사, 경상남도 수목원, 물문화관, 금호지, 진주향
　　　　　　　　교, 진주국립박물관, 진주청동기문화박물관, 진주8경

　　경상북도:
　　慶州(경주): 남산, 경주국립박물관, 보문관광단지, 첨성대, 석굴암, 문무대왕릉, 세계문화
　　　　　　　　엑스포공원, 신라밀레니엄파크, 오릉, 토함산사연휴양림, 황룡사지, 분황사 석
　　　　　　　　탑, 임해전지, 계림, 나정, 서출지, 다보탑, 양동마을
　　尙州(상주): 성주봉자연휴양림, 상주예술촌, 상주박물관, 경천대, 화달리3층석탑, 수암종
　　　　　　　　택, 동학교당

榮州(영주): 영주관광8경, 부석사, 소수서원, 무섬마을, 희방폭포, 죽계구곡, 소백산풍기온천, 소수박물관

星州(성주): 가야산야생화식물원, 가야산녹색체험마을, 세종대왕자태실, 성주향교, 한개마을, 금봉리석조비로자나불좌상

전라북도:

全州(전주): 자연생태박물관, 한옥마을, 실상사, 견훤왕궁터, 풍남문, 전주한지박물관, 동학혁명기념관, 한국소리문화의 전당, 국립전주박물관, 전통술박물관,

完州(완주): 고산자연휴양림, 대둔산도립공원, 모악산도립공원, 공기마을 편백나무숲, 송광사, 대아수목원

전라남도:

光州(광주): 국립광주박물관, 무등산 주상절리대, 증심사, 충장로, 광주월드컵 경기장, 남도 향토 음식박물관, 광주8경

羅州(나주): 나주영상테마파크, 나주시천연염색문화관, 나주읍성, 반남고분군, 도래마을, 영산강

제주도:

濟州(제주): 용두암, 한라수목원, 삼혈성, 모충사, 어리목, 방선문, 한라산국립공원

2. 1) 一会儿下课先去趟书店再回家吧。
   2) 骑车出事了，幸好没有大碍。
   3) 在今天这么一个大喜的日子，咱们一起举杯欢庆吧。
   4) 天气情况可以直接拨131咨询。
   5) 这家烤肉店的服务还是不错的。
   6) 钱包里只有2500韩元，所以只买了一点儿橘子。
   7) 最近是旺季，机票最好提前定。
   8) 如果您想确认预约的情况，请访问我公司主页。
   9) 这次去首尔的话，会住在位于江南的五星级宾馆。
   10) 去地铁咨询台，能够免费领取首尔观光手册。

3. 1) KTX를 타기 위해 표를 예매했어요.
   2) 승강장에서 지하철이 오기를 기다리고 있었다.
   3) 택시에서 내리려고 차비를 냈다.
   4) 비행기 자리를 예약했다.
   5) 관광버스를 타고 공항에 갔다.
   6) 서울 시티투어 버스를 타고 서울의 명소를 구경했다.

4. 1) 콩나물국이 뜨겁다 - 기다리다
   2) 안개가 끼다 - 예약을 취소하다
   3) 소나기가 오다 - 운전을 조심하다
   4) 독감에 걸리다 - 못 가다
   5) 지하철역 근처에 살다 - 교통이 편리하다

5. 1) 편도
   2) 이틀
   3) 별도

4) 매진

　　5) 예매

　　6) 경주

　　7) 가능한 한

6. 1) 다닐 때

　　2) 이었을 때

　　3) 힘들 때

　　4) 결혼할 때

　　5) 필 때 / 피었을 때

7. 1) 특별히 기념할 일이 있을 때 외식을 합니다.

　　2) 친구 생일이나, 시험이 끝났을 때, 한 학기가 새로 시작할 때 외식을 합니다.

　　3) 세계 여러 나라의 특색 있는 음식을 먹습니다.

　　4) 시간이 있을 때는 기다리지만 바쁠 때는 다른 집으로 갑니다.

　　5) 아닙니다. 자리만 예약하고 가서 주문해도 됩니다.

〈五、속담〉

1. 모든 일에는 반드시 원인이 있다는 뜻입니다.

2. (1)

〈제 3 과〉

〈一、발음 point〉

1. 생략

2. 1) [창조저긴 니리] [적썽에] [만는] [가타요]

　　2) [지픈] [경제저그로] [넝너카지] [안씀니다]

〈二、어휘 check〉

1. 1) 성격　2) 학기　3) 기자　4) 정성　5) 경쟁률

2. 1) 바뀌어서　2) 취직하려면　3) 제대하고　4) 가려고　5) 넉넉하지만　6) 활동적이니까

3. (4)

4. 지휘자, 기술자, 평론가, 작곡가, 군인, 전문경영인, 회사원, 은행원, 조율사, 마술사, 박사, 석사, 감사, 간사, 관장, 이장, 교도관, 소방관

5. 체계적, 시대적, 현대적, 근대적, 가식적, 분석적, 학문적, 계질적, 이성적

〈三、문법 point〉

1. 1) 예쁘다　2) 예뻐졌어　3) 가까워집니다　4) 가까워졌어요　5) 좋아진다

　　6) 좋아졌어요　7) 길어진다　8) 길어졌어　9) 귀찮아졌어요　10) 귀찮아졌어요

　　11) 느려집니다　12) 느려졌어

2. 1) 우울해졌어요.　2) 괜찮아졌어요　3) 추워졌어요　4) 빨개졌어요　5) 가벼워졌어요

〈四、이해와 표현〉

1. 1) 这次韩国语阅读考试我错了两道题。你都答对了么?

　　2) 我做的这道海鲜还合您口味么?

　　3) 人气明星一下车, 人们如潮水般地聚了过来。

　　4) 兵务厅的入伍通知书迟早会来的。

　　5) 没有梦想的年轻人是没有希望的。

6) 这次放假吃得多，又没运动，长胖了好多，衣服都穿不进了。
7) 想去金浦机场的话在这里坐公交或坐地铁就行。
8) 需要复印纸，想着下午去家附近的文具店买。
9) 为什么我房间打扫了一上午却不见干净呢？
10) 我要是像你一样擅长运动就好了。

2. 1) 겨울 방학에 갈까 합니다.
2) 1시간 후에 먹을까 합니다.
3) 숙제를 끝낸 후에 청소할까 합니다.
4) 3년 후쯤 결혼할까 합니다.
5) 대학을 졸업하기 전에 배울까 해.

3. 1) 이번 여름 방학에 학교 근처로 이사 가면 좋겠어요.
2) 다음 학기부터 영어를 배우면 좋겠어요.
3) 장사를 해서 돈을 많이 벌면 좋겠다.
4) 기말 시험에서 1등을 하면 좋겠다.
5) 시원한 아이스크림을 먹으면 좋겠다.

4. 1) 저는 국가의 발전을 위해 도움이 되는 일을 하고 싶습니다.
2) 제 전공 지식과 외국어, 컴퓨터, 경제 지식 등을 공부하고 있습니다.
3) 예, 저학년 때는 외국어를 공부하고, 고학년 때는 경제 지식을 공부할 것입니다. 시간이 있을 때 체력 단련도 게을리하지 않을 것입니다.
4) 국가의 발전을 위해 헌신하는 것은 매우 보람있는 일이기 때문입니다.

<五、속담>

1. (3)

2. 가: 뭘 그렇게 열심히 하고 있어요?
나: 예, 제 컴퓨터 하드디스크에 분명히 자료를 보관한 것 같은데 못 찾겠네요.
가: '시작' 메뉴에서 검색 기능을 활용해 보세요.
나: 언제 만들었는지, 제목이 뭔지, 어떤 프로그램으로 만들었는지 기억이 안 나서 검색을 할 수가 없어요.
가: 주제어도 모르겠어요?
나: 역사 방면의 자료였는데 잘 모르겠어요.
가: 서울에서 김서방 찾기네요. 잘 생각해 보세요.

<제 4 과>

<一、발음 point>

1. 생략

2. 1) [떡꾹] [마니] [드셔써요]
2) [윤노리는] [어렵찌] [안키] [때무네] [쉽께] [쑤] [이써요]

<二、어휘 check>

1. 설 – 설빔
생일 – 선물
추석 – 송편
단오 – 씨름름

2. 1) 복 2) 차례 3) 세뱃돈 4) 떡국 5) 간 6) 명절 7) 세배 8) 널뛰기 9) 윷놀이 10) 집안어른

<三、문법 point>
1. 1) 간식을 먹었어요.
   2) 퇴근 준비를 했어요.
   3) 음악을 듣고 책을 읽었어요.
   4) 아침 준비를 했어요.
   5) 봄맞이 대청소를 했어요.
   6) 전화를 받았어요.
   7) 사진을 많이 찍었어요.
   8) 역사 공부를 많이 했어요.
   9) 조상님들께 소원을 빌었어요.
   10) 귤을 까먹었어요.
2. 1) 아르바이트를 시작했어요.
   2) 항상 최선을 다해요.
   3) 노래방에서 노래연습을 많이 했어요.
   4) 봉사활동을 하기로 했어요.
   5) 하루에 30분씩 운동을 해요.
   6) 지금부터 계획을 잘 세워서 준비할 거예요.
   7) 효도관광을 보내드릴 거예요.
   8) 쉬는 시간에 찬 물로 세수를 했어요.
   9) 가까운 거리는 걸어다니고 있어요.
   10) 3세간 전에 집에서 출발했어요.
3. 1) 찍어야만 2) 입원해야만 3) 만나야만 4) 뛰어야만 5) 해야만

<四、이해와 표현>
1. 1) 돈을 저금하기 위해서 은행에 갔어요.
   2) 식료품을 사기 위해서 슈퍼마켓에 갔어요.
   3) 건강검진을 받기 위해서 병원에 갔어요.
   4) 자료를 찾기 위해서 도서관에 가야 해요.
   5) 컴퓨터를 배우기 위해서 학원에 다닐 거예요.
2. 1）边跑边说话太累了。
   2）正在一边浇花一边唱歌。
   3）一边上网一边打电话。
   4）我性格过于内向，所以周围没有什么朋友。
   5）内心明明喜欢，嘴上却说讨厌。
   6）玄关门锁采用的是门卡和钥匙同时使用才能打开的双保险设计。
   7）我三个儿子里，老大学习最好。
   8）楼里不能抽烟，所以公司职员都跑到外面去抽。
   9）为了每天早上都能早起，第一得买一个闹钟，第二得晚上11点之前就睡觉。
   10）你在家呆着，都不知道弟弟跑出去了？
3. 1) 키가 커요.
   2) 운동을 열심히 하는 것은 아니에요.
   3) 회사에 출근할 수 있어요.

4) 공부를 할 때는 창문을 닫는 게 좋아요.
　　5) 시내 대형서점까지 갈 필요가 있을까요?
4. 1) 年龄渐长，体力渐衰。
　　2) 韩国人认为春节时只有喝碗年糕汤才能长大一岁。
　　3) 人在社会生活中要谨言慎行，才不会遭人背后指点。
　　4) 这次工作开展之前，各位要坚定信念、下定决心。
　　5) 连日来气温持续在35度以上，人中暑了。
　　6) 我国足球队在下半场又被踢进一球，以1:2输掉了比赛。
　　7) 这些纸浸水了，不能使用了。
　　8) 被虫咬了的蔬菜更有利于健康。
5. 시, 한국, 이창동, 윤정희, 우연히 시 강좌를 듣게 된 노년의 여성이 직접 시를 쓰면서 변해 가는 모습, 2010
6. 1) 집에서 만두를 만들어 먹습니다.
　　2) 4천 년 전부터 있었고, 1949년 9월 중국인민정치협상회의에서 양력 1월1일은 원단, 음력 1월1일은 춘절로 정했습니다.
　　3) 恭喜发财，过年好，春节快乐

〈五、속담〉

1. 윗사람이 모범을 보여서 잘하면 아랫사람도 따라서 잘하게 된다는 뜻.
2. 아빠: 영석아, 양말을 벗었으면 세탁기에 넣어야지.
　 영석: 아빠도 이렇게 거실에 벗어두잖아요.
　 엄마: 윗물이 맑아야 아랫물이 맑지, 애들 앞에서 행동을 조심해야죠.
　 아빠: 알았어. 다음부터 조심할게.

〈종합연습 1〉

1. (듣기)
　 경철: 영민아, 너 북경에 있는 자금성에 가본 적 있다고 했지?
　 영민: 응, 대학교 2학년 때 가 봤어, 왜?
　 경철: 수업 시간에 발표를 해야 하는데 자금성과 관련 있는 자료가 필요해서 너에게 부탁하려고.
　 영민: 그래? 어떤 내용인데?
　 경철: 자금성 안에 있는 시계박물관에 들어가 봤어? 혹시 그때 찍은 사진 있니?
　 영민: 있어. 그런데 난 몇 장밖에 못 찍었어. 인터넷에 자료가 더 많을 텐데.
　 1) 대학교 2학년 때 가본 적이 있습니다.
　 2) 시계 박물관을 찍은 사진을 좀 달라고 부탁했습니다.
2. (듣기)
　 영희 엄마: 순영 엄마, 오랜만이에요. 잘 지냈어요?
　 순영 엄마: 영희 엄마, 반가워요. 얼굴 표정이 밝은 걸 보니까 뭐 좋은 일이

있는 거 같아요. 맞죠?

영희 엄마: 그렇게 보여요? 사실은 우리 영희가 이번에 학교에서 성적 장학금을 받았어요.

순영 엄마: 축하해요. 어려서부터 그렇게 착하던 영희가 공부도 잘 하니까 좋으시겠어요.

영희 엄마: 고마워요. 순영이도 공부 잘 하죠?

순영 엄마: 우리 애는 요즘 살을 빼려고 운동을 열심히 하고 있어요.

1) 영희가 성적 장학금을 받았기 때문입니다.
2) 살을 빼기 위해서입니다.

3. (5)
4. 1) 놀던 2) 까매졌어요. 3) 먹어야만 4) 쓰기 5) 걸었으면 6) 끝내도 7) 모르는 8) 불 9) 맞는 10) 드신
5. 가: 할아버지, 잘 지내셨어요? 새해 인사 드리러 왔어요.
   나: 오, 그래. 어서 와라.
   가: 이쪽에 앉으세요. 제가 세배 올릴게요. 새해 복 많이 받으세요.
   나: 그래, 이젠 절도 잘 하는구나.
   가: 새해 건강하세요.
   나: 그래, 너도 공부 잘하고, 건강해라.
6. (1) -였으니까 (2) -이었으니까 (3) -니까 (4) -이니까 (5) -일 것이니까
   (6) -았으니까 (7) -었으니까 (8) -였으니까 (9) -니까 (10) -으니까
   (11) -ㄹ 것이니까 (12) -을 것이니까
7. 나는 올해 22살이다. 대학교 3학년이다. 2년 후에 대학을 졸업한다. 그렇지만 아직 취직을 할지 대학원에 갈지 진로를 결정하지 못했다. 취직을 한다면 10년 후쯤 나는 어떤 모습일까? 내가 원하는 좋은 회사에 취직해서 지위가 높고 능력 있는 직장인이 되어 있을 것이다. 대학원에 진학한다면 내가 연구하고 싶은 분야에서 인정받는 젊은 학자가 되기 위해 박사 과정을 다니고 있을 것이다. 나는 운동에는 소질이 없기 때문에 인기 있는 운동선수는 될 수 없을 것이다. 10년 후에 멋진 내 미래를 위해서 최선을 다해야겠다.

<제 5 과>

<一、발음 point>

1. 생략
2. 1) [북경] [주구저미라는] [북경워닌] [유적찌가] [나마] [일씀니다]
   2) [만리장성은] [싸람드레] [자랑꺼리임니다]

<二、어휘 check>

1. 1) 자랑 2) 과학기술 3) 장관 4) 주변 5) 바로 6) 석기 7) 화석 8) 치아 9) 워낙 10) 무척
2. 1) 발굴하여 2) 거대한 3) 이용된다 4) 대단한 5) 채취한 6) 귀중한 7) 이라고도 불리는 8) 굉장한 9) 개발된 10) 바라보며/바라보면서

<三、문법 point>

1. 1) 앉아 있었습니다./있었다./있었어요./있었어.
   2) 서 있습니다./있다./있어요./있어.
   3) 잠재해 있습니다./있다./있어요./있어.
   4) 화가 나 있습니다./있다./있어요./있어.
   5) 놓여 있었습니다./있었다./있었어요./있었어.

2. 1) 얼음
   2) 치즈
   3) 흙
   4) 종이
   5) 옷감

3. 1) 한국어를 배운 지 3년이 되었고, 이제는 말하기를 잘할 수 있다.
   2) 운동을 시작한 지 한 달이 지났는데, 예전보다 체력이 좋아졌다.
   3) 동아리 활동을 한 지 한 학기가 되었는데, 성격이 더 활발해졌다.
   4) 점심을 먹은 지 두 시간밖에 안 지났는데 벌써 배가 고프다.
   5) 친구가 고향으로 돌아간 지 한 달이 지났는데 친구가 보고 싶다.

4. 1) 잊기 쉽다
   2) 통과하기 어렵다
   3) 보기 좋다
   4) 만나기 싫다

5. 1) 춥군요
   2) 비싸구나
   3) 늦었군요
   4) 뜨겁군요
   5) 있었구나

〈四、이해와 표현〉

1. 1) 上周末在郊外赏花，真是太棒了！
   2) 明天上午要去家附近的小学做志愿活动。
   3) 我弟弟在首尔的一家外贸公司工作3年了。
   4) 这道数学题很难解出来。
   5) 刚一出门就下雨了，于是又回来了。
   6) 这次金部长所负责的事情确实很难解决啊。
   7) 这里自然环境保存得太完好了，都可以叫作世外桃源了。
   8) 沿着这条山路往上爬5小时左右，就能到达山顶了。
   9) 没有胃口，一口饭都难以下咽。
   10) 头发太长了，想要剪短一点。

2. 1) 보관하지 않으면
   2) 활동하지 않으면
   3) 공부하지 않으면
   4) 보면
   5) 없어서

3. 1) 올라오시겠습니까, 올라가겠습니다

2) 내려가세요, 내려오세요
3) 들어가, 들어오세요
4) 나가도, 나와도/나오셔도

4. 1) 7년째입니다.
   2) 3년 지났습니다.
   3) 두 달 되었습니다.
   4) 30분 되었습니다.
   5) 6개월 됐습니다.

5. 1) (1) 예, 학교 다닐 때 친구들과 함께 가 본 적이 있습니다.
      (2) 올라가서 아래를 내려다보면 기분이 상쾌합니다.
      (3) 사계절 모두 경치가 아름답습니다.
   2) (1) 하(夏)나라의 우(禹)임금이 치수사업으로 유명합니다.
      (2) 북경, 서안, 낙양 등 고대 왕조의 수도에서 고대 문명의 유적지가 많이 분포해 있습니다.

<五、속담>

1. 가: 그 동안 시험 공부하느라고 정말 수고 많았어. 많이 힘들었지?
   나: 네, 힘든 나날이었지만, 정말 보람이 있었어요.
   가: 결과는 아직 안 나왔지만, 고생 끝에 낙이 온다니까, 곧 좋은 소식이 있을 거야.
   나: 네, 저도 이번 시험에 꼭 합격했으면 좋겠어요.

<제 6 과>

<一、발음 point>

1. 생략
2. 1) [삼십뿌니나] [느전네요]
   2) [할마리] [만치만] [주리겐씀니다]

<二、어휘 check>

1. 1) 도저히 2) 오히려 3) 너무나도 4) 자꾸 5) 그래도 6) 어디선가
2. 1) 으뜸 2) 상황 3) 사실 4) 볼거리 5) 진동
3. 1) 물든다 2) 울렸다 3) 울린다 4) 당황스러웠다 5) 당황스럽다 6) 아쉬웠다
   7) 아쉽다
4. 1) 제출한 2) 당황스러운 3) 물든 4) 아쉬운 5) 연기하는 6) 울린 7) 이상한
   8) 줄인 9) 지루한 10) 가르쳐준

<三、문법 point>

1. 1) 갈증이 날 때마다 조금씩 물을 마셔요.
   2) 3개월이나 못 뵈었어요.
   3) 1년 동안 운전을 했습니다.
   4) 고등학교에 다니는 동안 방학 때마다 봉사 활동을 했습니다.
   5) 회의를 하는데 전화가 와서 받을 수 없었습니다.
2. 1) 지하철을 타고 회사에 가는 동안 저는 신문을 읽어요.
      지하철을 타고 집에 돌아올 때마다 석간신문을 사서 읽어요.
      퇴근하기 위해서 지하철을 탔는데 사람이 너무 많았어요.

2) 명절날 떡을 빚을 동안 아이들은 방 안에서 장난감을 갖고 놀고 있었다.
떡을 빚을 때마다 딸들이 도와주니까 도움이 많이 돼요.
떡을 빚고 있는데 갑자기 남편이 손님들을 데리고 오겠다는 전화가 왔어요.

3) 내가 수학 문제를 다 푸는 동안 다른 친구들은 먼저 답안지를 제출하고 교실 밖으로 나갔다.
어려운 수학 문제를 풀 때마다 수학 공부를 더 열심히 해야겠다는 결심을 한다.
수학 문제를 푸는데 모르는 게 너무 많다.

4) 공원에서 그림을 그리는 동안 날씨가 매우 좋았다.
내가 야외에서 그림을 그릴 때마다 날씨가 좋았다.
그림을 그리는데 날씨가 점점 흐려졌다.

5) 자동차를 운전하는 동안 위험하니까 전화하지 마세요.
자동차를 운전할 때마다 마음이 불안해진다.
고속도로에서 자동차를 운전하는데 너무 피곤해서 휴게소에서 잠깐 쉬었어요.

3. 1) 昨天想买书包，去了一趟打折店，没有看上的就空手回来了。
2) 给男朋友发了三条短信，可是还没有回信。
3) 让您久等了，抱歉。
4) 旅行时吃了没熟的水果，腹泻难受得要命。
5) 没跟家里打招呼，跟朋友们玩到很晚才回家，结果父母大发雷霆。
6) 每次称体重都怕长肉而惴惴不安。
7) 新郎已经在婚礼现场等待，新娘还没来么？
8) 去餐厅，可是没有位置，等了三十分钟。
9) 从这里开始，请每隔两米放一个花盆。
10) 在店里试穿这件衣服的时候觉得很漂亮，怎么回到家里再试就不满意了呢？

〈四、이해와 표현〉

1. (가)

가: 최인영 씨, 오늘 오후 약속 시간이 몇 시였죠?

나: 오후 4시입니다, 김 부장님.

가: 벌써 3시 20분이나 됐는데 회의가 아직 안 끝나서 약속 시간을 지키기 어렵겠어요.

나: 그럼 제가 전화해서 30분쯤 늦겠다고 할까요?

가: 그렇게 해주세요. 회의 끝나고 상황을 봐서 내가 다시 전화하겠다고 윤 과장에게 전해 주세요.

나: 예, 알겠습니다.

1) 윤 과장과 약속을 했습니다.
2) 4시 30분으로 변경하려고 합니다.

(나)

가: 안녕하세요? 윤 과장님. YGI 기획실 최인영입니다.

나: 안녕하세요? 최인영 씨.

가: 저희 김 부장님이 회의가 아직 안 끝나셔서 약속 시간에 30분 정도 늦겠다고 하십니다.

나: 그래요? 알겠습니다.

가: 죄송합니다. 회의 끝나면 김 부장님이 직접 전화하시겠답니다.

나: 괜찮습니다. 전화 기다리겠습니다.

1) 김 부장님이 약속 시간에 30분 늦겠다고 했고, 회의 끝나면 직접 전화할 것이라고 했습니다.
2) 괜찮다고 했습니다.

2. 1) 세상에서 가족들과 함께 보내는 시간이 제일 행복합니다. 특히 춘절에 가족들이 다 모였을 때가 제일 행복했습니다. 부모님께 새해 인사도 하고, 맛있는 음식도 먹고, 재미있는 놀이도 하면서 즐겁게 지낼 때가 제일 행복합니다.

2) 제 주변 분들이 저를 이해해 주시지 않을 때가 가장 화가 납니다. 저는 최선을 다해서 제 인생을 즐겁고 보람있게 살려고 합니다. 그런데 저의 가족들이 저를 이해해 주지 않을 때 가장 슬프기도 하고, 또 가장 화가 납니다.

3) 대학교 때 아르바이트를 하면서 학업을 계속 했을 때가 가장 힘들었습니다. 저는 사회 경험을 쌓기 위해서 대학교 4년 동안 계속 아르바이트를 하면서 공부를 했는데 그때가 가장 힘들었던 것 같습니다.

3. 1) 저는 7시간 잠을 잡니다.
2) 정중하게 사과를 해야 합니다.
3) 화를 내지 않고 상대방을 이해해 줍니다.

4. 아버님, 어머님, 그 동안 제가 부모님 말씀을 잘 듣지 않고 제 주관대로 판단하고 행동해서 죄송합니다. 저는 대학을 입학한 후에 제가 성인이 되었다고 생각해서 제가 생각하는 대로 행동하려고 한 것입니다. 그러다보니 어떤 경우에는 아버님 어머님의 충고를 듣지 않은 때도 많았습니다. 그렇지만 부모님께 반항하려고 한 게 아니라 제가 스스로 책임을 지는 행동을 하기 위해 그렇게 한 것입니다. 저의 독단적인 행동 때문에 속이 많이 상하셨겠지만 저를 이해해 주시기 바랍니다. 그리고 더 신중하게 판단하면서 제 행동에 책임을 지는 그런 사람이 되겠습니다. 지켜봐 주세요.

<五、속담>

1. 3)

<제 7 과>

<一、발음 point>

1. 생략

2. 1) [토요일 빰] [열씨쯤] [이료일] [새병 네시쯤] [서락싼] [미테] [도착칼 쑤] [이쓸 꺼야]

2) [정시넙씨] [바쁠 꺼] [가타]

<二、어휘 check>

1. 1) 내려오 2) 넘어 3) 도착하 4) 복습하 5) 빡빡하 6) 연장하 7) 예습하
8) 출발합 9) 특별하

<三、문법 point>
1. (1) 만났어 (2) 만날래 (3) 살아 (4) 살까 (5) 사니 (6) 줘 (7) 주지 (8) 받았어
   (9) 받을래 (10) 떠나 (11) 떠나지 (12) 갔어 (13) 갈래 (14) 와 (15) 올까
   (16) 와라 (17) 예뻤어 (18) 예쁘지 (19) 길지 (20) 기니 (21) 높았어 (22) 높지
   (23) 짧아 (24) 짧을까 (25) 짧을까 (26) 짧으니 (27) 기뻐 (28) 기뻤어
   (29) 행복해 (30) 행복했어 (31) 뛸까 (32) 뛸래 (33) 사 (34) 살래 (35) 써
   (36) 썼어 (37) 써라 (38) 발표해 (39) 발표했어 (40) 발표할래 (41) 발표해라
   (42) 뽑을래 (43) 뽑니 (44) 찍었어 (45) 찍자
2. (1) 예요 (2) 입니다 (3) 아니에요 (4) 있어 (5) 없습니다
3. 1) 먹었어 2) 이야 3) 가 4) 만나 / 만나자 5) 멋었어 6) 말해 7) 살래 / 살 거야
   8) 만나자 9) 들어 10) 찍자
4. 1) 야 2) 아
5. 1) 많은데 2) 나는데 3) 샀는데 4) 왔는데 5) 정했는데

<四、이해와 표현>
1. 12월 6일-10일: 교과서 본문 읽고 모르는 단어 정리 – 단어장 작성
   12월 11일-15일: 교과서 본문 중에서 문법 항목 정리 – 문법 항목표 작성
   12월 16일-19일: 교과서 연습 문제 복습 – 틀린 문제 반복 학습
2. 1) 这次假期，决定和朋友们一起去雪岳山国立公园。
   2) 你坐在树荫下静静地听音乐吧。
   3) 实行每周五天工作制的公司渐渐地多了起来。
   4) 能把这本书借给我看么？
   5) 想要赏红叶的话，得选好日期。
   6) 你抽烟不？
   7) 我们家孩子最近总不听话，太不让人省心了。
   8) 用新米做饭味道非常好。
   9) 你也希望我这次考试及格吧？
   10) 自行车的链子掉了，能帮帮忙么？
3. (듣기)
   　　사람들은 새해가 되면 한 해를 어떻게 보낼 것인지 계획을 세웁니다. 운동을 시작해야겠다, 외국어를 배워야겠다, 담배를 끊어야겠다, 운전을 배워야겠다, 결혼을 해야겠다, 일을 더 열심히 해야겠다… 그리고 새해가 시작하기 전에 지난 한 해 동안 어떻게 살았는지 반성하기도 합니다. 또 미리 달력을 준비해서 벽에 걸거나 새 수첩을 사기도 합니다. 방을 깨끗하게 청소하면서 책상 주변을 정리하기도 합니다. 또 친구들과 이메일이나 핸드폰으로 새해 인사를 주고받기도 합니다. 새해가 시작하는 첫 날, 여러분은 무엇을 하고 싶습니까?
   1) 오전에는 가족들과 함께 맛있는 음식을 먹고 어른들께 신년인사를 하고, 오후에는 친구들을 만나서 밥도 같이 먹고 영화도 봅니다.
   2) 연초에 많은 계획을 세웠습니다. 특히 일을 더 열심히 하고, 건강을 유지하기 위해서 규칙적으로 운동을 하려고 했습니다. 지난 한 해 동안 이 계획을 지키려고 노력했고, 잘 지킨 편입니다.

〈五、속담〉
1. 가: 왜 철수 말은 안 믿고 영철이 말만 믿니? 영철이가 같은 반 친구라서 그러는 거야?
   나: 내가 보기에는 영철이 말이 맞는 거 같은데…
   가: 가재는 게 편이라고, 내가 보기에는 너희가 영철이와 같은 반 친구라서 그러는 거 같은데…
   나: 아니야. 다른 친구들도 영철이 말을 더 믿는 거 같아.

〈제 8 과〉

〈一、발음 point〉
2. 1) [혹씨] [한그를] [만드런는지]
   2) [역싸상] [임그미얻따]

〈二、어휘 check〉
1. 1) 과학적 2) 역사상 3) 인재 4) 문자 5) 튼튼히 6) 정치
2. 1) 물리쳐서 2) 안정시키세요 3) 자랑스럽습니다 4) 지겨라 5) 여기면서

〈三、문법 point〉
1. 멀었어 2) 태어나 3) 좋았어 4) 잡겠어 5) 지켰어 6) 옳아 7) 밝았어
   8) 훌륭하겠어 9) 운동해
2. 1) 오겠다 2) 있겠습니다 3) 끝내겠다 4) 주겠어요 5) 쓰겠습니다
3. 1) 하는지 2) 했는지 3) 건조한지 4) 찌는지 5) 재미있는지
4. 1) 재주가 많을 것 2) 여행비가 적게 들 것 3) 영화배우처럼 보일 것 4) 고급대형차
   5) 방이 많을 것
5. 1) 편이었다 2) 조용했다 3) 쳤다 4) 못했다 5) 탔다

〈四、이해와 표현〉
1) 这么慢慢腾腾准备的话肯定就赶不上火车了，抓紧时间啊。
2) 你这么穿真帅。
3) 菜太淡了，还是加点儿盐吃吧。
4) 也不知道这里能不能照相。
5) 复印完材料后回家。
6) 父母三天前出去旅行了，明天回家。
7) 我都上大学了，不知道父母为什么还把我当成孩子看。
8) 你见过滴漏、日晷和测雨器?
9) 训民正音是"教给百姓正确声音"的意思。
10) 不休息光干活，肯定很辛苦。

2. 〈듣기〉
   서울 용산에 있는 국립중앙박물관에는 한국의 국보급 문화재들을 비롯한 수많은 고대 유물들이 보관되어 있다. 구석기 시대부터 조선 시대 유물까지 22만여 점의 유물을 지하 수장고에 소장하고 있고, 그 중에서 만여 점의 유물을 전시실에서 일반인에게 공개하고 있다. 해마다 다양한 주제로 기획 전시나 특별전시회를 열기도 한다. 도자기는 물론, 복식이나 서예, 회화 작품도 눈여겨 볼 만하고, 불교 유물도 눈길을 끈다. 원래 경복궁 안에 있었는데 2005년 용산에 지하 1층, 지상 6층 규모로 새 건물을 지어서 옮겼다. 국내외 관람객들을 위해 영상, 음성 안내기와 전시해설 서비스를 제공하기도 한다.

1) 중국 역사박물관은 천안문 광장의 동쪽에 있습니다. 32만 점 이상의 유물을 소장하고 있습니다. 원시시대부터 봉건사회까지 고대 문헌, 청동기 유물 등 진귀한 유물을 전시하고 있습니다. 1961년 정식으로 개관한 이래로 매년 수많은 국내외 관광객들이 전시물을 관람합니다.

2) 저는 고대 한국인의 생활과 사상에 관심이 많습니다. 그래서 고대 문헌 자료에 관심이 많습니다. 한국은 고대사회에서 중국의 한자를 빌어 문자생활을 했기 때문에 15세기 이후에 한글 문헌 자료를 찾아볼 수 있습니다. 그래서 고대 한국 사람들의 사상과 풍습은 한자로 된 문헌자료와 한글로 된 문헌자료를 통해서 살펴 볼 수 있습니다. 그런데 고대 문헌자료는 많이 남아 있지 않습니다. 그래서 관심이 많습니다.

3. 1) 유물의 이름과 종류 : 동국대지도

2) 유물의 유래와 역사 : 이 지도는 정교한 솜씨를 추정해 볼 때 1755년에서 1757년 사이에 조선왕실의 화원인 도화원에서 그린 것으로 추정하고 있다.

3) 유물의 가치 : 한반도를 42만분의 1 정도로 축소해서 지도의 정확성이 높다. 교통로와 마을, 병영의 위치 등의 지리 정보를 다양한 기호로 표시해서 쉽게 알 수 있다. 보물 1538호로 지정되었다.

4) 유물 보존 방법: 비단 위에 그렸기 때문에 습기와 해충의 피해를 입지 않으려면 온도와 습도를 잘 유지해야 할 것이다.

〈五、속담〉

1. 1)

〈종합연습 2〉

1. (듣기)

슬기 : 동현아, 이번 겨울 방학 때는 뭐 할 거니?

동현 : 아직 계획 중이야. 슬기 넌 좋은 계획 있어?

슬기 : 중국 여행을 갈 거야. 북경과 상해, 항주, 소주에 갈 것 같아.

동현 : 그래? 누구랑 같이 가니?

슬기 : 아직 확실하지 않지만 동아리 선배들이 같이 가자고 해서 따라갈 거야.

동현 : 넌 방학 때마다 여행을 자주 가는구나. 부럽다, 나도 따라가고 싶네.

1) 동아리 선배들과 가려고 합니다.

2) 아직 계획이 없습니다.

2. (듣기)

승현 : 민규야, 용준아, 이제 너희 두 사람 그만 화해해. 같은 과 친구끼리 말도 안 하니?

민규 : 용준아, 우리 이제 그만 화해하자. 미안해.

승현 : 그래, 용준아, 그만 화 풀어.

용준 : 승현아, 나 화난 거 아니야. 나도 민규 너에게 좀 심하게 말한 거 같다. 사과할게.

민규 : 용준아, 그럼 우리 사과한 거다. 나도 앞으로는 말조심할게.

1) 민규가 먼저 사과를 했습니다.
2) 같은 학과 친구 사이입니다.
3. (2)
4. 1) 행복하신 2) 풀기가 3) 조용한데 4) 보는, 볼 5) 하는구나 6) 시작한 7) 있을
   8) 했니?, 하셨어요? 9) 아파 10) 먹자
5. 가: 야, 저기 봐. 태양이 떠오르고 있어.
   나: 정말 대단하다.
   가: 새해 첫날 태양을 보니까 의욕이 생긴다.
   나: 그래. 나도 용기가 생겼어.
   가: 우리 빨리 기념사진 찍고 친구들에게 전화해서 자랑하자.
   나: 알았어. 그럼 나는 부모님께 전화해야지.
6.

결합 조건		동사				형용사			
		가다	마시다	보다	수영하다	쉽다	예쁘다	가늘다	중요하다
개음절	과거		마신	본	수영한		예쁘던		중요하던
	현재		마시는	보는	수영하는		예쁜		중요한
	미래		마실	볼	수영할		예쁠		중요할
폐음절	과거	간				쉽던		가늘던	
	현재	가는				쉬운		가는	
	미래	갈				쉬울		가늘	

7. 주구점 근처에는 옛날부터 '용골'이라는 뼈가 많이 나왔는데 사람들이 만병통치약으로 사고 팔았다. 여러 고고학자들이 이 곳을 조사하다가 1927년 중국의 고고학자인 배문중이 동굴 속에서 원인의 두개골을 발굴하였다.

<제 9 과>

<一、발음 point>

1. 생략
2. 1) [느껜써요] [사람드리] [납쏭하기] [시자갣써요]
   2) [뭘뇨] [왕뇽] [덕뿌네] [즐거웓땀니다]

<二、어휘 check>

1. 1) 机舱内，可登机尺寸，舱内服务，舱内广播，舱内免税商品
   2) 护照，发护照，申请护照，更新护照，电子护照，遗失护照，护照到期，护照延期，重发护照
   3) 搭乘，搭乘；乘客，登机手续，登机牌，登机口，登机口，航站楼
   4) 免税店，免税商品
   5) 国际机场，国际线，国内线，国际路线，国内路线
   6) 换钱/换汇，换钱，汇率，韩币，人民币，美元，日币，欧元
   7) 换乘，换乘，换乘口

8) 签证，签证，申请签证，发签证
9) 电子票，机票，服务台，出票，出票，座席
10) 托运行李，行李提取处，手提行李，超重

2. 1) 끝내고 2) 둘러보고 3) 깔끔하게 4) 지내고 5) 작성해서

<三、문법 point>

1. 1) 피기 2) 불편할 3) 끝내자마자 4) 가져온 5) 사과
2. 1) 커피 2) 양복 3) 무거운 물건 4) 현금 5) 바나나
3. 1) 운동을 시작해서 건강해졌어요.
   2) 일찍 일어나서 학교에 늦지 않았어요.
   3) 원하는 직장에 취직해서 자랑스러워요.
   4) 집에 돌아가서 가족들이 안심했어요.
   5) 우수한 성적을 거두어서 흡족해요.
4. 1) 50원 뿐이에요.
   2) 세 장 뿐입니다.
   3) 반 뿐입니다.
   4) 가봤을 뿐입니다.
   5) 남았을 뿐입니다.
5. 1) 되자 2) 나오자 3) 출시하자 4) 터지자 5) 열자

<四、이해와 표현>

1. 1) 现在戴的帽子是谁给你织的？
   2) 请注意不要把护照弄丢了。
   3) 电影一结束，观众们一个个都开始从座位上站起来。
   4) 和那个朋友在大学毕业后彼此没有联系，有一次在路上邂逅了。
   5) 重量超过了15公斤，您得额外交运费。
   6) 刚刚12月初，就去滑雪？
   7) 我进去转一圈看看还有没有空座位。
   8) 这个箱子可以带进机舱。
   9) 想要换钱，可是换汇的地方在哪里呢？
   10) 房间里的打扫还没结束，现在进不去。
2. (듣기)
   　　한국의 영종도에 있는 인천국제공항은 시설이나 서비스 면에서 세계에서 가장 훌륭한 공항이라는 평가를 받았습니다. 3년 연속 고객만족도 1위를 차지한 국제적인 공항입니다. 전 세계로 뻗어가는 직항 노선이 있습니다. 인천국제공항과 베이징수도국제공항을 운항하는 노선은 하루에 수백 편이 있으며, 날마다 수만 명의 승객이 이 노선을 이용하여 중국과 한국을 오갑니다. 승객뿐만 아니라 화물 운송도 적지 않습니다. 비행 시간도 1시간 30분 밖에 안 걸리기 때문에 피곤하지 않게 왕복할 수 있는 거리입니다. 인천국제공항은 중국과 한국의 경제, 문화 교류에 큰 역할을 하고 있습니다.

   1) 중국과 한국의 관광, 유학, 경제 협력, 문화교류 등 국제선 이용객 수가 늘어나면서 하루 수백 편의 중국행 비행기가 운항하고 있다.
   2) 한국의 국제선은 대한항공, 아시아나 등이 있고, 중국의 경우 국제항공, 동방항공, 남방항공 등이 있다.

3) 한 해 백만 명이 넘는다.

4) 먼저 비행기 티켓을 제시하고 좌석을 배정받은 다음 보안검색대를 통과하여 출국 수속을 해야 한다. 그리고 탑승동에서 비행기에 탑승하면 된다.

5) 술을 마시고 소란을 피우거나 청사 내에서 담배를 피우면 안 된다.

<五、속담>
생략

<제 10 과>

<一、발음 point>
2. 1) [한구게] [와쏠] [몬 머거써요]
   2) [기름끼가] [많고] [다늠시글] [조아하는데] [한구금시뜨른] [맵꼬] [짠따]

<二、어휘 check>
1. 고구마튀김: 튀기다, 멸치국물: 우리다 감자조림: 조리다 콩자반조림: 조리다
2. 1) 간장, 소금: 짭짤하다, 짜다
   2) 고추, 고추장, 겨자, 양파: 매콤하다, 맵다
   3) 된장: 고소하다, 구수하다
   4) 산초: 아리다
   5) 식초: 새콤하다, 시다
   6) 설탕: 달콤하다, 달다

<三、문법 point>
1. 1) 힘든지 2) 강한지 3) 놀았는지 4) 유명한지 5) 맑은지 6) 듣는지
2. 1) 산에 가서 바람을 쐬겠다
   2) 연을 날리면서 친구와 함께 놀겠어요
   3) 밖에 안 나가고 책을 읽을래요?
   4) 교통방송을 들으면서 운전을 조심하세요.
   5) 밖에 나갈 때 마스크를 쓰고 물을 많이 마셔요.
3. 1) 가; 취직했어요?
      나: 예, 강남에 있는 무역회사에 취직하게 되었어요.
   2) 가: 요즘 운동 배우니?
      나: 응. 태권노를 배우면서 건강해지게 되있어.
   3) 가: 왜 머리를 잘랐어?
      나: 너무 더워서 머리를 자르게 됐어.
   4) 가: 이번에 사무실을 개업하게 되었어요.
      나: 축하해요.
   5) 가: 다음 달 10일날 결혼하게 되었어요.
      나: 축하해요.
4. 1) 적극적인 2) 끈기가 있는 3) 소심한 4) 영철, 참을성이 강한
   5) 용감하고 적극적이고 졸직한 성격이 좋은 성격이에요.
5. 1) 안 좋아요. 2) 적어요. 3) 살이 많이 빠졌어요. 4) 남반구, 북반구
   5) 시각적이에요.

<四、이해와 표현>
1. 1) 발라서 2) 깨물어서 3) 맛보세요 4) 썰어서 5) 빨아 6) 핥아 7) 벗겨
   8) 싸서 9) 긁어 10) 씹어서 11) 뜯어 12) 쪼개서 13) 잘라서
2. 1) 半决赛中，我国选手三比二赢了对方，进军决赛。
   2) 这次高考英语题有些难。
   3) 昨天京植的生日聚会，朋友们聚在一起，玩得非常尽兴。
   4) 第12道题不难，就不说明了。
   5) 跟这件东西的价格相比，它的质量真是不错。
   6) 房间都收拾好了，现在该洗洗吃饭了。
   7) 这个大酱汤里都放什么了？真香啊。
   8) 吃参鸡汤了，再往里面泡一碗米饭吃的话肯定要变胖的。
   9) 汤太淡了的话，放点儿酱油吃吧。
   10) 炒得太久，芝麻都糊了，还能吃吗？
3. 1) 국물이 많으
   2) 싱거
   3) 건강에 좋지 않아요
   4) 얼큰
   5) 매워요
4. 1) 너무 맵지 않고 담백한 맛을 좋아해요.
   2) 삼계탕이 유명해요. 인삼, 밤, 대추를 넣고 끓여서 영양도 풍부해요.
   3) 김밥을 만들 수 있어요. 잘 구운 김 위에 밥을 펴놓고, 그 위에 시금치, 우엉, 햄, 단무지 계란말이를 올려 놓고 돌돌 말아서 먹으면 돼요.

<五、속담>
1. 어머니: 요즘 밤늦게까지 왜 그렇게 게임만 하니?
   영식: 너무 걱정 마세요. 학과 공부도 열심히 하고 있어요.
   어머니: 그러다가 건강을 해칠까 봐 그러지.
   영식: 제 할 일은 다 하니까 걱정 안 하셔도 돼요.
   어머니: 오늘부터 컴퓨터는 하루에 2시간 이내로 해라.
   영식: 2시간이요? 너무 짧아요.

<제 11 과>

<一、발음 point>
1. 생략
2. 1) [시픈데] [조을까요]
   2) [유채꼳또] [볼껌] [가치]

<二、어휘 check>
1. 중소도시, 대도시, 시내, 외곽, 대도시, 주변, 지방
2. 보행도, 인도, 항로, 하늘길, 고속도로, 일방통행로, 골목길, 바닷길, 뱃길

<三、문법 point>
1. 1) 중국의 복건성, 운남성과 한국의 전남 보성 지방입니다.
   2) 중국의 엔타이외 한국의 경북지방입니다.

3) 중국의 해남도와 한국의 제주도입니다.
2. 생략
3. 1) 맛있는 음식을 먹을 겸 사진도 찍을 겸 지리산에 갔다.
　　2) 과월호 잡지를 열람할 겸 친구를 만날 겸 도서관에 갔어요.
　　3) 머리를 식힐 겸 여행을 할 겸 경주에 갔어요.
　　4) 돈도 벌 겸 사회 경험도 쌓을 겸 아르바이트를 했어요.
　　5) 체력을 연마할 겸 살도 뺄 겸 헬스클럽에서 운동을 시작했어요.
4. 1) 네 선물도 사올 걸 그랬다.
　　2) 밥을 좀 많이 먹을 걸 그랬다.
　　3) 집에서 두껍게 입고 나올 걸 그랬다.
　　4) 택시를 타고 올 걸 그랬다.
　　5) 저녁 먹고 바로 갈 걸 그랬어요.
5. 1) 마를 거예요.
　　2) 볼 수 없을 거예요.
　　3) 유실물센터에 연락하면 찾을 수 있을 거예요.
　　4) 괜찮을 거예요.
　　5) 더 멋있게 보일 거예요.

〈四、이해와 표현〉
1. 1) 这里以鲍鱼粥闻名，我们参观外加吃饭去趟水产市场吧。
　　2) 上山的路太危险了，所以花了四个小时。
　　3) 坐在大海边上，和朋友们赏着晚霞唱歌。
　　4) 刚刚弟弟收到消息，他考上了大学。
　　5) 请看看这张照片。在黄灿灿的油菜花前面拍的照片，人的脸也显得非常好看吧？
　　6) 那家生产电子产品的公司更以致力于社会公益事业而闻名。
　　7) 同唱歌相比，那位歌手的演技更为著名。
　　8) 就这么分手了，之前应该对他更好一些。
　　9) 西服上衣上粘了一块黑点，送去洗衣店的话能洗掉吧？
　　10) 这个圣诞节会下雪么？
2. (듣기)
　　　지구상에는 고대부터 4대 문명권을 비롯하여 크고 작은 문명이 발전해왔으며, 지금까지 고대 문명의 흔적을 찾은 유물과 유적지도 적지 않다. 반면 인류의 손길이 닿지 않은 청정지역도 많이 남아 있다. 인간의 문명 발전과 자연환경의 보존은 상반된 의미로 이해할 수 있다. 최근 대기, 토양, 수질오염이 심해지고, 남극의 빙하가 녹으면서 전 세계 환경보호론자들은 자연을 보호해야 한다는 목소리를 높이고 있다. 지구 곳곳에서 원시림을 훼손하면서 자연환경을 파괴하고 있는 인간의 욕심 때문에 지구는 몸살을 앓고 있다. 21세기에는 인간과 자연이 공존할 수 있는 최선의 방법이 무엇인지 인간 스스로 해답을 찾아야 할 것이다.
　　1) 생략
　　2) 생략

〈五、속담〉
1. 3)

〈제 12 과〉

〈一、발음 point〉

1. 생략

2. 1) [연락뜨리지] [모태] [죄송함니다]

   2) [감사함니다] [뵙껟씀니다]

〈二、어휘 check〉

2. 1) 생맥주집 2) 안부 3) 지시하셨어요 4) 차 5) 목소리 6) 대리 7) 웬일

〈三、문법 point〉

1. 1) 지금 부산에 비가 오고 있다고 했다.

   2) 오늘 저녁에 된장찌개를 먹고 싶다고 했다.

   3) 이 옷이 손님에게 잘 어울린다고 했다.

   4) 이 슈퍼마켓이 우리 동네에서 제일 크다고 했다.

   5) 다음 달에 결혼할 거라고 했다.

   6) 저분은 나의 한국어 선생님이라고 했다.

2. 1) 고등학교 때 친구 주나를 만났다고 했다.

   2) 파란색 코트가 자기가 입언 옷이라고 말했다.

   3) 책을 읽었다고 했다.

   4) 핸드폰을 분실했다고 했다.

   5) 바다낚시를 갔었다고 했다.

3. 1) 먹었냐고 물었다.

   2) 드셨냐고 여쭤보았다.

   3) 너무 짧으냐고 여쭤보았다.

   4) 어디까지 가시냐고 물었다.

   5) 어떠냐고 물었다.

4. 1) 재미있었냐고 물었다.

   2) 했느냐고 물어보셨다.

   3) 닦았느냐고 물어보셨다.

   4) 연습하고 왔느냐고 물었다.

   5) 짰냐고 물어보셨다.

5. 1) 드시라고 말씀하셨다.

   2) 마시지 말라고 말했다.

   3) 전해달라고 말했다.

   4) 약속하라고 말했다.

   5) 제출하라고 말씀하셨다.

6. 1) 마시자고 했다.

   2) 도와주자고 했다.

   3) 출발하자고 말씀하셨다.

〈四、이해와 표현〉

1. 1) 老师问谁知道这个问题的答案。

   2) 工作与爱情哪一个更重要的问题，回答起来非常困难。

   3) 五岁的弟弟问我狮子和老虎哪一个力气更大。

4) 社长和职工们在送年会上相约明年更加努力地工作。
5) 朋友说两点之前会过来，可是都过了一个小时了还没到，让人担心。
6) 我问银行职员能不能把韩元换成人民币。
7) 身体很不好，想下午应该去趟医院。
8) 我告诉中国朋友，写论文时如果想查找更多的资料就去国立中央图书馆。
9) 牙科医院的护士说拔牙不疼，告诉我不要害怕。
10) 朋友问我在钓鱼池钓到了几条鱼。
2. 민영이에게 잘 있었냐고 전화가 왔다. 영철이도 민영이에게 잘 있냐고 말했다. 민영이는 대학원 준비 때문에 바빴다고 했다. 영철이는 합격했느냐고 물었다. 민영이는 합격했다고 말했다. 영철이는 한턱 쏘라고 말하고 시간 내서 한번 보자고 했다.
3. 생략

〈五、속담〉
1. 3)

〈종합연습 3〉

1. (듣기)
   연주: 어휴, 난 이 이상 못 먹겠어.
   승철: 몇 젓가락밖에 안 먹고 그렇게 많이 남겼어?
   연주: 이렇게 매운 냉면은 처음이야. 넌 참 매운 음식을 잘 먹는구나.
   승철: 난 매운 맛을 좋아해. 더 매웠으면 좋겠어.
   연주: 대단하다. 나도 좋아하지만 이건 너무 매워.
   승철: 그래? 그럼 다른 걸 하나 더 시켜.
   1) 냉면이 너무 매워서 남겼습니다.
   2) 연주가 너무 매워서 냉면을 남겼기 때문에 배가 고플까 봐 더 시키라고 했습니다.
2. (듣기)
   캉민: 진욱아, 그럼 나 들어갈게. 잘 있어.
   진욱: 그래. 캉민 잘 가. 도착하면 연락해.
   캉민: 학교 생활 많이 도와줘서 참 고마웠어. 네 덕분에 참 재미있게 보냈어.
   진욱: 나도 즐거웠어. 그리고 부탁한 책 잊지 마.
   캉민: 알았어. 네 친구한테 전해줄게.
   진욱: 고마워. 그럼 조심해서 잘 가.
   1) 공항입니다.
   2) 친구에게 책을 전해 달라는 부탁을 했습니다.
3. 3)
4. 1) 복잡한지 2) 돌아오자마자 3) 갈, 찍을 4) 먹을 5) 도와준/도와주신
   6) 나가는 7) 시작할 거예요 8) 맑기로 9) 뿐이에요 10) 모르겠어요
5. 가: 우리 소고기 사다가 불고기 해 먹을까?
   나: 난 닭고기 요리를 먹고 싶은데.
   가: 그럼 불고기 좋아하는 애들도 있으니까 불고기도 하고, 닭고기 사다가 튀김 요리도 해 먹자.
   나: 그래. 그게 좋겠다.

6. 1) 예뻤는지 2) 높은지 3) 조용한지 4) 무거울지
   5) 마셨는지 6) 쌓는지 7) 말했는지
7. 나는 어렸을 때 할머니가 해주셨던 식혜 맛을 아직도 잊지 못한다. 식혜는 요즘에 나오는 음료수보다 별로 달지 않다. 그렇지만 살짝 얼려서 여름에 먹으면 참 맛있다. 겨울에 식혜를 밖에 두었다가 그릇에 따라 마셔도 그 맛이 일품이다.

〈제 13 과〉

〈一、발음 point〉

1. 생략
2. 1) [일딴] [올께요]
   2) [다른 걷뜨른] [아낟찌만] [밥소치] [비싿씀니다]

〈二、어휘 check〉

1. 1) 유리컵, 전자레인지 2) 접시, 포크 3) 밥그릇 4) 쟁반, 냉장고 5) 프라이팬
2. 1) 골라서 2) 인기 있는 3) 단순해서 4) 적지 5) 달린 6) 둘러보고 7) 매세요
   8) 유행하는

〈三、문법 point〉

1. 1) 짜리, 짜리, 짜리 2) 짜리, 어치 3) 짜리, 어치 4) 짜리, 짜리, 짜리
   5) 짜리, 짜리, 짜리
2. 1) 그루 2) 송이, 송이 3) 다발 4) 짝, 켤레 5) 채 6) 세 7) 벌 8) 갑 9) 편
   10) 초
3. 1) D. 편지 2) B. 전구 3) B. usb드라이브
4. 1) 알고 있기는요, 츠음 듣는데요.
   2) 재미있기는요, 지루해서 중간에 나왔어요.
   3) 좋아하기는요, 알러지가 있어요.
   4) 키워 보기는요, 전 고양이를 싫어해요.
   5) 책을 읽기는요, 너무 바빠서 잠잘 시간도 없어요.
   6) 화해하기는요, 말도 안 해요.
   7) 잘하기는요, 음치예요.
   8) 집을 사기는요, 대출금을 갚아야 해요.
   9) 인기가 많기는요, 친구도 별로 없어요.
   10) 건강해보이기는요, 몸이 안 좋아서 병원에 다녀요.
5. 1) 다섯 번 정도 갑니다.
   2) 한 번에 마십니다.
   3) 네 시간 정도면 다 읽습니다.
   4) 달마다 한 번씩 갑니다.
   5) 두 시간 정도 합니다.
   6) 하지 않습니다.
   7) 이틀에 한 번 운동합니다.
   8) 스무 통 정도 보냅니다.
   9) 비가 별로 오지 않습니다.
   10) 일곱 시간쯤 잡니다.

6. 1) 골라요 2) 흘러요 3) 불러요 4) 게을러요 5) 몰라서 6) 말라서 7) 빨라서
   8) 흘러서 9) 불러서 10) 게을러서 11) 골랐어요 12) 잘랐어요 13) 흘렀어요
   14) 불렀어요 15) 게을렀어요

<四、이해와 표현>

1) 虽然是双胞胎，兄弟俩性格相差很多。
2) 开始的时候不知道两个人谁是师兄谁是师弟。
3) 这个周末打算挑一些著名演技派演员们出演的电影看看。
4) 把纸剪成细长条，用胶水粘成美丽的花朵。
5) 好久不下雨，蓄水池的水都干了。
6) 您合着拍子唱歌，现在太快了。
7) 首尔的清溪川从西流到东。
8) 永哲把朋友叫到家里一起玩儿了。
9) 我性格疏懒，做事做不快。
10) 用锯子把整棵树锯成了两段。

2. (가)
   1) 한강시민공원에 자주 갑니다.
   2) 강바람도 쐴 겸 산책을 하기 위해서입니다.
   (나)
   1) 백화점에 갑니다.
   2) 물건도 구경하고 음식도 먹고 생활용품도 사기 위해서입니다.
   (다)
   1) 시장에서 과일을 팝니다.
   2) 가격이 많이 올랐습니다.

3. 생략
4. 생략
5. 생략

<五、속담>

1. 1)

<제 14 과>

<一、발음 point>

1. 생략
2. 1) [시게를] [약쏙씨가는] [삼십뿐바께] [나맏따]
   2) [지그믄] [현그미] [업써서] [사용할쑤] [업씀니다]

<二、어휘 check>

1. 계좌를 개설하다, 번호표를 뽑다, 현금카도로 계산하다, 송금을 하다, 돈을 인출하다

<三、문법 point>

1. 1) 이번 주 금요일 오후 3시-4시로 바꿔야 합니다.
   2) 김과장을 이대리로 바꾸세요.

3) 자주색을 짙은 남색으로 바꿉시다.
　　4) 소나무에서 사과나무로 바꿉시다.
　　5) 추어탕을 삼계탕으로 바꿔 주세요.
2. 1) 바람을 쐬러 바깥에 나가려고요.
　　2) 살을 빼려고 탄수화물을 적게 먹어야하거든요.
　　3) 돈을 찾으려고 은행에 가요.
　　4) 병원에 가서 진찰을 좀 받으려고요.
　　5) 시간이 없어서 집에서 운동을 하려고요.
3. 1) 혼자 먹을 게 아니라 친구들과 나눠 먹을 거예요.
　　2) 내 것이 아니라 하나는 동생 것이에요.
　　3) 내 여친이 아니라 내 친구의 여친이에요.
　　4) 영화배우가 아니라 연극배우예요.
　　5) 저 분이 아니라 하늘색 양복을 입으신 분이에요.
4. 1) 국물　2) 밥 위　3) 빨간색　4) 15　5) 두 스푼
5. 1) 누구든지　2) 언제든지　3) 어디든지　4) 무엇이든지　5) 어떻게든지

<四、이해와 표현>
1. 생략
2. 1) 不管是谁，喝这个茶一个月的话，就能减下去五公斤。
　　2) 想要养花，就买来了花籽种到了花坛里。
　　3) 把书装到这个箱子里，去邮局寄给住在国外的朋友。
　　4) 据说西方中世纪的炼金士们坚信能够用铅炼出金子。
　　5) 不是我唱歌好，是我弟弟唱歌好。
　　6) 这不是正品，而是赝品。
　　7) 魔女一施魔法，王子就变成了青蛙。
　　8) 顾客，请您先取号，之后在这里等待。
　　9) 我航空公司会安全地陪伴您到世界每一个地方。
　　10) 现在对我来说最需要的不是物质上的支持，而是各位温暖的鼓励与关怀。

<五、속담>
　　동생: 형, 이거 잘 모르겠는데, 좀 설명해 줘.
　　　형: 나도 지금 바빠서 시간이 없는데, 나중에 가르쳐 줄게.
　　동생: 그러지 말고 지금 좀 설명해 줘.
　　　형: 나도 내 코가 석 자란 말이야. 이거 끝내고 알려 줄게.

<제 15 과>

<一、발음 point>
1. 1) [염머리하고] [뒨머리는] [짤께] [꺼죠]
　　2) [절때로] [안씀니다]

<二、어휘 check>
1. 1) 미장원, 앞머리
　　2) 미발소, 염색

3) 이발사, 머리
   4) 거울
   5) 샴푸

<三、문법 point>

1. 1) 가져 가는 게 좋겠다.
   2) 얇은 옷을 가져가면 좋겠다.
   3) 머리를 뒤로 제끼는 게 좋겠다.
   4) 조금 이따가 다시 하는 게 좋겠다.
   5) 내가 먼저 하는 게 좋겠다.
2. 1) 부산에 온 김에 회를 한 접시 먹을까요?
   2) 다 모인 김에 윷놀이를 하면 좋겠어요.
   3) 백화점에 온 김에 당신 블라우스도 삽시다.
   4) 오랜 만에 뵌 김에 저녁 식사를 같이 할까요?
   5) 제주도에 간 김에 특산문 사왔어요.
3. 생략
4. 1) 10명 아니면 11명 정도 올 거예요.
   2) 오늘 아니면 내일 온대요.
   3) 제주도 아니면 설악산에 가고 싶어요.
   4) 아나운서 아니면 성우가 되고 싶어요.
   5) 오렌지주스 아니면 유자차로 주세요.
5. 1) 붓습니다 2) 저었어요 3) 지었습니다 4) 나아 5) 나았습니다

<四、이해와 표현>

1. 생략
2. 1) 有可能堵车，最好提前一个小时出发。
   2) 为了比现在更为美好的未来发奋图强吧！
   3) 您今天怎么看起来这么累啊？昨天没休息好么？
   4) 去市场的时候打算顺便见见朋友，一起吃个午饭。
   5) 感冒了，所以去医院看病，到药店抓药吃了。
   6) 这件事按照我的意志处理可以吧？
   7) 从九月份开始被外派到美国华盛顿工作。
   8) 汤太烫了，请用勺搅一搅再喝。
   9) 做饺子馅的时候，没有野鸡肉的话也可以使用一般的鸡肉。
   10) 坐出租车或者地铁去都好。
3. 집 앞 미용실에서 잘랐어.
   젊어보일 것 같은데.

<五、속담>

1. 3)

<제 16 과>

<一、발음 point>

1. 생략

2. 1) [금강사니] [조타고] [핻찌만] [이러케] [직쩝] [아름답꾸뇨]
   2) [마니] [드러봗찌만] [금강사닌] [거슨] [아란네요]

<二、어휘 check>

1. 1) 약수터 2) 바위 3) 봉우리, 해돋이 4) 절벽, 폭포 5) 봉우리, 전설 6) 능선

<三、문법 point>

1. 1) 시간이 너무 길기는 했지만 재미있기는 했다.
   2) 몸이 안 좋기는 했지만 참을 만했다.
   3) 가기는 하지만 좀 늦게 가도 돼요.
   4) 해야 하기는 하지만 지금은 안 할 거예요.
   5) 시간이 없기는 하지만 한 달에 한 번만 만날 거예요.
2. 1) 활발할 뿐만 아니라 예의가 있어요.
   2) 조용할 뿐만 아니라 교통도 편리해요.
   3) 단맛이 나는 과일 뿐만 아니라 신맛이 나는 과일도 잘 먹어요.
   4) 본 적이 있을 뿐만 아니라 제가 좋아하는 감독이에요.
   5) 성산 일출봉 뿐만 아니라 한라산에도 가 봤어요.
3. 1) 재미있는 책이나 읽으면서 보낼 거예요.
   2) 자전거나 탈 거예요.
   3) 피자나 먹을 거예요.
   4) 겨울에는 눈썰매나 탈 타면서 보냈죠.
   5) 컴퓨터 게임이나 하려고요.
4. 1) 기념 사진을 찍고 야호 하면서 소리치고 싶어합니다.
   2) 친구들은 게임을 하거나 자고 싶어합니다.
   3) 휴양지로 여행을 가고 싶어합니다.
   4) 다시 학교에 다니고 싶어하십니다.
   5) 테니스를 배우고 싶어합니다.
5. 1) 장난치는가 보다.
   2) 미술에 소질이 있나 보다.
   3) 긴장을 너무 많이 넣었는가 보다.
   4) 쉬운 수술이 아닌가 보다.
   5) 세탁기 안에 넣었는가 보다
6. 1) 토질이 좋은가 봐요.
   2) 설렁탕 국물이 차가운가 봐요.
   3) 기온이 급강하해서 그런가 봐요.
   4) 꽤 높은가 봐요.
   5) 꽃무늬가 싫은가 봐요.

<四、이해와 표현>

1. 1) 2) 3)
2. 1) 我去趟书店买本书之后再回家。
   2) 这道菜我虽然吃, 不过不是我喜欢的。
   3) 教室里这么静, 学生们大概都在自习。
   4) 所有人都想学外语, 可是要学得像母语那么好是非常难的。

5) 我学习是挺努力的, 可就是成绩不怎么好。
　　6) 我的朋友不但汉语好, 英语也很好。
　　7) 不仅给的时间很紧迫, 而且工作量非常大, 所以完成任务难度很大。
　　8) 想去旅行, 可没有人一起去, 所以没去成。
　　9) 听说李美子的唱片还很有人气, 大概是因为歌唱得太好了的缘故。
　　10) 羊群在草原上吃着草, 自由自在地生活。
3. 생략

〈五、속담〉
　　선생님: 좀 조용히 해 주세요. 누가 얘기하고 있는지 다 알고 있어요.
　　학　생: 선생님, 저는 안 떠들었는데요.
　　선생님: 네가 떠들고 있다고 말하지 않았는데, 역시 도둑이 제발 저린 모양이구나.
　　학　생: 네, 조용히 하겠습니다.
　　선생님: 고마워요.

〈종합연습 4〉

1. (듣기)
　　오늘은 목요일입니다. 퇴근 시간이 다 됐을 때 부장님이 직원들에게 이번 주 토요일에 시간이 있으면 함께 등산을 가자고 하셨습니다. 김 대리와 나는 이번 주 토요일까지 꼭 끝내야 할 일이 있어서 사무실에 나와야 한다고 말씀드렸습니다. 송 대리는 친구 결혼식이라서 못 가겠다고 했고, 박 대리는 친구와 선약이 있어서 갈 수 없다고 했습니다. 윤 과장님이 그럼 다음 주에 가는 게 어떻겠냐고 부장님께 말씀드렸습니다. 부장님은 그러면 다음에 같이 가자고 하시면서 김 대리와 나에게 너무 과로하지 말고 건강에 유의하라고 하셨습니다.
　　1) 김 대리와 나는 이번 주까지 꼭 끝내야 할 일이 있기 때문에 등산을 갈 수 없습니다.
　　2) 너무 과로하지 말고 건강에 유의하라고 하셨습니다.
2. (듣기)
　　손님: 남성용 스킨로션 있어요?
　　점원: 어떤 제품을 찾으세요?
　　손님: 그냥 제일 잘 팔리는 것으로 주세요.
　　점원: 이 신제품 한번 써 보시겠어요? 순하고 감촉이 좋아서 손님들이 많이 찾으십니다.
　　손님: 그래요? 한 병에 얼마예요?
　　점원: 원래 정가가 25,000원인데 할인가로 22,000원입니다.
　　1) 화장품 가게입니다.
　　2) 정가는 25,000원입니다.
3. 4)
4. 1) 없다고　2) 한다고　3) 크냐고　4) 놀라고　5) 먹자고　6) 살려고　7) 고프거든요
　　8) 짝은, 짝　9) 될　10) 살 만하겠어요/살 만했겠어요
5. 가: 요즘 어떻게 지내니?
　　나: 오랜만이다. 난 잘 지내. 너도 바쁘지?
　　가: 응. 좀 바쁜 편이야. 그런데 너 혹시 영준이 전화번호 아니? 전화 걸었더니 번호가 바뀐 거 같은데.

나: 영준이? 글쎄. 나도 잘 모르겠는데.
6. 1) 농구공이었냐고 했다 2) 농구공이냐고 한다 3) 농구공이냐고 하겠다 4) MP3 player였냐고 했다 5) MP3 player냐고 한다 6) MP3 player냐고 하겠다 7) 팠냐고 했다 8) 파냐고 한다 9) 파냐고 하겠다 10) 달렸냐고 했다 11) 달리냐고 한다 12) 달리냐고 하겠다 13) 조용했냐고 했다 14) 조용하냐고 한다 15) 조용하냐고 하겠다
7. 생략

⟨제 17 과⟩

⟨一、발음 point⟩
1. 생략
2. 1) [장녀네] [대학꾜에] [진하캐서] [서우레] [올라와써요]
   2) [절라남도] [광주지칼시가] [광역씨로] [승껴캔따]

⟨二、어휘 check⟩
1. 1) 산맥
   2) 수도권
   3) 내륙
   4) 여건
   5) 균형

⟨三、문법 point⟩
1. 1) 보기 좋네요
   2) 귀엽네요
   3) 부럽네요
   4) 일을 빨리 끝냈네요
   5) 이겼네요
2. 1) 태풍 때문에 비바람이 몰아치는데도 군인들은 쉬지 않고 주민들을 돕고 있었다.
   2) 날씨가 몹시 추운데도 여동생은 외출할 때 옷을 얇게 입고 다닌다.
   3) 저녁밥을 두 공기씩이나 먹었는데도 아이들은 배가 고프다면서 간식을 달라고 했다.
   4) 매년 많은 돈을 들여서 새 도로를 건설하는데도 교통 상황은 좀처럼 개선되지 않고 있다.
   5) 5년 전에 구입한 티셔츠인데도 여름만 되면 큰형은 아직도 그 옷만 입고 다닌다.
3. 1) 잤지만
   2) 마셨지만/마시지만
   3) 크지만
   4) 찍었지만
   5) 대학생이지만
4. 생략

⟨四、이해와 표현⟩
1. 1) 借助以物联网和大数据为基础的信息通信技术，能够有效管理城市。据说在这样的"智慧城市"中，市民的生活会变得更加安全、富足。
   2) 随着韩国政府对住房体系进行改善，连邮政编码也早已从六位数变为了五位数。
   3) 据悉，为防止中小城市的人口流失，地方政府施行了多项政策帮助人口流入和外来人口定居。

4）岭东、岭西、岭南、湖西、湖南地区都有些什么文化特征呢？
5）从首尔上西海岸高速公路可以到木浦市吗？
6）不久前我看到了一个新闻报道，江原道的道名也将和济州道一样，变为"江原道特别自治道"。
7）现在外面在下着暴风雪，但这里却非常温暖舒适。
8）昨天事情太多所以晚下班了，今天又没有完成，又得加班啊！
9）有急需报告的事情去办公室找部长，但会议还没结束，只能再等会儿。
10）我以前经常去的那家书店，现在已经倒闭，找不到了。

2. 종로구는 모두 17개동을 관할하고 있으며, 이 중에서 부암동(付岩洞)은 동명이 '부침바위'가 있었던 데서 유래하며, 세검정으로 잘 알려진 동네이기도 하다. 자하문터널, 창의문, 북악스카이웨이, 한양도성, 석파정 등으로 유명하다.

강남구는 모두 14개 법정동과 22개 행정동을 관할하고 있다. 이 중에서 신사동은 주거지역과 상업지역이 균형을 이루고 있는 지역이다. 동명인 '신사(新沙)'는 한강변에 있던 '새말'과 '사평리'의 이름에서 각각 따와서 신라라고 한 데서 연유한다. 북쪽으로 한강과 인접해 있다. 한남대교가 개통하면서 발전하기 시작했고, 경부고속도로와 연결된다. 다양한 편의시설이 밀집해 있고, 한강 시민공원이 있어서 생활체육활동을 하기 쉽고, 산책로가 발달해 있다.

3. 서울의 중구에 있는 명동은 서울의 근현대 문화와 금융의 중심지였다가 현재는 관광, 쇼핑의 관광특구로 상권이 발달한 곳이며, 개업한 지 오래된 맛집들도 많으며, 지하철 2호선, 4호선, 그리고 버스 노선이 많아서 교통이 발달한 곳이다.

4. 1) 북한산국립공원 관리사무소
02700 서울특별시 성북구 보국문로 262
262 Bogungmun-ro, Seongbuk-gu, Seoul
2) 올림픽공원
05540 서울특별시 송파구 올림픽로 424(방이동)
424 Olympic-ro, Songpa-gu, Seoul
3) 예술의 전당
06757 서울특별시 서초구 잠부순한로 2406(서초동)
2406 Nambusunhwan-ro, Seocho-gu, Seoul

5. 1) 국립수목원(경기도 포천시 광릉수목원로 415)
2) 이곳에서 자연 경관을 배경으로 멋진 사진을 찍고 싶다.
3) 한국어 안내 서비스를 들으면서 산림생물을 잘 이해하고, 산림욕을 하면서 SNS에 올릴 사진을 찍을 계획이다.
4) 지하철 2호선 강남역 1번 출구에서 7007번 버스를 타고 진접읍사무소에서 내리면 된다.
5) 입장료는 성인 1.000원, 청소년 700원, 어린이 5000원이다.

<五、속담>
1. 3)

<제 18 과>

<一、발음 point>
1. 생략

2. 1) [깨끄탄][해수욕짱에서][진흘근][직쩝][모메][체험할 쑤 인는][축쩨에요]
   2) [축쩨가][엄는][업따]

<二、어휘 check>

1. 1) 페스티벌
   2) 국경절
   3) 경연대회
   4) 공연
   5) 민속놀이
   6) 놀거리
   7) 행사
   8) 구경거리
2. 1) 만개한
   2) 넘겨서
   3) 과시하다가
   4) 바르면
   5) 열리기
   6) 가득한
   7) 자리잡아야

<三、문법 point>

1. 1) 하나도 안 남았어요.
   2) 다 읽었지만 무슨 말인지 하나도 모르겠어.
   3) 나는 잘못이 하나도 없어요.
   4) 시간이 없어서 하나도 못 했어요.
   5) 콘센트에 잘못 꽂아서 충전이 하나도 안 됐어요.
2. 1) 운전하다가
   2) 닦다가
   3) 마시다가
   4) 시청하다가
   5) 먹다가
3. 1) 데 → 군데
   2) 이 데 저 데 → 이곳 저곳
   3) 군데 → 곳, 데
   4) 데에 → 곳에
   5) 군데 → 곳곳
4. 1) 공부를 잘해서 주변 친구들이 부러워했었겠네요.
   2) 첫눈에 반했었다면 그때 왜 고백하지 않았어요?
   3) 샤워를 하고 자면 더 좋았을 텐데요.
   4) 지루했었겠네요.
   5) 그랬었군요.
5. 1) 찬바람을 싫어하거든요.
   2) 파일을 빨리 찾을 수 있거든요.

3) 가방 속에 사전을 가지고 다니거든요.
4) 차표를 못 구했거든요.
5) 자외선 차단로션을 발랐거든요.

〈四、이해와 표현〉

1. 1) 没一个认识的人，就说要去那么远的地方独自生活吗？
   2) 往家走的时候，突然想起和朋友的约定，于是又进城了。
   3) 我喜欢吃甜食，每次吃冰淇淋的时候都会幸福感满满。
   4) 我知道有一家冷面很好吃，明天要一起去吗？
   5) 你连路都不知道，怎么去找啊。
   6) 见到那个朋友的时候可能已经很晚了。
   7) 小时候看到那棵四季常青的树心情就会变好，现在再看却没什么感觉了。
   8) 你从来没去过，怎么找得这么准。
   9) 现在速度太快了，放慢点，注意到处都有监控。
   10) 沿着这条路继续走，在第一个十字路口右转，那里有几个可以吃饭的地方。
2. 생략

〈五、속담〉

1. 1)

〈제 19 과〉

〈一、발음 point〉

1. 생략
2. 1) [한구게] [돌자비] [풍스븐] [재미이써요]
   2) [요즈믄] [지겁꽈] [괄려닌는] [물거늘] [올려노케]

〈二、어휘 check〉

1. 1) 이때
   2) 그때
   3) 저맘때
   4) 이맘때

〈三、문법 point〉

1. 1) 바빠도 시간을 내서 꼭 가겠습니다.
   2) 일이 아무리 많아도 과장님이 오늘 안에 다 끝내라고 하셨으니까 빨리 해야죠.
   3) 몸과 마음이 지쳤어도 반드시 결승선을 통과해야 합니다.
   4) 지금은 날씨가 흐렸어도 내일은 괜찮을 거예요.
   5) 몸이 아파서 입맛이 없어도 세 끼 식사는 잘 드시는 게 좋겠어요.
2. 1) 제 열쇠를 빌려 드릴 테니까 복사하시면 돼요.
   2) 다음주 월요일까지 제출하시면 됩니다.
   3) 배를 깎아 먹으면 돼요.
   4) 컴퓨터 수리센터에 전화를 하시면 됩니다.
   5) 119구조대에 전화를 하면 돼요.
3. 1) 밖에 나갔다 올 테니까 민석이 좀 봐 줄래?
   2) 내 스마트폰 줄 테니까 사진 좀 찍어 줄래요?

3) 친구한테 우리집에 오라고 할 테니까 이 책 좀 전해 줘.
4) 어떡하죠? 돈을 안 가져왔어요.
5) 할아버지께서 몸이 불편하신가 봐요.

4. 1) 살던, 살았던
   2) 부르던, 불렀던
   3) 걷던, 걸었던
   4) 높던, 높았던
   5) 귀엽던, 귀여웠던

<四、이해와 표현>
1. 1) 下周就是朋友爸爸的七十寿宴了，我穿什么衣服去比较好呢？
   2) 我们家老大也许是因为在周岁宴的时候抓到了话筒，所以喜欢上台讲话、唱歌。
   3) 给出生满一百天的宝宝买什么礼物好呢？
   4) 我的性格像爸爸，长相像妈妈。
   5) 这件事干累了的话，别为难，随时可以跟我说。
   6) 从冰箱里再拿两个洋葱出来就可以了。
   7) 天气突然变得这么冷，不能把花盆那样放在院子里。
   8) 现在是上班时间会比较忙，我就简明扼要地说几句。
   9) 那是我喜欢的一家咖啡店，但那一带即将重新开发，据说它会搬到其他地方。
   10) 我因为开会不能出去，等结束了再联系。

2. 1) 작은할아버지
   2) 큰외삼촌
   3) 처제
   4) 올케
   5) 시어머니, 어머니

3. 1) 금으로 만든 돌반지나 축의금을 선물로 주는 게 좋아요.
   2) 옷, 가방, 책, 꽃다발, 케이크, 전자제품 등등 친구가 좋아할 만한 선물을 준비해요.
   3) 축의금이나 옷, 꽃다발, 건강보조식품, 케이크 등 부모님이 기뻐하실 선물을 준비하면 좋아요.
   4) 축의금이나 꽃바구니, 건강보조식품 등등 건강에 도움이 되는 선물을 드리면 좋아요.

<五、속담>
1. 2)

<제 20 과>

<一、발음 point>
1. 생략
2. 1) [친구드리] [사랑에 집찓끼] [활똥을] [가치] [갇따와써요]
   2) [얼구리] [마니] [탄네요]

<二、어휘 check>
1. 1) 농촌 2) 동네 3) 시멘트 4) 장마 5) 집짓기 6) 배탈

<三、문법 point>
1. 1) 한 달 동안 고생했어요.

2) 시간이 많이 걸렸어요.
　　3) 힘이 많이 들었어요.
　　4) 재미있는 다큐멘터리 프로그램을 못 봤어요.
　　5) 물을 마셨어요.
2. 1) 졸음 운전을 하다가 사고가 날 뻔했어요.
　　2) 칼로 종이를 자르다가 손을 다칠 뻔했어요.
　　3) 등산을 가서 늦게 하산을 하다가 길을 잃을 뻔했어요.
　　4) 김 교수님의 경험담을 듣다가 너무 슬퍼서 눈물이 날 뻔했어요.
　　5) 옷을 다리미로 다리다가 태울 뻔했어요.
3. 1) 아무 연락도 없어서 잘 모르겠어요.
　　2) 저는 아무 것도 안 치웠습니다.
　　3) 공부하느라고 바빠서 아무 일도 못했어요.
　　4) 제가 혼자 감당하려고 아무 도움도 안 받았습니다.
　　5) 아무 것도 없었습니다.
4. 1) 너무 반가웠다.
　　2) 내가 대학을 졸업한
　　3) 다 했다.
　　4) 집에 돌아왔다.
　　5) 내가 운전면허증을 취득한
5. 1) 파랗습니다　2) 파래　3) 빨갛습니다　4) 빨개　5) 노랗습니다　6) 노래요
　　7) 하얗습니다　8) 하얘　9) 가맣습니다　10) 가매요　11) 그렇습니다　12) 그래요
　　13) 저렇습니다　14) 저래　15) 이렇습니다　16) 이래요

〈四、이해와 표현〉

1. 생략
2. 1) 다산초당　2) 전라남도 강진군　3) 다산 정약용 선생의 초당　4) 정약용 선생
　　5) 강진까지 가서 택시를 타고
3. 1) 昨天玩网游没能做作业。
　　2) 昨天玩网游差点儿没完成作业。
　　3) 我20天的时间减了3公斤。
　　4) 银杏叶变黄了。
　　5) 戴着厚厚的眼镜并戴着帽子，没有人认出来他是社长。
　　6) 洗衣机的性能非常好，白色的衣服洗得很干净。
　　7) 穿成那样走过去，没有人认出他是电影演员。
　　8) 每天早上叫孩子起床、送孩子上学，妈妈非常辛苦。
　　9) 工作太累了，没有人愿意来打工。
　　10) 一个人做那件事的话，太累了。

〈五、속담〉

1. 2)

〈종합연습 5〉

1. (듣기)
   　이번 여름 방학은 형민이에게 중요한 의미가 있습니다. 왜냐하면 형민이가 대학교를 졸업하기 전에 마지막으로 보내는 방학이기 때문입니다. 초등학교 6년, 중학교 3년, 고등학교 3년, 그리고 지난 대학 3년 반 동안 형민이는 많은 방학을 보냈습니다. 방학 때마다 형민이는 친구들과 여행을 가거나, 공부를 하거나, 봉사활동을 하거나 아르바이트를 했습니다. 형민이에게는 모두 소중한 시간들이었습니다. 형민이는 지나간 학창 시절의 추억들을 하나씩 떠올려 봅니다. 그런데 이번 방학이 학생으로서 마지막 방학이라고 생각하니까 현민이는 아쉬울 뿐만 아니라 안타깝기도 했습니다. 형민이는 지금까지 정말 최선을 다했는지 반성도 했습니다. 그래서 이번 마지막 여름 방학을 더 보람 있게 보내기 위해서 형민이는 계획을 세우기로 했습니다.
   1) 친구들과 여행을 하거나, 공부를 하거나, 봉사활동을 하거나 아르바이트를 했습니다.
   2) 취업 준비를 위해서 최선을 다하겠습니다.

2. (듣기)
   영희: 정호 씨, 저 다음 주 일주일 동안 중국으로 해외연수를 가게 됐어요.
   정호: 그래요? 회사 직원들과 함께 가세요?
   영희: 예, 가는 김에 북경도 관광하게 될 것 같아요.
   정호: 재미있겠군요. 그런데 기분이 별로 안 좋아 보여요.
   영희: 작년에 갔었던 선배가 그러는데 일주일 동안 좋은 평가를 받으려면 굉장히 힘들 거래요.
   정호: 준비를 잘 하는 게 좋겠어요.
   영희: 어떻게 평가하는지 아무것도 몰라서 뭘 준비해야 할지 모르겠어요.
   1) 연수 기간 동안 좋은 평가를 받으려면 굉장히 힘들기 때문입니다.
   2) 관광을 하기 위해 갈 겁니다.

3. (4)

4. 1) 간, 가는   2) 바빠서   3) 6ㄱ개월   4) 먹기는   5) 사는   6) 나왔어요
   7) 이나   8) 놀   9) 하얘요   10) 졸업했었던

5. 생략

6. 1) 할머니셨는데도   2) 할머니신데도   3) 23이었는데도   4) 23인데도   5) 감았는데도
   6) 감는데도   7) 헹구었는데도   8) 헹구는데도   9) 노력했는데도   10) 노력하는데도
   11) 짧았는데도   12) 짧은데도   13) 있었는데도   14) 있는데도   15) 중요했는데도
   16) 중요한데도

7. 저는 얼굴이 계란형이에요. 그래서 나한테는 긴 머리가 잘 어울려요. 바람이 불 때마다 찰랑찰랑해서 보기가 좋아요. 그렇지만 긴 머리는 잘 관리해야 해요. 자주 감아야 하고, 머리가 헝클어지기 쉽기 때문에 신경을 많이 써야 해요. 그리고 머릿결이 나빠지지 않게 해야 해요.

教科书答案

第1课

1.
(1) ㄱ: 김치를 먹어 본 적이 있습니까?
    ㄴ: 네, 먹어 본 적이 있습니다. / 아니요, 먹어 본 적이 없습니다.
(2) ㄱ: 담배를 피워 본 적이 있습니까?
    ㄴ: 네, 피워 본 적이 있습니다. / 아니요, 피워 본 적이 없습니다.
(3) ㄱ: 한국어 시험을 본 적이 있습니까?
    ㄴ: 네, 본 적이 있습니다. / 아니요, 본 적이 없습니다.
(4) ㄱ: 한국 영화를 본 적이 있습니까?
    ㄴ: 네, 본 적이 있습니다. / 아니요, 본 적이 없습니다.
(5) ㄱ: 외국에 가 본 적이 있습니까?
    ㄴ: 네, 가 본 적이 있습니다. / 아니요, 가 본 적이 없습니다.
(6) ㄱ: 여자 친구(남자 친구)를 사귀어 본 적이 있습니까?
    ㄴ: 네, 사귀어 본 적이 있습니다. / 아니요, 사귀어 본 적이 없습니다.

2.
(1) 담배를 피워도 됩니까?
(2) 창문을 열어도 됩니까?
(3) ㄱ: 이 책을 빌려 가도 됩니까? ㄴ: 글쎄요. 저는 잘 모르겠습니다.
(4) 안에서 구경해도 됩니까?
(5) 밥을 먹어도 됩니까?
(6) 오늘 놀러 가도 됩니까?

3.
　　중국의 여러 도시를 여행하면 보고, 먹고, 살 만한 게 많이 있습니다. 베이징에는 자금성이나 만리장성, 이화원처럼 대규모의 역사 유적이 볼 만하고, 장자제, 황산, 구이린 리장처럼 경관이 아름다워서 가 볼 만한 곳도 많습니다. 먹을거리도 풍부한데, 카오야, 훠궈처럼 먹어 볼 만한 요리도 많습니다. 또한 가는 곳마다 살 만한 물건도 많은데, 예를 들면, 항저우의 비단 제품, 운남성의 차 제품 등이 있습니다.

4.
(1) 친구가 여행을 다녀 온 것 같습니다.

(2) 전철이 도착한 것 같습니다.
(3) 친구가 놀러 올 것 같습니다.
(4) 몸이 안 좋은 것 같습니다.
(5) 다른 약속이 있는 것 같습니다.
(6) 성실한 사람인 것 같습니다.

5.
(1) 규칙적으로 운동을 해서 몸을 단련해야겠습니다.
(2) 돈을 낭비하지 말고 모아야겠습니다.
(3) 그 남자(여자)에게 그러지 말라고 직접 말해야겠습니다.
(4) 밤에 일찍 자야겠습니다.
(5) 더 주의해야겠습니다.
(6) 너무 예민하게 생각하지 말아야겠습니다.

6.
　　오늘은 한 해의 마지막 날인 12월 31일입니다. 내일부터 새로운 1년이 시작됩니다. 저는 새해에는 무엇을 해야 할지 신년계획을 세웠습니다. 첫째, 저는 지금처럼 열심히 공부하려고 합니다. 둘째, 규칙적으로 운동해야겠습니다. 왜냐하면 몸이 건강하지 못하면 하고 싶은 있어도 할 수 없기 때문입니다. 올해는 좀 바빠서 운동을 자주하지 못했습니다. 그래서 신년에는 일주일에 세 번 이상 1시간씩 운동할 계획입니다. 셋째, 학교 친구들과 더 잘 지내야 할 것 같습니다. 인간 관계가 좋지 않으면 학교 생활을 할 때 여러 가지 어려운 문제가 생길 수도 있기 때문입니다. 신년에는 이 세 가지 계획을 잘 지키겠습니다.

7.
　　자금성은 명나라와 청나라 시대에 황궁이었습니다. 고궁이라고도 합니다. 자금성은 1406년부터 1420년 사이에 지어졌습니다. 그 안에는 800채의 건물과 4,000여 개의 방이 있습니다. 지금 이 건물과 방들은 그림, 도자기 등을 전시하는 박물관으로 이용되고 있습니다.

8.
(1) 저는 아직 해외 여행을 해 본 적이 없습니다.
(2) 왕단 씨는 작년 겨울에 입원했던 적이 있습니다.
(3) 저는 한국문화를 몰라서 말 실수를 했던 적이 있습니다.
(4) 서울역에 가고 싶으면 버스를 타도 됩니다.
(5) 요리가 좀 매워도 괜찮아요.

(6) 그는 방금 전에 태화전 앞에서 사진을 찍은 것 같아요.
(7) 홍단 씨는 여행을 간 것 같아요. 여러 번 전화했는데 안 받았어요.
(8) 매주 토요일 저녁에 방영하는 티브이 드라마는 정말 볼 만해요.
(9) 그는 사귀어 볼 만한 친구예요.
(10) 건강을 위해서 앞으로는 일찍 자고 일찍 일어나야 해요.
(11) 지금은 길이 많이 막히니까 지하철을 타고 가야겠어요.

第2课

1.
(1) 친구와 전화할 때 기분이 좋습니다.
(2) 화가 날 때 노래를 듣습니다.
(3) 감기에 걸렸을 때 약을 먹습니다.
(4) 친구와 싸웠을 때 화가 납니다.
(5) 시험을 잘 못 봤을 때 우울합니다.
(6) 고등학교 때 처음 만났습니다.

2.
(1) 너무 힘드니까
(2) 어제 늦게 들어갔으니까
(3) 내일이 문수 씨 생일이니까
(4) 내일 아침에는 바쁘니까
(5) 너무 위험하니까
(6) 제가 텔레비전에 나오니까

3.
(1) 얼마 전까지 나는 피아노를 하나도 칠 수 없었습니다. 그렇지만 몇 달 동안 나는 피아노를 열심히 배웠습니다. 그래서 지금은 쉬운 곡을 칠 수 있습니다.
(2) 얼마 전까지 나는 컴퓨터로 한글을 하나도 입력할 수 없었습니다. 그렇지만 몇 달 동안 나는 한글 타자를 열심히 연습했습니다. 그래서 지금은 한글 자판으로 천천히 한글을 칠 수 있습니다.

4.
(1) 1명밖에 없습니다.
(2) 1미터 65센티밖에 안됩니다.
(3) 손수건밖에 없습니다.
(4) 반 갑밖에 안 피웁니다.
(5) 아리랑밖에 모릅니다.
(6) 불고기밖에 못 먹어 봤습니다.

5.

(1) 친구와 이야기를 하거나 언니와 이야기를 합니다.

(2) 돈을 빌려서 사먹거나 친구에게 밥을 사달라고 합니다.

(3) 다른 곳으로 가거나 못 본 척합니다.

(4) 책을 주거나 귀여운 동물인형을 줍니다.

(5) 책을 읽거나 쇼핑을 합니다.

(6) 제주도로 가거나 구이린으로 가고 싶습니다.

6.

(1) ㄱ: 안녕하세요. 내일이 아버지의 생신입니다. 큰 방 하나 예약할 수 있습니까?

ㄴ: 몇 분 오십니까?

ㄱ: 20명쯤 옵니다.

ㄴ: 몇 시부터 몇 시까지 쓰실 겁니까?

ㄱ: 저녁 6시부터 8시까지 쓸 겁니다.

ㄴ: 네, 예약되었습니다.

(2) ㄱ: 음악회 표를 한 장 예약하고 싶습니다.

ㄴ: 오후 표는 매진되고 오전 표밖에 없습니다.

ㄱ: 몇 시 표가 있습니까?

ㄴ: 아침 8시와 11시 표가 있습니다.

ㄴ: 그러면 11시 표로 예약해 주십시오.

(3) ㄱ: 이번 달 15일에 제주도에 가려고 하는데요. 비행기표 있습니까?

ㄴ: 몇 시 표를 원하십니까?

ㄱ: 몇 시 표가 있습니까?

ㄴ: 오전 10시 표와 오후 2시, 4시 표가 있습니다.

ㄱ: 오후 2시 표로 예약해 주십시오.

(4) ㄱ: 제주호텔입니까?

ㄴ: 네, 안녕하세요? 제주호텔 안내센터입니다.

ㄱ: 다음 주 토요일, 일요일 이틀 동안 쓸 방을 예약하고 싶은데요.

ㄴ: 몇 분이 쓰실 방을 원하십니까?

ㄱ: 저 혼자 쓸 겁니다.

ㄴ: 성함을 말씀해 주십시오.

ㄱ: 조선화입니다.

7.

    6번 답안 참조.

8.

    1) 저는 공부할 때 음악을 안 듣습니다.

    2) 비가 올 때 저는 방에서 혼자 커피 마시는 것을 좋아합니다.

    3) 내일 일요일이니까 집에서 푹 쉬세요.

    4) 제가 잘못했으니까 사과하겠습니다.

    5) 좀 도와주실 수 있습니까?

    6) 오늘은 일이 많지 않아서 일찍 퇴근할 수 있습니다.

    7) 옷을 한 벌밖에 안 샀는데 돈을 다 써 버렸습니다.

    8) 시간이 얼마 안 남았으니까 빨리 가시죠.

    9) 내일은 날씨가 많이 흐리지 않고 비가 올 겁니다.

    10) 일요일 오전에 늦잠을 안 자고 컴퓨터를 합니다.

第3课

1.

    (1) 탐험가가 되었습니다.

    (2) 물이 됩니다.

    (3) 가수가 되는 것이었습니다.

    (4) 저녁 6시가 되었습니다.

    (5) 설날이 되면

    (6) 의사가 되는

2.

    (1) 제가 어머니(아버지)가 되면 아이를 훌륭하게 키울 것입니다.

    (2) 저는 자상한 노인이 되고 싶습니다.

    (3) 제가 우리 대학의 총장/학장이 되면 학생들에게 장학금을 더 많이 주겠습니다.

    (4) 저는 현명한 교육부장관이 되고 싶습니다.

    (5) 제가 슈퍼스타가 되면 해외 순회공연을 해 보고 싶습니다.

    (6) 저는 나중에 능력 있고 재미있는 선생님이 되고 싶습니다.

3.

    (1) 날씨가 많이 따뜻해졌습니다.

    (2) 그래서 많이 예뻐졌습니다.

(3) 지금은 아주 많아졌습니다.

(4) 제 지갑이 없어졌습니다.

(5) 기분이 좋아졌습니다.

(6) 맑아졌습니다.

4.

(1) 변호사가 되었으면 좋겠습니다.

(2) 가족과 만났으면 좋겠습니다.

(3) 중국의 미래가 밝았으면 좋겠습니다.

(4) 세계가 하나 되었으면 좋겠습니다.

5.

(1) ㄱ: 주말에 무엇을 할 생각입니까?

　　ㄴ: 영화를 볼까 합니다.

(2) ㄱ: 다음 방학에 무엇을 할 생각입니까?

　　ㄴ: 한국어를 배울까 합니다.

(3) ㄱ: 대학에 입학하면 어떻게 생활할 겁니까?

　　ㄴ: 열심히 공부할까 합니다.

(4) ㄱ: 어떤 회사에 취직할 생각입니까?

　　ㄴ: 무역회사에 취직할까 합니다.

(5) ㄱ: 언제 결혼할 겁니까?

　　ㄴ: 내년 여름에 결혼할까 합니다.

6.

(1) 꽃

　　언니는 꽃처럼 예쁩니다.

(2) 돼지

　　영선이는 돼지처럼 뚱뚱합니다.

(3) 젓가락

　　영선이는 젓가락처럼 말랐습니다.

(4) 천사

　　어머니는 천사처럼 착하십니다.

(5) 호박

　　영선이는 호박처럼 못 생겼습니다.

(6) 개미

　　철수는 개미처럼 열심히 일합니다.

7.

오늘은 매우 바쁩니다. 오전에는 학교에서 수업이 있었고, 오후에는 시내에서 친구를 만나야 합니다. 저녁에 집에 돌아와서 내일까지 제출해야 할 숙제를 할 것입니다. 문학 작품을 읽고 보고서를 쓰는 숙제입니다. 작품은 어제 다 읽었는데 아직 자료가 부족해서 보고서를 완성하지 못했습니다. 인터넷에서 자료를 찾아서 내용을 더 보완해야 합니다. 숙제가 끝나면 밤에는 전화로 부모님에게 안부인사를 하려고 합니다.

8.
(1) 저는 대학교 총장이 되고 싶습니다.
(2) 훌륭한 의사가 되었으면 좋겠습니다.
(3) 저는 졸업한 후에 한국에 가서 1년 동안 유학할까 생각하고 있습니다.
(4) 그의 집에 가기 전에 선물을 좀 살까 하는데요.
(5) 선영이는 천사처럼 예쁩니다.
(6) 홍단 씨는 나이가 어리지만 어른처럼 일을 해요.
(7) 마이크로소프트 회사에 취직할 생각이에요?
(8) 저는 고려대학교 국어국문학과에 가서 공부했으면 해요.
(9) 저는 점점 말라가는 것 같아요.
(10) 집 생각이 나면 더 외로워질 거예요.

第4课

1.
(1) 걸으면서 이야기합니다.
(2) 춤을 추면서 노래합니다.
(3) 텔레비전을 보면서 밥을 먹습니다.
(4) 청소하면서 노래합니다.
(5) 전화 받으면서 메모합니다.
(6) 껌을 씹으면서 말합니다.

2.
(1) 열심히 일합니다.
(2) 열심히 공부합니다.
(3) 기도를 합니다.
(4) 한국어 선생님이 되기
(5) 옷을 사기

(6) 여행을 가기

3.

(1) 열심히 해야 공부를 잘할 수 있습니다.

(2) 성격이 좋아야 친구가 많은 사람이 됩니다.

(3) 돈을 열심히 저축해야 세계 여행을 할 수 있습니다.

(4) 한국 책을 많이 읽어야 한국어를 잘할 수 있습니다.

(5) 열심히 일해야 부자가 될 수 있습니다.

(6) 운동을 열심히 해야 건강하게 살 수 있습니다.

4.

(1) 밥을 안 먹었기 때문에 기운이 없어요.

(2) 몸이 아팠기 때문에 파티에 못 갔어요.

(3) 한국이 좋기 때문에 한국어를 공부합니다.

(4) 약속 시간에 늦었기 때문에 택시를 탑니다.

(5) 차가 막혔기 때문에 지각했습니다.

(6) 오늘이 제 생일이기 때문에 기분이 좋습니다.

5.

(1) 부모님을 제일 좋아합니다.

부모님께서 저를 길러주셨기 때문입니다.

(2) 여름을 제일 좋아합니다.

여름에는 맛있는 과일들이 많기 때문입니다.

(3) 구이린을 제일 좋아합니다.

아주 아름답기 때문입니다.

(4) 수학을 제일 싫어했습니다.

저는 계산을 잘 못하기 때문입니다.

(5) 토끼를 제일 좋아합니다.

귀엽기 때문입니다.

(6) 영미를 제일 좋아합니다.

영미는 착하기 때문입니다.

6.

　　오늘은 제가 여러분에게 한국에서는 어떻게 음력 설날을 보내는지 소개해 드릴게요. 한국에서는 음력 정월 초하루를 설날이라고 해요. 설날은 8월 대보름인 추석과 함께 한국에서 가장 중요한 명절이에요. 그래서 3일 동안 연휴예요. 이때를 맞아 한국인들은 고향에 돌아가서 가족들과 함께 명절을 지내요. 조상에게 차례도 지내고, 맛있는 음식도 먹고, 집안 어른들을 찾아 뵙고 세배도 드리고, 재미있는 민속놀이도 하면서 즐겁게 보내요. 설날 연휴 동안 한복을 입고 서울의 여러 고궁에 가면 입장료를 내지 않고 들어갈 수 있어요. 한복을 입고 고궁 나들이를 하면서 가족, 친구들과 어울려서 멋진 사진도 찍으면서 즐거운 하루를 보내기도 해요.

8.
(1) 유치원 아이들이 노래를 부르면서 춤을 췄어요.
(2) 잠을 자면서 꿈을 꿨어요.
(3) 비가 오기 때문에 그녀는 못 올 거예요.
(4) 돈이 없었기 때문에 물건을 못 샀어요.
(5) 그는 다음달 시험을 위해서 열심히 공부하고 있어요.
(6) 저는 그 책을 사기 위해서 교보문고에 한 번 갔다왔어요.
(7) 이 책은 다섯 번 이상 읽어야 이해할 수 있습니다.
(8) 배를 타야 거기에 갈 수 있어요.
(9) 이 호수는 세계에서 제일 큰 호수입니다.
(10) 공부했던 언어 중에서 어떤 언어가 공부하기 가장 어려워요?

第5课

1.
(1) 집안 청소를 하고 있었습니다.
(2) 놓여 있었어요.
(3) 닫혀 있었어요.
(4) 들어 있습니다.
(5) 입고 있는
(6) 그냥 앉아 있어도 돼요.

2.
(1) 빗으로 머리를 빗습니다.
(2) 녹음기로 연설 내용을 녹음합니다.
(3) 컴퓨터로 보고서를 작성합니다.
(4) 다리미로 양복 바지를 다립니다.
(5) 크레파스로 아빠 얼굴을 그립니다.
(6) 가위로 종이를 자릅니다.

3.
(1) 그래서 그렇게 건강하시군요.
(2) 그래서 자주 지각을 하는군요.
(3) 그래서 한국어를 열심히 공부했군요.
(4) 그래서 출근길이 많이 막혔군요.
(5) 그래서 텔레비전에서 영국 관련 소식을 많이 보도했군요.
(6) 그래서 소방차 사이렌 소리가 여기까지 들렸군요.

4.
(1) 서울로 이사 온 지 3년 됐습니다.
(2) 학교를 졸업한 지 2년 됐습니다.
(3) 밖에 나간 지 1시간 됐습니다.
(4) 식사를 한 지 2시간 됐습니다.
(5) 한국어를 배운 지 6개월 됐습니다.
(6) 수영을 배운 지 2달 됐습니다.

5.
(1) 가기 싫습니다.
(2) 도서관에 가기 싫어요.
(3) 먹기 어려웠습니다.
(4) 밖에 나가서 산책하기 참 좋은 날씨네요.
(5) 움직이기 어려워요.
(6) 시간을 내기가 하기 어렵겠습니다.

6.
　　오늘은 학교에 가서 예습을 하려고 집에서 일찍 출발했어요. 교실 앞 문은 선생님이 사용하시기 때문에 항상 닫혀 있어요. 나는 교실 뒷문을 열고 안으로 들어갔어요. 우리 교실에는 30명이 사용하는 책상과 의자가 있어요. 선생님이 사용하시는 교탁은 교실 앞 가운데 놓여 있어요. 선생님은 수업을 하실 때 항상 서서 모니터 화면을 보시면서 학습 내용을 설명해 주시다가 중요한 내용은 칠판에 한 번 더 써 주시거나 교과서의 핵심 내용을 천천히 읽어 주시기도 해요. 나는 오늘 1교시 수업이 시작하기 1시간 전에 교실에 도착했어요. 내 책상에 앉아서 가방에서 책과 노트를 꺼내서 정리하고 있었는데, 친구들이 하나둘씩 들어오기 시작했어요. 오늘 1교시 수업은 국어 시간이에요. 나는 책상 위에 교과서를 펼쳐 놓고 지난 시간에 배웠던 작품을 한 번 더 읽어봤어요. 지난 시간에 선생님께서는 우리에게 숙제를 내 주셨어요. 오늘은 지난 시간에 배웠던 작품을 읽고 느낀 점을 발표해야 해요. 학생들이 소감을 다 발표하고 나면 선생님이 이 작품은 어떤 특징이 있는지 재미있게 말씀해 주실 거예요.

7.
저는 작년 여름에 한국의 제주도에 다녀왔습니다. 여름철에 제주도에 가려면 일기예보를 잘 확인해 보고 안전할 때 다녀와야 합니다. 저는 며칠 동안 친구들과 계획을 세우면서 제주도에서 어디에 가면 좋을지 결정했습니다. 우리는 제주도의 특색 있는 박물관 몇 곳과 성산봉 같은 자연경관이 뛰어난 곳, 그리고 해수욕장에 가기로 했습니다. 제주도는 참 독특하고 재미있는 곳이었습니다. 여기저기 다니는 곳마다 우리는 사진을 많이 찍었습니다. 나중에 즐거운 추억이 될 것입니다. 친구들과 며칠 동안 제주도의 맛있는 음식도 맛보고 여행을 즐기면서 푹 쉬다가 돌아왔습니다.

8.
(1) 남동생은 서 있고, 여동생은 앉아 있어요.
(2) 왕단 씨는 몸이 너무 아파서 어제부터 지금까지 계속 침대에 누워 있어요.
(3) 이 옷은 무엇으로 만든 거예요?
(4) 우리 반에서 오직 그 학생 하나만 왼손으로 글씨를 써요.
(5) 당신은 한국어를 정말 잘하시는군요.
(6) 오늘 날씨는 정말 춥군요.
(7) 저는 베이징에 온 지 이미 1년이 됐어요.
(8) 이곳으로 이사한 지 3년 됐는데 친구를 많이 사귀지 못했어요.
(9) 이 영화는 정말 재미있군요.
(10) 저는 술을 좋아하지 않아요.

第6课

1.
(1) 동생이 잠을 자는 동안
(2) 영미가 텔레비전을 보는 동안
(3) 지숙이가 공부를 하는 동안
(4) 한국 친구를 많이 사귀었습니다.
(5) 동생이 사과를 모두 먹었습니다.
(6) 많은 것을 배웠습니다.

2.
(1) 등산을 합니다.

(2) 운동을 합니다.

(3) 잠을 잡니다.

(4) 음악을 듣습니다.

(5) 좋은 꿈을 꿉니다.

(6) 사랑하는 사람에게 편지를 씁니다.

3.
(1) 4명이나 있습니다.

(2) 5년이나 있었습니다.

(3) 네, 3벌이나 샀습니다.

(4) 20만원이나 받았습니다.

(5) 네, 9시간이나 잤습니다.

(6) 185센티미터나 됩니다.

4.
(1) 남자 친구가 없습니다.

(2) 표가 매진이었습니다.

(3) 공부를 많이 못했습니다.

(4) 다 잊어버렸습니다.

(5) 성적이 안 좋았습니다.

(6) 옷을 크게 입습니다.

5.
(1) 비가 오는데 산에 갔어요.

(2) 피곤한데 친구하고 놀았어요.

(3) 친구에게 전화를 했는데 집에 없었어요.

(4) 서울에 갔는데 사람이 너무 많았어요.

(5) 비빔밥을 먹었는데 맛이 없었어요.

(6) 나는 뚱뚱한데 언니는 너무 날씬해요.

6.
(1) 바람이 불지 않아서 어제보다 춥지 않습니다.

(2) 일을 해야 합니다.

(3) 시험을 못 봤습니다.

(4) 더 사고 싶습니다.

(5) 밥을 먹고 나갔습니다.

(6) 병에 걸렸습니다.

7.

영철에게

영철아, 나 민수다.

어제 학교에서 너랑 싸우고 집에 돌아와서 마음이 참 아팠다.

우리가 조금씩 양보했으면 좋았을 텐데 내가 네 의견을 너무 감정적으로 받아들여서 정말 미안하다. 사실 난 발표 준비 열심히 했는데, 네가 내 발표를 듣고 그렇게 심하게 비판을 하니까 나도 좀 화가 났어. 나도 너에게 너무 심하게 말해서 미안하다. 내일 학교에서 서로 얼굴 보고 화 풀자. 설마 아직도 화가 나 있는 건 아니겠지? 서로 잘하려고 하다 보니까 좀 감정적으로 대립한 것 같다. 우리 내일 만날 때는 아무 일도 없었던 것처럼 서로 화 풀자, 알았지? 그럼 내일 학교에서 만나.

민수가.

8.
(1) 제가 없는 동안 전화하지 마세요.
(2) 서울에서 사는 동안 좋은 친구를 많이 사귀었어요.
(3) 그는 밤마다 수영하러 다녀요.
(4) 이제 한 시간마다 상해로 가는 비행기가 있어요.
(5) 그는 정말 열심히 노력하는데요. 날마다 12시간이나 공부합니다.
(6) 그 드라마 정말 재미있어요. 저는 여섯 번이나 봤어요.
(7) 북경의 봄이 따뜻하지만 자꾸 바람이 불어요.
(8) 그는 춤은 진짜 잘 추지만 노래는 좀 못해요.
(9) 저는 한국말을 좀 못해요. 그래도 그쪽보다 잘해요.
(10) 요즘 정말 바빠요. 그래도 고향에 계시는 부모님께 전화를 좀 드려야죠.

第7课

1.
(1) ㄱ: 내일 몇 시에 만날까?
ㄴ: 오후 3시에 만나.
(2) ㄱ: 뭘 먹을래?
ㄴ: 난 비빔밥을 먹을래.
(3) ㄱ: 기분이 안 좋아?
ㄴ: 아니야. 좋아.

(4) ㄱ: 어제 어디에 갔다 왔어?

　　ㄴ: 민속촌에 갔다 왔어.

(5) ㄱ: 요즘 바쁘지?

　　ㄴ: 응, 좀 바빠.

(6) ㄱ: 차 한 잔 줄까?

　　ㄴ: 고마워.

(7) ㄱ: 수미야, 내일이 무슨 날이야?

　　ㄴ: 어린이날이야.

(8) ㄱ: 문수도 같이 여행 갈 거지?

　　ㄴ: 나는 일이 있어서 못 가.

(9) ㄱ: 세민아, 퇴근하자.

　　ㄴ: 먼저 가. 나는 이 일을 다 끝내고 나갈게.

(10) ㄱ: 수미야, 오늘 정말 예쁘다. 나는 수미처럼 예쁜 사람을 본 적이 없어.

　　ㄴ: 놀리지 마.

(11) ㄱ: 고향이 어디야?

　　ㄴ: 내 고향은 천진이야.

(12) ㄱ: 차 안에서 담배를 피우면 안 되니?

　　ㄴ: 응, 그러면 벌금을 내야 해.

(13) ㄱ: 내일 서울극장에 영화를 보러 갈 거야.

　　ㄴ: 그 영화 보지 마. 정말 지루해.

(14) ㄱ: 천천히 와. 우리가 먼저 가서 기다릴게.

　　ㄴ: 알겠어. 1시간 안에 갈게.

(15) ㄱ: 세민아, 볼링 치러 가자.

　　ㄴ: 나는 볼링을 못 치는데.

(16) ㄱ: 최 선생님께서는 어디에 가셨어?

　　ㄴ: 잠깐 나가셨어. 곧 다시 오실 거야.

(17) ㄱ: 세민 씨의 할아버지께서는 전에 무슨 일을 하셨어?

　　ㄴ: 우리 할아버지께서는 공무원이셨어.

(18) ㄱ: 점심을 먹으러 밖에 나가기 싫지? 우리 오늘 점심은 시켜서 먹자.

　　ㄴ: 좋아. 뭘 시킬까?

(19) ㄱ: 홍단아, 김지영 씨의 전화번호 좀 가르쳐 줘.

　　ㄴ: 수첩을 안 가지고 와서 모르겠는데.

(20) ㄱ: 왕단아, 피곤하면 집에 가서 쉬어.

　　ㄴ: 괜찮아.

2.

(1) 가족

　　ㄱ: 선화야, 너희 가족은 모두 몇 명이야?

　　ㄴ: 아버지, 어머니, 오빠 그리고 나 이렇게 4명이야.

(2) 취미

　　ㄱ: 선화야, 너는 취미가 뭐야?

　　ㄴ: 음악을 듣는 거야.

(3) 제일 친한 친구

　　ㄱ: 선화야, 너의 제일 친한 친구가 누구야?

　　ㄴ: 정지영이야. 굉장히 착한 친구야.

(4) 실수한 일

　　ㄱ: 선화야, 기분이 안 좋아 보여.

　　ㄴ: 친구한테 책을 빌렸는데 실수로 잃어버렸어.

3.

(1) ㄱ: 방학에 어디로 여행을 갈까?

　　ㄴ: 계림은 어때? 굉장히 아름답다고 들었어.

　　ㄷ: 좋아. 그런데 어떻게 가야 하지?

　　ㄴ: 기차를 타고 가자. 기차 안에서 하룻밤 자는 것도 재미있을 거야.

　　ㄹ: 나는 여행이 처음이야. 뭘 가지고 가야 해?

　　ㄱ: 갈아입을 옷만 조금 가지고 가면 돼.

　　ㄹ: 계림에 가면 잘 데가 있어?

　　ㄱ: 내 친구가 계림에 살아. 내 친구의 집에서 잘 수 있어.

(2) ㄱ: 우리 겨울 방학에 보람 있는 일을 한 가지 하자.

　　ㄴ: 좋은 생각이야.

　　ㄷ: 우리 집 근처에 양로원이 있어. 거기 가는 것이 어때?

　　ㄹ: 우리가 양로원에 가서 무슨 일을 할 수 있지?

　　ㄷ: 할아버지, 할머니들께 밥도 해 드리고 빨래도 해 드리면 좋아하실 거야.

　　ㄱ: 좋아. 그렇게 하자.

(3) ㄱ: 내일이 선화 생일인데 선화 몰래 파티를 해 주자.

　　ㄴ: 좋아. 우리집에서 하자. 내가 선화한테 우리집으로 놀러 오라고 할게.

　　ㄷ: 내가 케이크를 사올게.

ㄹ: 나는 선물을 준비할게.
ㄱ: 나는 폭죽을 살게.
ㄴ: 내일이 기대된다. 선화가 행복해 할 거야.

4.
보고 싶은 친구 지영에게
그 동안 잘 지냈니? 부모님은 잘 계시지?
요즘 북경의 날씨가 참 따뜻해. 우리 학교에 예쁜 꽃들이 많이 피었어. 매일 그 꽃들을 보며 산책하는 것이 나의 즐거움이야.
이제 한 달만 있으면 중국으로 돌아갈 수 있어. 빨리 그날이 왔으면 좋겠다. 그때까지 건강하게 잘 지내. 안녕.
2005년 5월 14일
서울에서 선화

5.
(1) 내일 시간이 있니? 같이 영화 보러 가자.
(2) 날씨가 너무 추우니까 옷을 두껍게 입어라.
(3) 현수야, 너 숙제 다했니?
(4) 빨리 가자, 늦겠다!
　　괜찮아, 아직 10분이 남았는데.
(5) 이 개 누구 개야?
　　내 개야.
(6) 가지 말자. 오늘은 너무 바쁘니까.
(7) 우리 엄마가 만드는 음식은 진짜 맛있다. 시간이 될 때 한번 와서 맛봐.
(8) 아침 출근시간에 지하철을 타는 사람이 너무 많아.
(9) 오늘 일요일인데 출근해야 돼?
(10) 나는 올해 9월에 한국으로 유학을 갈 건데, 나한테 할 말이 있어?

第8课

1.
(1) 학교는 아침 9시에 시작한다.
(2) 오늘은 날씨가 좋아서 기분이 좋다.
(3) 출근 시간이기 때문에 차가 많다.
(4) 오늘은 피곤해서 일찍 퇴근하고 싶다.
(5) 우리 아버지는 학교 선생님이다.

(6) 나는 중국 사람이다.

2.

(1) 어제는 북한산에 갔다.

(2) 작년에는 북경에 있었다.

(3) 우리 할아버지는 의사 선생님이었다.

(4) 어제는 친구들을 만나서 기분이 좋았다.

(5) 나는 아직 서울에 가 보지 못했다.

(6) 남대문 시장에 가서 옷들을 싸게 샀다.

3.

(1) 공부를 열심히 해서 꼭 시험에 합격하겠다.

(2) 문수 씨가 키가 크니까 문수 씨 동생도 키가 크겠다.

(3) 저 영화가 재미있겠다.

(4) 여행이 즐거웠겠다.

(5) 음식이 맞지 않아서 힘들었겠다.

(6) 그 옷은 꽤 비싸게 주고 샀겠다.

4.

(1) 不定阶

ㄱ: 나 내일 학교에 안 올 거야.

ㄴ: 왜? 무슨 일이 있어?

基本阶

ㄱ: 나 내일 학교에 안 온다.

ㄴ: 왜? 무슨 일이 있느냐?

(2) 不定阶

ㄱ: 나 드디어 시험에 합격했어.

ㄴ: 정말이야? 축하해.

基本阶

ㄱ: 나 드디어 시험에 합격했다.

ㄴ: 정말이냐? 축하한다.

(3) 不定阶

ㄱ: 옷이 참 예뻐.

ㄴ: 고마워.

基本阶

ㄱ: 옷이 참 예쁘다.

ㄴ: 고맙다.

(4) 不定阶

ㄱ: 음식이 정말 맛있어.

ㄴ: 그래? 더 많이 먹어.

基本阶

ㄱ: 음식이 정말 맛있다.

ㄴ: 그러냐? 더 많이 먹어라.

(5) 不定阶

ㄱ: 어제 온종일 일해서 너무 피곤했어.

ㄴ: 오늘은 좀 쉬어.

基本阶

ㄱ: 어제 온종일 일해서 너무 피곤했다.

ㄴ: 오늘은 좀 쉬어라.

(6) 不定阶

ㄱ: 하늘을 좀 봐. 곧 비가 오겠어.

ㄴ: 우산이 없는데 어떻게 하지?

基本阶

ㄱ: 하늘을 좀 봐라. 곧 비가 오겠다.

ㄴ: 우산이 없는데 어떻게 하느냐?

5.

(1) 이 세상에서 제일 높은 산이 어디인지 압니까?

어디인지 압니다. 에베레스트산입니다.

(2) 주구점이 어디에 있는지 압니까?

어디에 있는지 압니다. 북경 방산현 중부에 있습니다.

(3) 이 세상에서 제일 빠른 동물이 무엇인지 압니까?

제일 빠른 동물이 무엇인지 압니다. 치타입니다.

(4) 2008년 올림픽 대회가 어디에서 열렸는지 압니까?

어디에서 열렸는지 압니다. 베이징입니다.

(5) 만리장성을 쌓는 데 몇 년이 걸렸는지 압니까?

몇 년이 걸렸는지 모릅니다.

(6) 한글이 모두 몇 글자인지 압니까?

모두 몇 글자인지 모릅니다.

6.
  (1) 사이다 같은 탄산음료를 주세요.
  (2) 아빠 같은 자상한 사람을 좋아해요.
  (3) 빨간색 같은 강렬한 색을 좋아해요.
  (4) 번역 같은 작업이 필요 없는 일을 하고 싶어요.
  (5) <클래식> 같은 감동적인 영화를 보고 싶어요.
  (6) 모택동 같은 정치가가 되고 싶어요

7.
  등소평: 등소평은 1904년 중국 사천성에서 출생했다. 그는 중국 공산당 2세대 인물 중에서 1970년대부터 1990년까지 실용주의 노선을 지키며 흑묘백묘 이론을 통해서 중국을 개혁 개방으로 이끈 정치 지도자이다. 그는 중국식 사회주의를 완성하기 위해 4대 근대화 운동을 전개하기도 했다.

8.
  (1) 우리는 매일 오전 8시에 수업한다.
  (2) 어제 우리는 가게에 갔을 때 왕 선생님을 만났다.
  (3) 내일 우리는 올림픽 선수촌에 구경하러 갈 것이다.
  (4) 훌륭한 인재가 되기 위해서 우리는 모두 다 열심히 공부하고 있다.
  (5) 우리는 작년 9월에 입학했다. 지금까지 한국어를 공부한 지 이미 8개월이 되었다.
  (6) 외국어를 잘 못하기 때문에 나는 유럽에 여행 갔을 때 다른 사람들하고 얘기하기 힘들었다.
  (7) 난 그 남자 같은 사람이 싫다.
  (8) 여름에는 나는 냉면 같은 시원한 음식을 좋아합니다.
  (9) 김 신생님이 출장기신 지 벌써 1개월이 되었는데 언제 돌아오시는지 모른다.
  (10) 나는 한국 사람들이 김치를 어떻게 담그는지 모른다. 시간이 있을 때 좀 배우려고 한다.

第9课

1.
  (1) 시간이 한 시간뿐입니다.
  (2) 이 일을 할 수 있는 사람은 우리뿐이에요.
  (3) 날 정말 이해해 주는 사람은 문수 씨뿐입니다.
  (4) 머리가 좀 아플 뿐이에요. 그러니까 걱정하지 마세요.

(5) 난 조금만 도와 주었을 뿐이에요. 다 그 친구가 했어요.

(6) 맥주 한 잔만 마셨을 뿐이에요. 그런데 머리가 아파요.

2.
(1) 이 구두 말고 다른 걸 주세요.

(2) 이 영화 말고 다른 걸 봐요.

(3) 밀가루 음식 말고 다른 걸 먹어요.

(4) 이 책 말고 다른 걸 주세요.

(5) 이 색깔 말고 빨간색을 주세요.

(6) 버스 말고 지하철을 타세요.

3.
(1) 일을 시작했습니다.

(2) 취직을 했습니다.

(3) 도서관에 갔습니다.

(4) 잠이 들었습니다.

(5) 토했습니다.

(6) 관중들이 함성을 질렀습니다.

4.
(1) 7살 때부터 등산하기 시작했습니다.

(2) 12살 때부터 배우기 시작했습니다.

(3) 3년 전부터 사귀기 시작했습니다.

(4) 세 달 전부터 방영되기 시작했습니다.

(5) 3시간 전부터 만나기 시작했습니다.

(6) 한 시간 전부터 오기 시작했습니다.

5.
(1) 선생님께서 잘 가르쳐 주신 덕분에

(2) 의사 선생님 덕분에

(3) 고성능 컴퓨터 덕분에

(4) 회사 근처로 이사를 한 덕분에

(5) 한국 친구들을 많이 사귄 덕분에

(6) 에어컨을 새로 설치한 덕분에

6.
저는 지난 주 일요일 날 한국에서 오는 친구를 마중 나가기 위해서 북경서우두 공항 제3청사에 갔습니다. 도착 시간보다 조금 일찍 공항 출구 앞에서 기다리고 있었습니다. 그런데 한국에서 오는 비행기가 날씨가 나빠서 제시간에 도착하지 못한다는 안내 방송이 나왔습니다. 저는 어쩔 수 없이 신청사 여기저기를 둘러보면서 시간을 보냈습니다. 여행 성수기가 아니라서 공항에는 사람이 그렇게 많지 않았습니다. 저는 3층의 식당에 가서 차를 마시면서 비행기가 도착하기를 기다리고 있었습니다. 예정된 시간보다 한 시간 반이나 늦게 비행기가 도착했습니다. 저와 친구는 피곤했지만 서로 얼굴을 보자마자 환하게 웃었습니다. 우리는 함께 친구의 숙소까지 가는 공항버스를 타고 나왔습니다. 오랜만에 친구와 저녁을 먹고 얘기를 나누다가 학교로 돌아왔습니다.

7.

(1) 저는 한국 요리를 먹어봤을 뿐, 만들지는 못해요.

(2) 저는 그의 이름을 들은 적이 있을 뿐, 직접 만난 적은 없어요.

(3) 볼펜 말고 다른 건 없어요?

(4) 목이 아파서 매운 김치를 먹을 수 없는데, 매운 김치 말고 다른 건 없어요?

(5) 차가 서자마자 그는 내렸어요.

(6) 그는 서울에 도착하자마자 유명한 서울대학교를 구경하러 갔어요.

(7) 그는 작년부터 한국어를 공부하기 시작했어요.

(8) 살을 빼기 위해서 나는 작년 3월부터 운동하기 시작했다.

(9) 도와주신 덕분에 저는 순조롭게 이사를 끝냈습니다.

(10) 선생님께서 잘 지도해 주신 덕분에 문수 씨는 훌륭한 의사가 되었어요.

第10课

1.

(1) 얼마나 바쁜지 밥 먹을 시간도 없어요.

(2) 얼마나 심심한지 온종일 영화를 4편이나 봤어요.

(3) 얼마나 똑똑한지 모르는 것이 없어요.

(4) 얼마나 예쁜지 첫눈에 반했어요.

(5) 얼마나 기분이 좋은지 콧노래가 저절로 나왔어요.

(6) 얼마나 아픈지 온종일 아무것도 못 먹었어요.

2.

(1) 너무 재미있어요.

(2) 많이 배우게 돼요.

(3) 할머니가 계셨어요.

(4) 너무 반가웠어요.

(5) 아는 것이 많아졌어요.

(6) 잠이 왔어요.

3.

(1) 못하게 되었어요.

(2) 못 가게 되었어요.

(3) 도착하게 돼요.

(4) 잘하게 될 겁니다.

(5) 살이 빠지게 될 거예요.

(6) 가게 되었어요.

4.

(1) 동양에 비해서 서양은 개방적인 편입니다.

(2) 중국 음식에 비해서 한국 음식은 많이 맵습니다.

(3) 남자에 비해서 여자는 말투가 더 친절합니다.

(4) 백화점에 비해서 시장의 물건 값이 쌉니다.

(5) 여름에는 바다에 비해서 산이 더 시원합니다.

(6) 도시 생활에 비해서 시골 생활이 더 편안합니다.

5.

(1) 나는 몸무게가 적게 나가는 편입니다.

(2) 나는 좋아하는 음식이 많은 편입니다.

(3) 나는 외국어 실력이 좋은 편입니다.

(4) 나는 취미가 많은 편입니다.

(5) 나는 친구가 많은 편입니다.

(6) 나는 동물을 좋아하는 편입니다.

6.

<ㄱ>	<ㄴ>
소금	고소하다
설탕	시다
식초	맵다
약	짜다
김치	달다
참기름	쓰다

7.

제 고향은 전라북도 전주시입니다. 저의 고향에는 맛있는 음식이 많지만, 그 중에서도 특히 비빔밥이 유명해요. 비빔밥은 따뜻한 밥에 여러 가지 나물과, 잘게 썬 소고기, 달걀, 고추장, 참기름, 깨소금 등 갖은 양념을 넣고 비벼 먹는 음식이에요. 밥을 따뜻하게 유지하기 위해 돌솥에 직접 밥을 지어서 비며 먹으면 더 맛있게 먹을 수 있어요. 여러 가지 식재료와 양념으로 만들기 때문에 영양도 풍부하고, 맛도 참 좋아요.

8.
  (1) 그는 얼마나 슬픈지 눈이 붓도록 울었어요.
  (2) 한국 사람들은 매운 음식을 얼마나 잘 먹는지 모르겠어요.
  (3) 처음에 그는 이런 일을 좋아하지 않았어요. 그런데 한동안 하다 보니까 자신한테 잘 맞는다는 것을 알게 되었어요.
  (4) 이 선생님께 전화를 해 보니까 통화중이었어요.
  (5) 돈을 잃어버려서 여행을 못 가게 되었어요.
  (6) 선생님께서 가르쳐 주신 덕분에 저는 한국어를 좋아하게 되었어요.
  (7) 그는 영어를 잘하지만 미국 사람처럼 하지는 못해요.
  (8) 3반 학생에 비해 4반 학생의 발음이 더 좋아요.
  (9) 북경의 여름은 진짜 더워요. 오늘은 시원한 편이에요.
  (10) 초등학교 1학년 학생 중에서 그 아이는 키가 큰 편이에요.

第11课

1.
  (1) ㄱ: 지난 주말에 어디에 갔다왔어요?
      ㄴ: 경주에 갔었어요.
      ㄱ: 경주는 어떤 곳이에요?
      ㄴ: 경주는 불국사로 유명해요.
  (2) ㄱ: 어제 어디에 갔다왔어요?
      ㄴ: 수안보에 갔었어요.
      ㄱ: 수안보는 어떤 곳이에요?
      ㄴ: 수안보는 온천으로 유명해요.
  (3) ㄱ: 이번 겨울 방학에 어디에 갔다왔어요?
      ㄴ: 용평에 갔었어요.
      ㄱ: 용평은 어떤 곳이에요?
      ㄴ: 용평은 스키장으로 유명해요.

(4) ㄱ: 지난 주말에 어디에 갔다왔어요?
　　ㄴ: 진해에 갔었어요.
　　ㄱ: 진해는 어떤 곳이에요?
　　ㄴ: 진해는 벚꽃으로 유명해요.

(5) ㄱ: 지난 주에 어디에 갔다왔어요?
　　ㄴ: 제주도에 갔었어요.
　　ㄱ: 제주도는 어떤 곳이에요?
　　ㄴ: 제주도는 신혼여행지로 유명해요.

(6) ㄱ: 어제 어디에 갔다왔어요?
　　ㄴ: 강릉에 갔었어요.
　　ㄱ: 강릉은 어떤 곳이에요?
　　ㄴ: 강릉은 경포대로 유명해요.

2.
(1) 침실 겸 공부방이에요.
(2) 거실 겸 부엌입니다.
(3) 바람도 쐴 겸 나왔습니다.
(4) 기분 전환도 할 겸 영화관에 갑시다.
(5) 옷도 살 겸 백화점에서 만나요.
(6) 친구도 만나고 책도 빌릴 겸 갔습니다.

3.
(1) 무엇이 들어 있을까요?
(2) 언제일까요?
(3) 있을까요?
(4) 재미있을까요?
(5) 누구일까요?
(6) 좋을까요?

4.
(1) ㄱ: 서울에서 가장 면적이 넓은 대학입니다. 어디일까요?
　　ㄴ: 서울대학교 관악캠퍼스입니다.
(2) ㄱ: 내 것은 내 것인데 다른 사람이 많이 쓰는 것은 무엇일까요?
　　ㄴ: 이름입니다.

5.
가: 나는 학교 다닐 때 교과서 이외에 더 다양한 책을 읽지 못했던 게 가장 후회스

러워. 졸업하고 나서 직장 생활하면서 보니까 풍부한 경험이 가장 중요한 거 같아.

나: 그래 맞아. 시간을 내서 직접 이것저것 체험을 했으면 좋았겠지만, 그렇게 할 기회가 많지 않았기 때문에 책을 읽어서 간접 경험을 하는 것도 큰 도움이 되었을 텐데 나도 아쉽게도 몇몇 분야에만 관심을 갖고 있어서 폭넓은 경험이 중요하다고 생각하지 못했었어.

나: 그렇지. 어른들은 "공부에도 다 때가 있다"라는 말씀을 자주 하시잖아. 학창 시절은 미래를 위해서 열심히 자기 개발을 하면서 적극적으로 최선을 다할 수 있는 최적기인데 말이야.

가: 그래서 그런 의지를 갖고 자신을 위해 최선을 다했을 때 정말 만족할 만한 성과를 거둘 수 있고, 이전과 달라진 자신의 모습을 보면서 스스로 놀라게 되는 거지.

나: 그래서 늦었다고 생각하지 말고 지금이라도 부지런히 폭넓은 경험을 쌓기 위해서 노력해야 해.

6.
　　제 고향은 강원도 농촌입니다. 어렸을 때 집 근처에 수박 과수원이 있었습니다. 그래서 수박이 잘 익을 무렵인 여름 방학 때는 수박을 많이 먹었습니다. 또 집 근처에 옥수수밭, 감자밭이 있어서 옥수수, 감자, 고구마 등을 캐다가 잘 씻어서 어머니가 큰 가마솥에 넣고 쪄 주셔서 맛있게 먹었던 기억이 납니다. 또 마을 앞에는 맑고 깨끗한 강이 있어서 동네 친구들과 함께 수영을 하거나 낚시를 하면서 놀았습니다. 강에는 다양한 민물고기가 서식하고 있었기 때문에 잡은 물고기를 잘 손질해서 어머니가 구워 주시거나 찌개, 조림으로 만들어 주신 반찬을 맛있게 먹기도 했습니다. 특히 파, 양파, 수제비, 감자, 민물고기, 된장, 고추장을 넣고 끓인 매운탕은 구수하고 정말 맛있었습니다. 늦여름이 되면 지붕 처마에는 주렁주렁 포도가 달리기 시작했습니다. 겨울에는 강물이 두껍게 얼기 때문에 스케이트나 썰매를 탈 수 있어서 무척 재미있었습니다. 제 고향의 특산물은 밭에서 나는 깨끗한 농산물과 맑은 강물 속에 사는 민물고기, 그리고 맑고 깨끗한 공기와 물, 토양입니다.

7.
(1) 중국 강서성 경덕진은 도자기로 유명합니다.
(2) 북경대학교는 유구한 역사와 우수한 학생으로 유명합니다.
(3) 비가 왔어요. 우산을 갖고 올 걸 그랬어요.
(4) 지금 일자리를 구하기가 너무 어려워요. 지난 대학 4년 동안 공부를 더 열심

히 할 걸 그랬어요.

(5) 그분 옆에 앉아 있는 아름다운 여성은 그분의 부인 되십니까?

(6) 그는 우리의 예전 약속을 잊었을까요?

(7) 북경에서 상해까지 기차를 타면 시간이 얼마나 걸릴까요?

(8) 내일 비가 올까요?

(9) 그는 상해에 출장을 갈 겸 친구도 만났어요.

(10) 저는 여기를 서재 겸 거실로 씁니다.

第12课

1.

(1) 정선 씨가 그러는데 정선 씨 어머니는 동물을 기르는 것을 아주 좋아하신다고 합니다.

(2) 텔레비전에서 그러는데 오늘 오후에 바람이 많이 불 거라고 합니다.

(3) 진수 씨는 몸살이 났다고 합니다.

(4) 왕단 씨가 그러는데 한국 음식이 아주 맛있다고 합니다.

(5) 문수 씨가 그러는데 오늘이 자기 생일이라고 합니다.

(6) 수미 씨는 여행을 가고 싶다고 합니다.

(7) 종호 씨가 그러는데 어제는 친구들하고 밤새도록 술을 마셨다고 합니다.

(8) 라디오 뉴스에서 그러는데 경부 고속도로에서 큰 사고가 나서 사람이 9명이 죽었다고 합니다.

(9) 선주 씨는 다음 달 17일에 결혼한다고 합니다.

(10) 영수 씨는 내일 전화하겠다고 합니다.

(11) 선주 씨가 그러는데 여기서 담배를 피우면 안 된다고 합니다.

(12) 영수 씨는 어제 선미 씨한테서 선물을 받았다고 합니다.

2.

(1) 정선 씨가 어디에 사느냐고 물었습니다.

(2) 홍단 씨가 오늘 오후에 시간이 있냐고 물었습니다.

(3) 진수 씨가 밤 9시쯤 전화해도 되느냐고 물었습니다.

(4) 왕단 씨가 무슨 음식을 좋아하냐고 물었습니다.

(5) 문수 씨가 무슨 음식을 먹을 거냐고 물었습니다.

(6) 수미 씨가 언제 한국에 왔느냐고 물었습니다.

(7) 종호 씨가 까만 양복을 입고 있는 사람이 누구냐고 물었습니다.

(8) 경희 씨가 특별한 버릇이 있냐고 물었습니다.

(9) 선주 씨가 우리 집 전화번호를 아느냐고 물었습니다.

(10) 영수 씨가 이상현 선생님께서 돌아가셨다는 소식을 들었느냐고 물었습니다.

3.

(1) 사장님이 내일까지 이 일을 끝내라고 하셨습니다.

(2) 선생님이 다음주 월요일에 시험이 있으니까 열심히 공부하라고 하셨습니다.

(3) 진수 씨가 이 책은 너무 어려우니까 지금 읽지 말라고 했습니다.

(4) 왕단 씨가 금요일 저녁 8시에 하는 드라마가 아주 재미있으니까 꼭 보라고 했습니다.

(5) 문수 씨가 선영 씨한테 그 사람을 만나지 말라고 했습니다.

(6) 수미 씨가 가지 말고 여기 앉아서 잠깐만 기다리라고 했습니다.

(7) 종호 씨가 제주도에 도착하면 바로 전화하라고 했습니다.

(8) 경희 씨가 이사하는 것을 도와줘야 하니까 그 옷을 벗고 편한 옷을 입으라고 했습니다.

4.

(1) 정선 씨가 버스에 사람이 많으니까 택시를 타고 가자고 했습니다.

(2) 홍단 씨가 왕단 씨가 꽃을 좋아하니까 꽃을 사다 주자고 했습니다.

(3) 진수 씨가 이야기하고 나서 탁구를 치자고 했습니다.

(4) 문수 씨가 졸업한 후에 같이 사업을 하자고 했습니다.

(5) 왕단 씨가 부모가 없는 아이들을 돕자고 했습니다.

(6) 수미 씨가 방송국에 항의 편지를 보내자고 했습니다.

5.

(1) ㄱ: 의사 선생님이 그러는데 김용민 씨가 많이 아파서 나으려면 빨리 수술을 받아야 한대요.

ㄴ: 김용민 씨는 지기 집이 가난해서 수술을 받을 돈이 없다고 합니다.

ㄷ: 그러면 우리가 돈을 모아서 용민 씨를 도웁시다.

(2) ㄱ: 뉴스에서 그러는데 오늘 새벽에 동대문 근처에 있는 시장에서 불이 났다고 합니다. 근처를 청소하던 사람이 처음 불을 발견하고 소방서에 신고를 했대요.

ㄴ: 저도 그 뉴스를 봤어요. 불은 가게 10여 채를 태우고 꺼졌지만 다행히 아직 시장에서 장사할 시간이 아니었기 때문에 죽거나 다친 사람이 없었대요.

(3) ㄱ: 수민 씨가 그러는데 한국 사람은 성격이 좀 급하대요. 그래서 한국에 가면 "빨리빨리"라는 말을 자주 듣는대요.

ㄴ: 제가 한국에 있을 때도 그런 것을 느꼈어요. 식당에 가면 한국 사람들이 음식을 빨리 달라고 해요. 어떤 사람은 음식이 왜 이렇게 안 나오느냐고 화를 내기도 합니다.

ㄷ: 나는 한국 사람들의 급한 성격이 나쁘다고만 생각하지 않아요. 일을 빨리 하려는 급한 성격이 있었기 때문에 한국이 빠르게 발전했다고 생각해요.

6.

박효수는 이원영에게 전화를 해서 다음주 일요일에 만나자고 했다. 그날 오후 세 시에 그들이 늘 만나는 생맥주집에서 만나자고 했다. 원영이는 누구누구 온다고 했느냐고 물었다. 효수는 순신, 시정, 준식, 운도가 온다고 했다고 대답했다. 그리고 병환이는 집에 일이 있어서 못 나온다고 했다. 운도가 원영이를 오랫동안 못봤다고 꼭 나오라고 했다. 원영이는 꼭 가겠다고 했다.

7.

어제 저녁에 지하철을 타고 집에 오는 길이었다. 전동차 출입문이 열릴 때마다 사람들이 내리고 타느라고 열차 안은 몹시 붐볐다. 그때 내 옆에 서 계시던 할아버지 한 분이 나에게 사당역에 도착하려면 아직 멀었냐고 물어보셨다. 나는 할아버지께 아직 일곱 정류장을 더 가야 한다고 말씀드렸다. 그때 앞자리에 앉아 있던 청년이 할아버지를 보고 자리에서 일어나면서 앉으시라고 자리를 양보했다. 그런데 할아버지는 웃으시면서 괜찮으니까 그냥 서 계시겠다면서 앉으려고 하시지 않았다.

8.

(1) 수진이가 내일 백화점에 간다고 했어요.
(2) 수민이가 저한테 학교에 갔었느냐고 물었어요.
(3) 세민이가 저한테 사전을 사 달라고 했어요.
(4) 선주가 밤에 맥주를 같이 마시러 가자고 했어요.
(5) 문수가 그의 집에 놀러 오라고 했어요.
(6) 홍단이 다음 학기 일본어를 공부할 거라고 했어요.
(7) 고등학교 친구는 제게 대학 생활이 즐거웠느냐고 물어봤어요.
(8) 왕단은 한국에 처음 왔을 때 김치를 못 먹었다고 했어요.
(9) 왕룽이 내년 여름에 친구들하고 여행을 갈 준비를 하고 있다고 했어요.
(10) 문수는 공부하고 있어요. 방금 우리에게 조용히 해 달라고 했어요.

第13课

1.
   (1) 짜리, 짜리
   (2) 어치
   (3) 짜리
   (4) 어치
   (5) 짜리
   (6) 어치

2.
   (1) ㄱ: 두 사람은 어떻게 알게 됐어요?
       ㄴ: 알기는요. 오늘 처음 만났어요.
       ㄱ: 참 친해 보여요.
       ㄴ: 그런가요?
   (2) ㄱ: 고향이 전라도지요?
       ㄴ: 전라도기는요. 서울에서만 계속 살았어요.
       ㄱ: 음식을 참 잘 만드네요.
       ㄴ: 잘 만들기는요. 틈날 때마다 어머니한테 조금씩 배웠을 뿐이에요.
   (3) ㄱ: 형제가 많지요?
       ㄴ: 많기는요? 저는 오빠 하나밖에 없어요.
       ㄱ: 성격이 너무 좋아서 형제가 많다고 생각했어요.
       ㄴ: 감사합니다.
   (4) ㄱ: 피아노 치는 것이 취미지요?
       ㄴ: 아니요. 왜요?
       ㄱ: 피아노를 자주 쳐서 그렇게 생각했어요.
       ㄴ: 자주 치기는요. 요즘 심심해서 평소보다 좀 많이 쳤을 뿐이에요. 평소에는 잘 안 쳐요.

3.
   (1) 자르러
   (2) 불렀습니다.
   (3) 길렀습니다.
   (4) 말랐습니다.
   (5) 게을러서
   (6) 다릅니다.

4.
가: 요즘은 중국의 온라인 할인행사가 많은 달인데, 뭐 살 거 없어?
나: 당연히 있지. 생활필수품이나 평소에 사고 싶었던 물건을 적어 두었다가 온라인 쇼핑몰에서 한꺼번에 구입하려고 기다렸는데.
가: 어떤 제품은 원 플러스 원 행사를 하기도 하고, 어떤 제품은 30-50% 정도 할인을 해서 싸게 판매하기도 하던데. 그리고 어떤 제품은 많이 구입할수록 할인을 더 많이 해 주기도 하고, 따로 사은품을 껴서 주는 제품도 있었어.
나: 맞아. 또 일정한 시간대에만 할인을 해 주는 번개 세일 제품도 많잖아.
가: 그럼 우리 이번에는 친구들하고 함께 미리 합리적인 쇼핑을 하기 위해서 구입해야 할 제품 목록을 서로 확인해 보면서 같이 사자.
나: 좋은 생각이야. 돈도 더 절약하고 더 좋은 제품도 살 수 있는 방법이겠다.
가: 그래, 맞아. 생활필수품들은 대량으로 구입해서 서로 나눠 갖기로 하고, 쿠폰, 적립금 등을 적극적으로 이용하면 만족스러운 쇼핑을 할 수 있을 거야.

5.
저는 신중하게 판단해서 물건을 사는 편입니다. 한 달 동안 쓸 수 있는 용돈 중에서 일정한 비율만큼만 물건을 사고, 남는 돈은 꼭 저축을 합니다. 요즘 물가가 좀 비싼 편이라서 아껴쓰지 않으면 돈이 늘 부족할 수밖에 없습니다. 그래서 돈을 낭비하지 않기 위해 항상 노력합니다. 그리고 인터넷을 이용하여 최저가가 얼마인지 항상 확인합니다. 지난 주에는 전자사전을 하나 사기 위해 제가 사고 싶은 사전을 어느 사이트에서 제일 싸게 파는지 조사해서 150원이나 싸게 인터넷으로 구매했습니다. 앞으로도 가격과 품질을 잘 비교하여 합리적으로 물건을 구입할 것입니다.

6.
(1) 한국에서 쇠고기는 너무 비싸요. 난 오늘 만 원어치만 샀어요.
(2) 이 사과는 500그램에 얼마예요?
(3) 저는 달마다 집에 편지 한 통을 씁니다.
(4) 그 매장에서 파는 핸드폰은 한 대에 한국돈으로 한 85만 원정도예요.
(5) 우리 아버지는 하루에 담배를 3갑이나 피우세요. 끊으셨으면 좋겠어요.
(6) 선주네 집에서는 고양이 한 마리와 강아지 한 마리를 키웁니다.
(7) 이 귤은 당신이 고르신 거예요?
(8) 제 남동생이 너무 게을러서 자기 방 청소를 하나도 안 해요.
(9) - 제가 처음 북경에 왔는데요. 북경의 날씨가 진짜 좋아요.
   - 좋기는요. 북경의 여름이 얼마나 더운데요.

(10) - 문수 씨, 영어 잘하시네요!
- 잘하기는요. 왕룽 씨는 저보다 훨씬 잘해요.

第14课

1.
(1) 에서
(2) 으로
(3) 에다
(4) 으로
(5) 로
(6) 에다

2.
(1) 한국 친구를 사귀려고 배웁니다.
(2) 한국어를 배우려고 왔습니다.
(3) 건강해지려고 운동합니다.
(4) 동생과 함께 입으려고 많이 샀어요.
(5) 돈을 찾으려고 갔어요.
(6) 함께 공부하려고 만났어요.

3.
(1) 오늘은 10일이 아니라 11일입니다.
(2) 왕룽 씨는 한국 사람이 아니라 중국 사람입니다.
(3) 이 가방은 지영 씨 것이 아니라 지숙 씨 것입니다.
(4) 7331-3000이 아니라 7331-4000입니다.
(5) 다음주에 가는 것이 아니라 이번주에 삽니다.
(6) 홍단 씨한테 주는 것이 아니라 왕단 씨한테 주는 겁니다.

4.
(1) 거실에다가 놓으세요.
(2) 냉장고에다가 넣으세요.
(3) 내 방에다가 거세요.
(4) 여기에다가 하세요.
(5) 영수 가방 안에다가 넣었어요.
(6) 친구 선물 사는 데에다가 쓸 거예요.

5.
   (1) 뭐든지
   (2) 언제든지
   (3) 어디든지
   (4) 어떻게든지
   (5) 누구든지
   (6) 어느 도시든지

6.
   가: 학교 근처에 있는 은행에 가서 체크카드를 만들려고 하는데, 뭘 준비해야 돼?
   나: 먼저 넌 외국인이니까 여권을 가지고 가야 해. 그리고 카드를 발급받으러 왔다고 말하고, 번호표를 받고 기다리다가 순서가 되면 창구로 가서 은행 직원에게 신규 카드를 발급받으러 왔다고 말하면 돼.
   가: 그러면 바로 발급을 해 줘?
   나: 응. 그리고 발급신청서를 작성하고, 서류에서 필요한 곳에 네가 전자 서명을 해야 돼. 그리고 네가 비밀번호 여섯 자리를 직접 두 번 눌러서 설정을 하면 돼.
   가: 아, 그렇구나. 여권을 신분증 대신 제출하고, 필요한 서식을 작성하면 되는구나.
   나: 응. 그러면 은행 직원이 네 여권을 한 부 복사하고, 은행 전산 시스템에 등록하고 나서 다시 너에게 여권과 네가 보관해야 할 서류를 한 부 줄 거야. 그리고 카드도 함께 주면 잘 받아서 ATM기에서 곧바로 사용할 수 있어.

7.
   저는 대학교 3학년 학생입니다. 중국 북경에서 공부하고 있습니다. 저는 한 달에 한 번씩 부모님께 용돈을 받습니다. 저는 주로 학교 안에서 생활하기 때문에 용돈을 많이 쓰지 않는 편입니다. 학교 수업에 필요한 책을 사거나 문구류를 구입하기도 합니다. 식비로 제일 돈을 많이 쓰는 편입니다. 두세 달에 한 번쯤 같은 기숙사 친구들의 생일일 때는 함께 돈을 모아서 밥도 먹고, 케이크도 먹고, 맥주도 마십니다. 또 친구의 생일선물을 사 주기도 합니다. 이럴 때는 평소보다 지출이 많은 편입니다. 그리고 부모님과 스마트폰으로 영상 전화를 할 때는 위챗을 이용하기 때문에 돈이 들지 않습니다. 그리고 대부분은 부모님께 받은 용돈보다 적게 아껴 쓰기 때문에 돈이 부족하지 않지만, 교재를 많이 구입하거나 옷, 화장품, 전자제품 등을 사면서 돈이 부족하면 부모님께 용돈이 좀 필요하다고 말씀드리고 더 받기도 합니다.

8.

(1) 그 소설은 이미 영화로 제작되었습니다.

(2) 어제 제가 산 바지를 집에 와서 입어 보니까 너무 짧았어요. 그래서 오늘 매장 직원이 긴 걸로 바꿔줬어요.

(3) 나는 연극을 보려고 극장 앞에서 반 시간을 기다려서야 표를 샀습니다.

(4) 제가 졸업한 후에 한국으로 유학을 가려고 지금 자주 선생님께 여쭤봅니다.

(5) 이 책가방은 제 것이 아니라 창수 거예요.

(6) 안 도와주는 게 아니라 못 도와주는 거죠.

(7) 그는 그 물건을 문 옆에다가 두고 갔어요.

(8) 사진을 내 컴퓨터에다가 옮겨 주세요.

(9) 그는 온종일 사무실에 있으니까 언제든지 만날 수 있어요.

(10) 내 방문은 언제든지 열리는 거예요.

第15课

1.

(1) 한국 친구를 사귀는 게 좋겠어요.

(2) 살을 좀 빼는 게 좋겠어요.

(3) 다음에 가는 게 좋겠어요.

(4) 잠깐 갔다 오는 게 좋겠어요.

(5) 데이트를 다음으로 미루는 게 좋겠어요.

(6) 운동을 하는 게 좋겠어요.

2.

(1) ㄱ: 오늘 월급을 탄 김에 쇼핑을 하러 갑시다.

　　ㄴ: 좋아요.

(2) ㄱ: 술을 왜 마셨어요?

　　ㄴ: 오랜만에 친구를 만난 김에 술 한잔 했어요.

(3) ㄱ: 선화 씨가 내일 회의에 참석할까요?

　　ㄴ: 말 나온 김에 전화를 해 봅시다.

(4) ㄱ: 일주일 동안 집에만 있었어요.

　　ㄴ: 그래요? 외출한 김에 바다나 보러 갈까요?

(5) ㄱ: 나는 홍단 씨를 너무 사랑해요.

　　ㄴ: 그럼 오늘 술을 마신 김에 고백을 하세요.

(6) ㄱ: 오랫동안 등산을 못 갔어요.

　　ㄴ: 말 나온 김에 오늘 등산하러 가요.

3.

(1) 그 옷을 입으니까 더 귀여워 보여요.

(2) 그 신발을 신으니까 더 멋있어 보여요.

(3) 그 치마를 입으니까 더 예뻐 보여요.

(4) 그 옷을 입으니까 키가 더 작아 보여요.

(5) 우등상을 받으니까 기분이 좋아 보여요.

(6) 잠을 못 자니까 아파 보여요.

4.

(1) 냉면 아니면 비빔밥을 먹고 싶어요.

(2) 버스 아니면 지하철을 타고 갈 겁니다.

(3) 한국어 아니면 일본어를 배우고 싶어요.

(4) 편지를 쓰세요. 아니면 선물을 해 주세요.

(5) 오늘 밤을 새서 공부를 해 보세요. 아니면 포기하세요.

(6) 운동을 하세요. 아니면 쇼핑을 해 보세요.

5.

(1) 나았어요.

(2) 부으세요.

(3) 더 저으세요.

(4) 나아요.

(5) 부었어요.

(6) 지을 거예요?

7.

요즘 한국 젊은이들은 어려서부터 텔레비전에서 배우들의 다양한 머리 모양과 의상을 보면서 자라. 그래서 늘 사회 유명인사들의 머리와 옷차림에 관심이 많지. 짧은 머리가 유행인 적도 있었고, 긴 머리, 또는 펌 머리, 또 어떤 젊은이들은 여러 가지 색깔로 머리를 염색하기도 해. 옷차림도 정장처럼 격식을 갖춘 옷차림을 좋아하기도 하고, 활동하기 편한 옷차림도 유행이야. 단조로운 색상뿐만 아니라 은은하거나 화려한 옷을 즐겨 입기도 해.

8.

(1) 안색이 안 좋아 보이네요. 먼저 기숙사에 가서 쉬는 게 좋겠어요.

(2) 거기까지 아주 멀어요. 비행기를 타고 가는 게 좋겠어요.

(3) 북경에 이미 온 김에 만리장성에 한번 가보는 게 좋겠어요.

(4) 학교에 이왕 온 김에 도서관에 가서 책 한 권을 빌리는 게 좋겠어요.

(5) 그는 건강해 보이는데, 왜 갑자기 입원하게 되었어요?

(6) 그는 성격이 아주 좋아 보이지만 사실은 그렇지 않아요.

(7) 그 책은 이철 아니면 선주가 가져 간 거예요.

(8) 내가 졸업한 후에 중학교 선생님이 되지 않으면 외국으로 유학 갈 거예요.

(9) 그는 병이 좀 나은 것 같아요.

(10) 왠지 모르겠지만 그의 눈이 많이 부었어요.

第16课

1.

(1) 키가 크기는 한데 몸이 너무 말랐어요.

(2) 바쁘기는 한데 왕단 씨를 만날 시간은 있어요.

(3) 많이 하긴 했는데 자신이 없어요.

(4) 많이 마시기는 했는데 취하지는 않았어요.

(5) 좋아하기는 하는데 잘하지는 못해요.

(5) 배우기는 했는데 잘 못해요.

2.

(1) 그녀는 머리가 좋을 뿐만 아니라 열심히 노력해요.

(2) 그녀는 예쁠 뿐만 아니라 귀여워요.

(3) 상해는 경치가 좋을 뿐만 아니라 교통이 편리해요.

(4) 이 물건은 값이 쌀 뿐만 아니라 품질이 좋아요.

(5) 이제 시험은 준비할 시간이 없을 뿐만 아니라 하기도 싫어요.

(6) 그는 공부를 살할 뿐만 아니라 운동도 잘해요.

3.

(1) 영화관이나 갈래요.

(2) 영화나 볼래요

(3) 소설책이나 볼래요.

(4) 공부나 할래요.

(5) 책이나 살래요.

(6) 쇼핑이나 할래요.

4.

ㄱ: 선화 씨는 한국어를 배운 후에 뭘 할 겁니까?

ㄴ: 한국어 선생님이 되고 싶습니다. 그리고 번역이나 통역 일도 같이 하고 싶습니다.

5.
(1) 많이 아픈가 봐요.
(2) 많이 피곤하셨나 봐요.
(3) 급한 일이 있나 봐요.
(4) 무슨 좋은 일이 있는가 봐요.
(5) 안 좋은 일이 있는가 봐요.
(6) 입맛이 없나 봐요.

6.
　　선녀와 나무꾼 이야기는 한국에서 어린 아이들도 잘 알고 있는 옛날 이야기예요. 옛날에 나무꾼이 살고 있었는데, 어느 날 사냥꾼에게 쫓기는 사슴을 구해 주었어요. 사슴은 나무꾼에게 감사의 표시로, 숲 속 연못에 무지개가 필 때 하늘에서 날개옷을 입은 선녀들이 내려와 연못에서 목욕을 하니까 몰래 한 벌을 숨겨 두면 선녀와 인연을 맺을 수 있다고 알려주었어요. 그리고 선녀가 세 아이를 낳을 때까지 날개옷을 보여 주지 말라고 말했어요. 나무꾼은 선녀가 내려올 때를 기다렸다가 선녀의 날개옷 한 벌을 몰래 감춰두었고, 하늘로 올라가지 못한 선녀를 집으로 데려와 결혼을 하게 되었어요. 선녀는 몇 년이 지나서 아이 둘을 낳았는데 나무꾼에게 이제 아이를 둘이나 낳았으니 제발 날개옷을 보여 달라고 했어요. 나무꾼을 사슴의 말을 잠시 잊고 보여 줬는데, 선녀는 날개옷을 입고 아이 둘을 데리고 하늘로 올라가 버렸어요. 상심한 나무꾼은 다시 사슴을 찾아서 어떻게 하면 좋겠냐고 물었어요. 사슴은 하늘로 올라갈 방법을 알려주고, 나무꾼은 사슴이 말한 대로 하늘로 올라가 아내와 아이들을 다시 만나고 행복하게 살았어요.
　　그런데 이 이야기는 서로 결말이 다른 이야기도 있어요. 나무꾼이 올라갔다가 다시 내려와 어머니를 만났는데, 실수로 그만 다시 하늘로 올라가지 못하게 돼서 나무꾼은 닭으로 변해서 아침마다 하늘을 보면서 울부짖게 됐다는 이야기도 있어요.

7.
　　황산은 중국에서 가장 아름다운 산 중의 하나입니다. 이곳에는 2개의 호수, 3개의 폭포, 24개의 계곡, 해발 1,000미터가 넘는 72개의 봉우리가 있습니다. 또한 많은 절벽과 특이한 돌들이 있어서 매년 많은 관광객들이 이곳을 찾습니다.

8.
(1) 저는 금강산에 가 보기는 했지만 날씨가 안 좋아서 마음껏 놀지 못했습니다.

(2) 오늘 구름이 많이 끼기는 했는데, 사진을 찍는 데 별 문제 없을 거예요.

(3) 한국 사람뿐만 아니라 금강산을 다녀간 외국인들도 금강산은 정말 아름답다고 말합니다.

(4) 우리집에서는 한국의 티브이 프로그램뿐만 아니라 영국 티브이 프로그램까지 볼 수 있어요.

(5) 지영 씨가 일이 있어서 못 왔어요. 그래서 우리한테 사진을 많이 찍어서 보여 달래요.

(6) 저는 그 공연을 보고 싶어하지 않아요. 집에서 신문이나 보는 게 좋아요.

(7) 하늘을 보니까 비가 오려나 봐요.

(8) 이게 바로 네가 공부를 잘하는 비결인가 봐.

(9) 왕룽은 어려서부터 선생님이 되고 싶어 했어요.

(10) 문수 씨는 자기가 좋아하는 가수의 콘서트에 가 보고 싶어 해요.

第17课

1.

(1) 바닷바람이 정말 시원하네요.

(2) 모처럼 산에 올라오니까 정말 기분이 좋네요.

(3) 세일 첫날이라서 백화점 주차장이 무척 혼잡하네요.

(4) 국기 게양식을 보려고 천안문 광장에 모인 사람들이 정말 많네요.

(5) 겨울이라서 따뜻한 차를 마시고 싶네요.

(6) 여름인데 별로 덥지 않네요.

2.

(1) 요즘엔 비가 자주 와서 참 시원하네요.

(2) 돈을 얼마나 아껴 쓰는지 몰라요.

(3) 우산을 안 갖고 나갔어요.

(4) 사무실에 앉아서 일을 하고 있으면 어떡해요?

(5) 유부남처럼 안 보여요.

(6) 신경 안 쓰고 밖에서 노래 연습을 하고 있어요.

3.

(1) 코트를 좀 벗어 놓으세요. 더우시겠어요.

(2) 요즘 일이 많아서 정신이 없어요. 많이 피곤하겠어요.

(3) 엄마가 예쁘시네요. 아이도 예쁘겠네요.

(4) 농구를 하다가 다리를 다쳤어요. 아프겠어요.

(5) 날씨가 추워요. 감기에 걸리겠어요.

(6) 어서 서두르세요. 약속 시간에 늦겠어요.

4.

(1) 좋아하지만

(2) 불고

(3) 출발했지만

(4) 작지만

(5) 듣고

(6) 쉬었지만

5.

(3) 먹었던 사과: 이 표현은 "먹은", "먹던"으로 바꾸는 게 좋습니다. "먹었던"은 이미 다 먹어서 남아 있지 않기 때문에, 그 사과를 이미 다 먹은 사람이, 자기가 다 먹었는데"어디에 있습니까?"라고 물어 볼 이유가 없습니다. "먹은", "먹던"으로 표현하면 사과가 아직 남아 있다는 어감이 강해서 어색하지 않습니다.

6.

　　중국은 오랜 역사를 지닌 나라입니다. 오랜 역사를 거치면서 여러 왕조가 교체되었으며, 진, 당, 송, 원, 명, 청 왕조처럼 대제국을 건설한 국가들이 주변 나라에 많은 문화적 영향을 주면서 동아시아의 문화 발전에 큰 기여를 했습니다.

7.

(1) 들었던, 듣던, 들은

(2) 가겠다고 했던, 가고 싶은

(3) 빌려줬던, 빌려준

(4) 친절한

(5) 친구와 함께 보기로 했던

(6) 입고 있는, 입은

(7) 사 주려고 했던, 사 줄

(8) 사려고 하는, 사고 싶은 / 만든

(9) 사려는

(10) 안 쓰는

8.

(1) 오늘 날씨는 정말 덥네요.

(2) 그 사람은 한국어를 배운 지 반 년밖에 안 됐는데, 정말 말을 잘 하네요.

(3) 그는 너무 속상했는데도 참고 울지 않았어요.

(4) 날마다 방을 청소하는데도 지저분해 보여요.

(5) 2년 후면 문수 씨는 대학생이 되겠네요.

(6) 부모님의 편지를 받으면 기분이 참 좋겠네요.

(7) 비가 오는데도 나는 등산을 가고 싶네요.

(8) 나는 음악을 듣는 것을 좋아하지만 세민 씨는 별로 안 좋아해요.

(9) 예전에 갖고 있던 것들이 언제 없어졌는지 모르겠네요.

(10) 어렸을 때 불렀던 노래를 몇 곡이나 기억해요?

第18课

1.
(1) 하나도 못합니다.

(2) 하나도 안 예쁩니다.

(3) 하나도 재미없습니다.

(4) 하나도 없습니다.

(5) 하나도 안 바쁩니다.

(6) 하나도 어렵지 않았습니다.

2.
(1) 여권을 챙겨오지 않은 걸 알고 다시 집으로 돌아갔습니다.

(2) 옛날 추억이 떠올랐습니다.

(3) 실력이 늘지 않아서 연습 시간을 늘렸습니다.

(4) 달력을 보다가

(5) 주방에서 설거지를 하다가

(6) 집 근처 공원에서 산책을 하나가

3.
(1) 곳

(2) 데

(3) 군데

(4) 군데 / 곳이

(5) 곳이

(6) 데 / 곳

4.
(1) 고등학교 때는 내성적이었던 내 성격이 지금은 외향적으로 변했습니다.

(2) 1년 전에는 살이 많이 쪘던 제가 지금은 날씬한 몸매가 됐습니다.

(3) 어렸을 때는 단 음식만 먹던 내가 지금은 매콤한 음식을 좋아하게 되었습니다.

(4) 나는 대학교 때는 기숙사에 살았었는데 지금은 원룸에서 살고 있습니다.

(5) 기름진 음식을 좋아했었는데 지금은 단백한 음식을 즐겨 먹습니다.

(6) 예전에는 법률가나 의사가 인기였었는데 지금은 연예인, 운동 선수가 인기입니다.

5.

(1) 아침에 늦게 일어났거든요.

(2) 기말시험에서 좋은 성적을 받았거든요.

(3) 공부를 많이 안 했거든요.

(4) 회사에서 승진을 해서 회식을 했거든요.

(5) 지금이 바로 퇴근시간이거든요.

(6) 점심을 적게 먹었거든요.

6.

원명원은 베이징에 있는 청나라 때의 황실 정원이었어요. 청 황실에서 소장하고 있던 진귀한 보물과 동식물을 보관하기도 했던 곳이에요. 승덕은 북경의 동북쪽에 위치해 있는 허베이성의 직할시예요. 시 주변에는 청나라 건축물을 대표하는 이색적인 불교사원이 많이 있어요. 피서산장은 청나라 황제들의 별궁이었으며, 약 200년간 황제들의 여름궁전으로 이용했던 곳이에요.

7.

나는 예전에 1월 1일날에 맞춰서 친구들과 함께 해돋이를 보러 가자고 결정하고 어디로 갈까 고민하다가, 경주에 사는 학교 친구에게 연락해서 해돋이를 보러 갈 테니 경주를 좀 안내해 달라고 부탁했다. 그 친구는 우리를 안내해 주겠다고 흔쾌히 수락을 해서 우리는 그 친구의 안내를 받으면서 경주를 이곳저곳 구경했다. 서울에 살았던 다른 친구들보다 역시 경주가 고향이었던 그 친구는 경주를 잘 알고 있었기 때문에 맛있는 음식도 먹으면서 즐거운 여행을 할 수 있었.

8.

(1) 그 학생들을 나는 한 명도 알지 못해요.

(2) 나한테 한국 요리는 하나도 맵지 않고, 나는 너무 좋아해요.

(3) 나는 거리가 나가서 조금 가다가 돌아왔어요.

(4) 나는 학교에 가다가 홍단을 만났어요.

(5) 여기는 담배를 피우는 데가 아니에요.

(6) 오늘밤에는 서울, 부산, 경주 등 몇 곳에서 비가 오겠습니다.

(7) 내가 서울에 있었을 때 한국 대통령을 한 번 봤었어요.

(8) 그때 우리는 항상 함께 놀았다.

(9) - 이제 왜 안 왔어요?

　　- 어제 병이 났어요.

(10) - 한국어를 어떻게 이렇게 잘해요?

　　 - 매일 열심히 공부하고 있어요.

第19课

1.

(1) 제가 케이크를 살 테니까 선화 씨는 음식점을 예약해 주세요.

(2) 제가 짐을 정리할 테니까 좀 쉬세요.

(3) 제가 야채를 사올 테니까 선화 씨는 설거지를 하세요.

(4) 제가 비행기표를 예약할 테니까 선화 씨는 호텔을 예약하세요.

2.

(1) 시원한 물로 샤워를 하면 됩니다.

(2) 열쇠수리점에 연락을 해서 사람을 부르면 됩니다.

(3) 재시험을 볼 기회가 한 번 더 있으니까 다음에 보면 됩니다.

(4) 집 근처 편의점에 가서 먹을 걸 좀 사오면 됩니다.

(5) 우선 스마트폰으로 결제하면 됩니다.

(6) 친구가 올 때까지 기다리면 됩니다.

3.

(1) 버스 정류장, 택시 승강장, 지하철역 출입구처럼 사람이 많은 곳에서 담배를 피우면 안 됩니다.

(2) 도서관에서 음식을 먹거나 큰 소리로 얘기하면 안 됩니다.

(3) 많은 사람들이 이용하는 시설을 파손하면 안 됩니다.

(4) 고궁, 탑 같은 문화재의 표면에 글자를 새기거나 낙서를 하면 안 됩니다.

(5) 공공장소에서 특정인에게 모욕적인 표현을 하면 안 됩니다.

(6) 자동차를 운전할 때 과속을 하거나 교통신호를 무시하면 안 됩니다.

4.

(1) 이 일은 내일까지 꼭 끝내야 합니다.

(2) 이 내용을 잘 이해할 수 없어서 속상해요.

(3) 살이 잘 안 찌는 체질이에요.

(4) 회사에 일이 있어서 나가 봐야 해요.

(5) 아무리 바빠도

(6) 술을 많이 마셨어도

5.

(3) 不表示回忆过去完成的行为。

6.

(1) 그 일은 제가 할 테니까 걱정할 필요 없어요.

(2) 내일 아침에 난 학교 운동장에 가서 운동할 테니까 같이 하자.

(3) 자전거를 5분만 타고 가면 그 상점에 도착해요.

(4) 내일 직접 올 필요 없이 나한테 전화하면 돼.

(5) 내가 뭐라고 말해도 그는 믿지 않아요.

(6) 아무리 바빠도 친한 친구에게는 자주 연락해야 해요.

(7) 이번 시험 성적이 너무 나쁘면 안 돼요.

(8) 경복궁은 예전에 조선왕조의 왕궁이었던 곳이에요.

(9) 내가 지금 살고 있는 곳은 언니가 결혼하기 전에 살았던 방이에요.

第20课

1.

(1) 어제 몸이 아파서 자느라고 모임에 못 왔습니다.

(2) 친구의 생일이어서 선물을 전해주느라고 친구를 만났습니다.

(3) 길에 차가 막혀서 지하철로 갈아타느라고 약속 시간에 늦었습니다.

(4) 숙제를 하느라고 밤을 새워서 정신이 없습니다.

(5) 숙제가 많아서 모두 끝내느라고 어제 잠을 두 시간밖에 못 잤습니다.

(6) 담당직원이 다른 업무를 하느라고 일 처리를 늦게 해서 화가 났습니다.

2.

(1) 다리를 다칠 뻔했어요.

(2) 못 내릴 뻔했어요.

(3) 떨어질 뻔했어요.

(4) 힘들어서 죽을 뻔했습니다.

(5) 길을 잃어버릴 뻔했습니다.

(6) 힘들어서 죽을 뻔했습니다.

3.

(1) 아무 데도 안 갔어요.

(2) 아무것도 안 먹었어요.

(3) 아무도 안 만났어요.

(4) 아무것도 모릅니다.

(5) 아무것도 못 만들어요.

(6) 아무한테도 안 했어요.

4.

(1) 1년 만에 술을 마셨어요.

(2) 오래간만에 친구한테 손편지를 썼어요.

(3) 병원에서 퇴원한 이후로 1년 만에 운동을 다시 시작했어요.

(4) 일이 바빠서 못 가고 있다가 2년 만에 고향에 갔어요.

(5) 손님이 오신다기에 몇 시간 만에 방 청소를 했어요.

(6) 3년 만에 제일 친한 친구를 만났어요.

5.

(1) 온통 하얘졌어요.

(2) 하얀

(3) 빨간

(4) 까매진다고

(5) 빨개집니다, 하얘집니다.

(6) 파란

6.

가: 며칠 있으면 방학인데, 넌 방학을 어떻게 보낼 계획이야?

나: 난 이번 학기에 운전면허 시험에 통과하지 못해서 방학 때는 면허 시험을 준비할 거야. 너는 어떻게 보낼 거야?

가: 나는 이번 방학 때는 책을 많이 읽고 싶어. 집에서 시원하게 책을 읽으면서 지낼 거야.

7.

　여름방학이 되면 저는 미국으로 어학 연수를 떠날 계획입니다. 미국에는 친척들과 친구들이 많이 있습니다. 그곳에서 영어를 열심히 배울 생각입니다. 짧은 시간이지만 미국에서 영어를 배우고 돌아오면 자신감이 생겨서 더 외국인을 만날 때 더 적극적으로 교류할 수 있을 것입니다.

8.

(1) 어젯밤에 그는 늦게까지 책을 보느라고 아침에 늦게 일어났어요.

(2) 요즘 계속 시험 준비를 하느라고 친구를 만날 시간조차 없어요.

(3) 이번 반 년 동안 공부를 열심히 안 해서 시험에 떨어질 뻔했어요.

(4) 오늘 학교 앞에서 교통사고가 날 뻔했어요.

(5) 아무도 모르는 낯선 도시에서 그는 어디로 가야 할지 몰랐습니다.

(6) 그는 온종일 아무것도 안 해요. 부모님과 친구들이 다 걱정해요.

(7) 20년 만에 우리가 옛날에 다니던 초등학교에서 다시 만났어요.

(8) 자전거를 고친 지 1주일 만에 또 고장났어요.

(9) 뭐 했는데 얼굴이 이렇게 까맣게 탔어.

(10) 가을입니다. 푸른 잎사귀들이 모두 황금색 부채로 변했습니다.